大蔵官僚支配の終焉

大蔵官僚支配の終焉

山　口　二　郎　著

岩　波　書　店

はしがき

政治の世界は、最近急速に変化している。86年同時選挙の結果、自民党は国会において空前の多数を獲得した。そして、86年体制という言葉に象徴されるとおり、自民党体制は新しい局面に到達したといわれている。このような政治の世界の大きな構造変化と並行して、政治学の世界でも大きな変化がおこりつつある。最大の変化は、かつて多くの政治学者にとって評論、啓蒙活動における批判の対象であった自民党政権が、「客観的」な研究対象、あるいは肯定的な賛美の対象になったことである。政策立案能力を欠いた腐敗した政治家を、優秀な官僚制が支えることによって構成されるというのが、かつての自民党政権のイメージであった。

これに対して、最近はかなり異なった自民党の評価が現れてきた。つまり、自民党の組織は高度に洗練され、個々の政治家が政策立案能力を獲得するためのトレーニングのシステムが出来上がっている。その結果、法律、予算の立案においても自民党政治家が官僚制に操られているのではなく、逆に官僚制を支配しているというわけである。そのことの端的な現れがそれぞれの分野ごとに政策形成を支配する族議員の台頭である。族議員の影響力は先般の行政改革の過程でも顕著であった。このように、自民党政権は高い政策形成能力を備えた自律的、合理的な統治システムとして評価される。そして、国会は法律、予算に対する儀礼的、形式的な箔づけの場ではなく、政策審議に実質的な役割を果たしているとされるのである。

このような自民党体制の評価は、世の中全体をおおう現状肯定の風潮にマッチしている。政治学の世界においても、特に比較的若い世代の研究者の中では、日本政治の病理を構造的、歴史的にえぐりだすというアプローチよりも、日本政治の生理をこまごまとした政策形成の事例に即して「実証」するという手法の方がはやっているように見える。そして、このような研究を行う政治学者の中では、「多元主義」という概念がもてはやされている。この言葉の意味については本論の中で詳しく検討するが、要するに、日本の政治システムは、一枚岩的なエリート支配ではなく、様々な種類の登場人物が政策形成に関与し、様々な利害が政策形成に反映されているという意味である。族議員の跳梁跋扈、党高官低という現象が、その現われとされる。

このような政治学の新しい潮流の中では、大所高所の理想論、価値論を振りかざして、日本の現実政治を一方的に断罪するという議論の立て方は軽蔑される。なるほど現実に対する深い分析を基礎に持たない現実批判は無意味である。そうであれば一層、今の政治学における現実政治の分析が、どれだけ深く現状に切り込んでいるかが問われなければならない。社会科学を研究する際の常として、「多元主義」あるいは「党高官低」などという魅惑的な概念の扱い方には、十分注意しなければならない。このような枠組に安易によりかかって、政治過程の中のこまごまとした出来事を後追い的に説明することだけで政治学者の仕事が終るわけでは決してない。

今年一九八七年の初頭から政治過程の中の最大の争点となっている、売上税問題の自民党内の審議の過程を例にとって、このことを考えてみたい。租税政策の決定における自民党税制調査会の影響力の大きさは、党高官低の最も典型的な現われと言われている。一般に党税調、特にその中の有力者の意向を無視しては、税制改革は一歩も進まないとされる。したがって大蔵官僚は下手に出て、改革案について党税調幹部の間に事前に十分根回しをしておかなければならない。また、大蔵官僚が準備した税制の案に対しては、様々な政治的圧力が加えられ、当初の案から大きく歪められるということがしばしばである。今回の売上税の場合でみれば、非課税品目の決定の過程がこれに該当する。様々な業界の利害を代表する族議員たちの圧力活動によって、売上税に非課税品目の穴が開けられた。これらの点からみれば、大蔵官僚の意図する通りの税制は実現されなかったということになる。

しかし、今回の税制改革案の形成過程をより細かく見れば、党高官低という単純な枠組では捉えきれない多くの側面がある。改革案の中身を見れば、その基本的な骨格は、大蔵官僚が七〇年代の末以来一貫して主張していた大型間接税にほかならない。確かに、政治過程の表層においては自民党の様々な族議員が活発に運動して、複雑な政治力学が展開されたかに見えたが、政策形成の筋書きはあらかじめ決められていたといわれる。大蔵官僚から見れば、確かにこの売上税法案はベストのものではないが、非課税品目などはあらかじめ織り込みずみであった。族議員の役割は、個々の非課税品目をどうするかという点の判断までである。財政構造をどのように改めていくか、税制の基本的なフレームワークをどのように構築するかという点では、族議員は大蔵官僚に対抗して独自の政策案を打ち出すほどの能力は持ち合わせていないのである。したがって、大蔵官僚が下手に出ることと、大蔵官僚主導で政策形成が進められることとは矛盾しない。

このように考えれば、党高官低という言葉がいかにミスリーディングなものかが明らかとなる。「高い」、「低い」という関係が、政治過程の表面に現れたほど単純なものではないことは、上に述べた通りである。また、官に対する党は、決して一体のものではない。自民党の中には、個別業界の代弁者として利益の誘導を図る側と、個々の利益にはある程度譲歩しながらも政策の基本的なフレームを確立しようとする側という、二種類のアクターが存在する。それぞれの機能に着目すれば、表舞台で官僚に対して威を振るっている党税調幹部も、結局、大蔵官僚の筋書き通り、あるいはその期待に沿って、党内における大衆の反乱を鎮圧するという役割を果たしただけである。「党高」の主役たちの威光も、官僚に向けられたのではなくて、党内に割拠する個別の利益代表に対して向けられたものであった。

確かに、日本の政策形成過程あるいは政治システム自体が、高度成長の時代から最近にかけて大きな変化をおこしていることは明らかである。また、政策形成における官僚制と政治家との関係は変化し、官僚制は政策形成の様々な局面で政治的妥協を強いられることが多くなった。そして、そのことの裏返しとして、政治家の果たす役割が最近極めて大きくなったことも事実である。しかし、ここに述べた税制改革の例からもわかるように、一つの政策形成には様々な側面があり、それを単純なスローガンで捉えることはできない。政策形成過程の変化を総体的に把握するためのより緻密な枠組が、いま求められているのである。

では、変化しつつある日本の政治過程を捉えるための手がかりはどこにあるのだろうか。

第一の要点は、「党高官低」などという大ざっぱな言葉によりかかるのではなく、政策の特徴に応じて政策形成過程を類型化することの必要性である。政策の性質によって、その形成に関与するアクターの種類や行動様式は異なってくる。そこで、政策を類型化し、それに基づく政治過程の細かな見取図を書かなければならない。

第二の要点は、政策形成過程の変化に対する歴史的なアプローチの必要性である。そのときどきの重要な政策争点については、研究者やマスコミの関心も集められ、党高官低とか官僚制主導という議論を巻き起こすことがある。しかし、政策形成過程における政治家の役割の増加という傾向が、いつごろからどのような要因によっておこったかという点は、あまりきちんとした議論が行われていない。したがって、政策形成過程の変化を捉えるための戦後の政治を通観した歴史的な枠組を考えることが必要となる。

本書のねらいは、この二つの課題に答えるための仮説的な枠組を立て、それを具体的な政策転換の事例に即して実証することにある。

まず、前半部分においては、政策の類型化が試みられ、それぞれの政策の性質に応じた形成過程の様相が描かれる。これによって、ある種の政策の形成においては官僚制の主導力が発揮され、ある種の政策の形成は官僚制、自民党政治家、利益集団の協働によって担われ、またある種の政策の形成過程には自民党だけではなく、野党や大衆運動などの様々な勢力が参入して大きな政治的紛争を生み出すという、政策とその形成過程との対応関係が描かれる。次に、戦後政治についての大まかな歴史的見取図が描かれる。その中では、高度経済成長との関連で、政策形成過程の変化を探る際の分析の焦点が設定される。

後半部分においては、具体的な政策転換の事例を細かく分析することによって、前半で描いた枠組が検証される。本書で取り上げる素材は、高度経済成長のただ中の一九六五年(昭和四十年)における国債発行という政策転換である。主たる登場人物は大蔵省主計局の官僚である。一般に官僚制優位という場合、具体的には予算や財政政策の決定における大蔵官僚の優位を意味している。したがって、官僚制の行動、役割を考える場合、大蔵官僚に着目することが不可欠である。まず国債発行以前の均衡財政の時代に、大蔵官僚がどのような価値観に基づいて、経済成長を演出していたかを見ることによって、官僚支配の実態を明らかにすることができるであろう。また、国債発行という政策の大転換の過程を通して、高度成長の果実の配分という全く新しい課題に対する大蔵官僚の対応の仕方を見ることができる。そこから、大蔵官僚の限界と、官僚制優位の低下をもたらした要因が浮かび上がってくるであろう。

このように本書は、前半の枠組の検討と後半の歴史的実証という二つの部分から構成されている。必ずしも、目次に沿って最初から読む必要はない。前半の理論枠組の部分、特に第一章とか第二章は、政策形成過程を研究している同業の研究者を読者に想定しているので、一般の読者には取りつきにくいであろう。そこで、官僚制における政策形成のドキュメントに興味を持つ読者は、序章を読んだのちに第二部の事例研究へ進んで、差し支えない。最後に結語と第二章を合わせて読めば、この研究が従来の日本政治の議論の中でどのような位置を占めるかが理解されるであろう。日本政治の分析に対する学問的な関心から本書を読まれる方には、前半の理論的枠組から順を追って読んでいただきたい。前半の枠組を踏まえることによって、事例研究の部分がより興味深いものとなるであろう。

ここで本書の表題である「官僚支配の終焉」という言葉について、説明しておかなければならない。官僚支配の終焉が、直ちに政治家・政党支配を意味するわけではないことは、特に強調しておきたい。官僚と自民党政治家とが特殊な相互依存関係に立ち至ったことが、ここで言う官僚支配の終焉の具体的な意味である。そのことは、敗戦後、経済復興さらには経済成長を目指して国を挙げて驀進した一つの時代の終焉を意味する。より広い視野からみれば、官僚支配の終焉とは、明治以来近代化を目指して驀進した一つの段階が終焉を告げるものということもできる。

時代の急速な流れによって高度成長の時代の記憶は遠い過去に押し流されている。そして今や、世はレトロブームとやらで、あの時代の風俗、文化が物珍しさも手伝って再流行している。しかし、日本の政治経済システムの変化を考える上では、高度成長期を振り返ることは、単なる懐古趣味以上の意味を持っていると考える。財政硬直化の原因となった様々な政策は、まさにこの時期に制度化、構造化されたのである。また、今日国際的紛争の最大の焦点になっている、日本の閉鎖的経済構造も、高度成長の中で形成、確立されたものである。その意味で、財政再建や経済構造の調整という不可避かつ困難な課題は、高度成長の総決算とよぶこともできる。本書で、この時期の大蔵官僚の行動と、そこから出てきた政策について検討することは、これらの問題の根源に光を当てることにもなる。

本書は、筆者が東京大学法学部助手の時代に執筆した助手論文を原型に、その後発表した論文を加え、全面的に加筆、修正したものである。初出誌は次の通りである。

「政策の転換と官僚制の対応——公債発行問題と大蔵省主計局の行動を素材として 一、二、三」『国家学会雑誌』第九八巻第一・二号、第七・八号、第九・一〇号。

「財政硬直化キャンペーンの挫折と予算過程の変容」『年報近代日本研究』第八号。

研究者にとって、最初に意図した構想を最終的に論文に結実させるためには、運というものが必要であろう。筆者は実に様々な面で好運に恵まれた。

第一は、どのような時代、研究動向の中で研究生活を始めるかというタイミングの問題である。筆者が助手として研究生活に入ったのは、村松岐夫教授らによる大胆な問題提起が始められたときであった。これらの問題提起に対する吟味を通して、筆者は官僚制研究への手がかりを得ることができた。本論の中では村松教授の所説に対する反論を展開しているが、そのことは、村松教授の問題提起の重要性に対する共通の認識から出発したという点をここで改めて強調しておきたい。

第二は、資料の問題である。大胆な問題設定をしたものの、具体的な決め手を欠いて難渋していた筆者にとって、東大経済学部の図書館で多くの内部資料を見つけることができたのは、大変な好運であった。

何よりも大きな好運は、すぐれた指導者に恵まれたことである。助手時代の指導教官である西尾勝教授には、執筆の過程で多くの助言や教示をいただいた。また、中央大学の加藤芳太郎教授には、財政に無知な筆者を導き、細部に至るまで入念な指導をいただいた。両先生のご厚意にどこまで応えられたか心許ないが、このつたない書物がともかく日の目を見ることができるのも、これらの指導のおかげである。

また、行きづまった時に相談相手となってくれた東京工業大学の田中善一郎助教授、自由な研究環境と知的刺激とを与えてくれる北海道大学法学部政治学講座の方々、そして出版に際して様々なアドヴァイスをいただいた畏友川崎修氏にも心からお礼申し上げたい。論文の利用を認めてくださった山川出版社、多忙の中筆者の取材に協力を惜しまなかった多くの方々にも、この場を借りて感謝したい。

岩波書店の佐藤司氏には、この本をまとめるに当たってひとかたならぬお世話をいただいた。厚くお礼申し上げたい。

春浅い北大のキャンパスにて

一九八七年四月

目次

序　日本官僚制論と本書の課題

官僚制あるいは官僚は、日本の政治学において主要な関心対象の一つである。狭い意味の政治学のみならず、いわゆる官尊民卑、官僚主義の政治風土の中で、ジャーナリズムの関心に基づく研究も数多く積み重ねられ、社会的関心を集めることもしばしばある。特にここ数年来、自民党との関係の変化や第二次臨調による行政改革との関連において、官僚制自体が大きな変化をおこしつつあることを伝える研究が、学界、ジャーナリズムから生み出されてきている。現在のところ、官僚制に対して様々な角度から分析、検討が試みられ、百家争鳴の趣を呈しているということもできよう。本書はこのような論争を統合し、官僚制の変化を捉えるための枠組を提示すること、そしてその枠組を用いて変化の過程を跡づけることを目指したものである。

本論にはいる前に、日本の戦後官僚制に関する議論の流れを整理し、著者の掲げるテーマおよびその意図について説明しておかなければならない。

ここでは、従来の日本官僚制論を、官僚制優位論、経済官僚論、多元主義論（政党優位論）という三つの類型に分類することから出発したい(1)。

第一の官僚制優位論とは、戦後の日本官僚制論の通説であった。その代表は辻清明教授による官僚制研究であり、同教授の『新版　日本官僚制の研究』（東京大学出版会、一九六九年）は、戦後政治学における古典というべき作品である。この型の議論の特徴は、歴史的発展段階論に基づく官僚制の位置づけと、現実の日本官僚制に対する強い改革指向の二点にあり、その二つが密接に結びついているということができる。そこにおいては、基本的前提として、絶対主義段階としての官僚制が、市民革命と行政国家化を経て民主化、能率化されるという発展の構図が描かれている。ところが日本の場合、第二次世界大戦の敗戦の結果、民主化と能率化という二つの課題に同時に直面したとみなされる(辻清明、前掲書、二六頁)。他方、日本の官僚機構は、アメリカの占領政策によって戦後改革の波を免れることができた唯一の国家機関であり、戦前からもっていた権力集団としての性格を維持し続けたと評価される(同上、二七〇—二七一頁)。したがって、憲法原理の転換も政治制度の民主化も官僚制だけには行き届かず、むしろ官僚制は政策決定の場面で議会を従属させ、強大な影響力をふるうことによって、民主化にとっての障害とみなされるのである(同上、二八一頁)。このような認識からは、当然、日本の民主化の徹底のためには官僚制の民主化こそが最大の課題となるという問題意識が導き出される。辻教授をはじめとする戦後第一世代の研究者の官僚制論は、この実践的な課題に答えるための規範的な議論である(2)。

このように官僚制優位論は、官僚制の権力に関して戦前と戦後との連続性を重視している。村松岐夫教授はこの点を捉えて、官僚制優位論を戦前戦後連続論とよんでいる。官僚制優位論に対しては、次のような問題点を指摘することができる。第一は、歴史的な拘束ともいうべきものである。

この理論が形作られていたのは、主として、戦後の諸制度がまさに構築されつつあった昭和二十年代においてであった。その後の四十年の時間の経過や、日本の政治、社会の大変動の中で、官僚制だけが完全に連続することはありえない。

第二は官僚像の問題である。辻官僚制論においては、官僚が戦後の統治構造を構想する際の基本線が、天皇制への執着と民主的主導権に対する抑制という二つの点に据えられていたことが、最も重視される(同上、二四三―二六四頁)。ここから明らかに読みとれるように、官僚制優位論においては、日本の統治構造の中枢を占める官僚は、戦前の天皇制に執着し、政治の民主化に反対する反動的な官僚――天皇の官吏としての内務官僚のようなイメージで捉えられていたのである。しかし、戦後に台頭した経済官僚はテクノクラートとしての側面を持つのであり、そのような前提が戦後の官僚制論において妥当しないことは明らかである。

第三は、実証的な事例研究の不足という問題である。この点は、第二点と関連するのであるが、官僚制は巨視的な政治構造論、政治体制論の文脈の中で論議されることはあっても、官僚制における政策決定過程を実証的に追跡するという関心は希薄であった。各省庁に関するモノグラフもごく最近まで存在しなかった。

このような研究状況の中で、伊藤大一教授による二つの論文、「経済官僚の行動様式」(日本政治学会編『現代日本の政党と官僚』岩波書店、一九六七年所収)、「大蔵官僚の行動様式」(伊藤大一『現代日本官僚制の分析』東京大学出版会、一九八〇年所収)が、異彩を放っている。伊藤教授は論文の表題からもうかがえるように、経済計画の策定過程や予算編成過程を素材として、経済官僚の行動様式、思考様式を抽出することをねらったのである。そしてそこから描き出される行動様式は、辻官僚制論や後で触れる村松教授による官僚制論とは異なった官僚像――部局的利害や政治家からの影響に拘束されながら国益を追求する国士的官僚像である。本書も伊藤教授のこれらの業績によって触発された面が少なくない。

だがそれらについては、次のような問題点もある。伊藤教授の論文には、官僚の行動を通して彼らの意識や思想を探究し、さらにその基底にある価値観や気質を探り出すという論理の流れがみられる。したがって、それらは大蔵官僚、経済官僚のカルチャー論ということもできる。確かに伊藤教授の論文はカルチャー論としては極めて興味深いのであるが、そのレベルにとどまっていては、「官僚論」であっても、「官僚制論」ではありえない。官僚のカルチャーと政策決定の場面における官僚制の権力関係とは別個の問題である。たとえば、官僚制の機能が変化しその権力が低下しても、官僚のカルチャーは継続するかもしれない。また、本来カルチャー論は対象集団の成員が均質的であるという前提に立っており、カルチャーというものは伝統化し、継続するという含意をもっている。したがって、カルチャー論だけから政策決定における官僚制の動態を説明することは困難である。そこから得られた官僚像から出発して、さらに政治システムにおける官僚制の位置づけ、政治家と官僚制との関係などについて考察を進めていくことが必要である。

次に第二類型の経済官僚論について検討したい。最近若い世代の政治学研究者によって、現代日本の政策決定過程に関する実証的研究が続々と生み出されつつあるが、このような傾向は、アメリカをはじめとする外国の研究者による日本政治研究によって刺激されたものということができる。外国、特にアメリカの政治学においては官僚制を含めた日本政治に対する関心が非常に高まっているが、その場合の関心の方向は、戦後日本の奇跡的な経済発展をもたらした政治的要因を探るという点にある。(3) そして、経済に対する政治、行政の介入のしかたに関心が向けられ、大蔵省、通産省などの経済官庁や行政指導という日本独自とされる政策実施の形態が特に注目を集める。官僚制論の第二類型の経済官僚論は、このような関心から生み出されたものである。その代表として、チャーマーズ・ジョンソンの通産省研究(邦訳『通産省と日本の奇跡』TBSブリタニカ、一九八二年)をあげることができる。

政策決定における官僚制の優位という点では、経済官僚論は第一の官僚制優位論と同様の事実認識に立つ。そして、官僚制組織の人的構成、政策に関する様々なアイデアという点では、経済官僚論においても戦前と戦後との連続性が強調される。しかし、官僚制の役割に対する評価の点で、二つの理論は正反対に対立する。いうまでもなく、官僚制優位論においては民主化にとっての障害であったはずの官僚制が、経済官僚論においては経済成長の立役者として極めて好意的に評価されるのである。そこで想定されている官僚像は、天皇の反動的な官吏としての官僚ではなく、近代的なテクノクラートである。

この型の議論は、戦後官僚制に関する実証的研究という点に特徴があるが、経済成長に対する官僚制の貢献という限られた視点からの研究であることは否定できない。戦後日本の政治システムを、経済発展という至上目的達成のために合理的に政策を作成していくシステムとして性格づけることは、一面的な捉え方であろう。日本官僚制に関する包括的なモデルを構築するためには、経済政策、経済官僚を日本の政治システム、行政システムの中に位置づける作業を別途行なう必要がある。

官僚制の強力な支配を強調する以上の二つの理論に対して、事実認識そのものを根底から覆し、官僚制の優位を否定する見解が、最近、村松岐夫教授によって主張されるようになった。これが、第三類型の多元主義論、あるいは戦前戦後断絶論であり、村松教授の著書『戦後日本の官僚制』(東洋経済新報社、一九八一年)は、この立場からの大胆な問題提起の書である。その主張の骨子は次のように要約することができる。第一に、従来の通説たる官僚制優位論はいわゆる五五年体制のもとでは当てはまらない。第二に、自民党政権の長期継続により、与党政治家の政策形成能力、影響力がはるかに向上した。第三に、現代の日本の政治体制は一元的な官僚支配ではなく、はるかに多元的な政治過程によって構成されている。そこで描かれているのは、政治的意思に服従し、そこから与えられた目的の達成に対して技術的に貢献するという、民主主義の理念を備えた官僚像である。

村松教授の理論は、日本の官僚制自体よりも、戦後三十数年にわたる政治的な変化に対する追跡、対応を怠ってきた日本の官僚制論に対して向けられたものとみることができる。(4) したがって、そのねらいは官僚制の民主的統制という伝統的な規範的問題に対する回答にあるのではなく、官僚制およびそれを取り巻く政治過程の変化の把握、説明にあるということができる。そして、自民党政務調査会の影響力の増加と官僚制の威信の喪失とが、ジャーナリズムによって、また官僚自身によって伝えられる現状に照らしてみれば、村松教授のいう多元主義論は、結論において説得力を持つようにも見える。(5) また、村松教授の問題提起を契機として、自民党政治家と官僚制との関係を中心に、現代の政治過程の実態を説明する理論モデルのための様々な試みがなされ、ここ数年その種の論文が叢生している。それらの理論モデルは、おおむね村松教授のいう多元主義を前提として、どのような特色をもった多元主義かを表現するための意匠を凝らして、互いに独創性を競い合っているのである。ともあれ、日本の政治過程が多元主義的であることは、学界の共通了解事項となった。そこで、村松教授の多元主義論、および最近の様々な多元主義論について、特に官僚制との関連から順次問題点を検討していこう。

まず、村松教授の理論に関して、次のような問題点を指摘することができる。

第一に、細かい時期区分の必要性を指摘したい。村松教授の戦前戦後断絶論においては、五五年体制の成立、即ち昭和二十年代と三十年代との間に断絶の画期があると考えられている(『戦後日本の官僚制』一九三頁)。しかし、五五年体制の約三十年の時代を一括して連続した時期と捉えることは、粗雑に過ぎる。その間の政治、経済、社会の各面における変化は極めて大規模なもので、五五年体制全般を多元主義モデルで説明することには無理がある。政党システムとは別の基準によってその間の時期区分を行ない、政治過程の変化を捉えるためのモデルを考える必要がある。(6)

第二は、政策決定過程の検討の際に念頭におかれている政策のイメージが限られたものでしかないという問題である。多元主義的政治過程から産出される政策としては、福祉政策、農業政策などが想定されているようであるが、財政・金融政策、産業政策などについても多元主義モデルが妥当するかどうかは疑問である。官僚制の自律的な政策立案、政策実施の過程については、経済官僚論において実証された。政策の性質や特色によって、その政策が形成される過程は異なってくるはずである。したがって、なんらかの基準によって政策の類型化を試み、それと政策決定過程との対応を考える必要がある。

第三は、政治家あるいは政党と官僚制との関係づけの問題である。村松教授は、官僚制優位論に対抗して、自らの説を政党優位論と名づけ、官僚に対する意識調査などによって政党(自民党)の優位を実証しようとした。しかし、その後の議論の中では、官僚制と政党とどちらが優位に立つかという両者の力比べの問題に過度に関心が向けられたきらいがある。(7) 政党の優位というテーゼは、官僚制優位論という通説に対する問題提起としては意味があったが、政治過程における官僚制の役割を検討する際に、両者の力比べを主要な争点に据える問題設定は不適切である。確かにある政策の選択をめぐって自民党と官僚制とが対立し、一方が他方を屈服させるということはおこりうるが、政党と官僚制とはいつも対立しているわけではない。政策の決定、実施の過程においては、両者がどのような協力、分業関係にあるかを見ることの方が重要なのである。また、ある選択をめぐって一方が他方を屈服させるという場合でも、実際の選択においては様々な段階があり、ある段階では一方の主張が通り、別の段階では他方の意見が通るという、妥協の繰り返しによって決定に到達するものである。どちらが強いかという問題設定をすれば、決定の中の様々な問題を見落とすことになるであろう。

官僚制優位あるいは政党優位という大きな命題に対して、反証を挙げることは簡単である。現実の政策過程には、官僚制の優位あるいは政党の優位を証明する断片的な事例がたくさんある。反証をあげて対立する理論を攻撃するだけでは、研究の進歩はありえない。そもそも、一方が他方に優位しているという問題設定自体が無意味なのである。重要なのは、政党・政治家と官僚制とがどのような役割分担を行なっているのか、両者の機能的分担関係を明らかにすることである。

次に、最近続々と生み出されてきた様々な多元主義モデルについて検討したい。それらのモデルには、「限定された(limited)」(福井治弘)、「パターン化された(patterned)」(村松、クラウス)、「官僚主導大衆包括型」(猪口孝)、「分散的(fragmented)」(中邨章)、「仕切られた(compartmentalized)」

（佐藤誠三郎、松崎哲久）などの様々な修飾語句がついている。(8) しかし、様々な意匠にもかかわらず、それらのモデルには大きな違いはなく、そのいわんとするところは次のように集約することができよう。第一に、政策決定過程における自民党政治家の影響力がここ十数年の間に大幅に高まった。第二に、政治家の影響力の上昇にもかかわらず、やはり政策決定過程における官僚制の役割は、諸外国と比べればかなり大きい。第三に、政策決定過程において、自民党と官僚制とが制度的に結合している。具体的には、自民党政務調査会の各部会と担当省庁とが日常的に密接な関係をもち、法案審議、予算編成などの際に緊密に協力する。そして、行政官庁における政策立案や政策実施に自民党が介入し、その介入が手続的に定型化され、事実上制度化されている。これらの特徴は、すでに日本の政治過程、政策決定過程を分析する研究者には広く共有されている了解事項であろう。しかし、こうした分析の視角、あるいはアプローチのしかたについては欠落している点もある。

第一の問題は次の点にある。先にあげた第三のポイントである政策決定過程への自民党の介入の制度化という事実が、官僚制の自律性の低下、政党への従属という印象を与えるもとになっており、多くの研究は「政治家優位―官僚制優位」という問題設定に拘束されている。しかし、村松理論の第三の問題点として指摘したように、このような変化は、単純な官僚制対自民党の力比べという観点からは捉えることができない。佐藤誠三郎教授らによる最近の自民党研究（『自民党政権』中央公論社、一九八六年）が示すように、自民党の組織あるいはその中における政策決定手続に関して著しい制度化が進んでいる。そして、官僚制と自民党とは、行政府と立法府とその本拠地こそ違っているが、政策決定という作業に関しては著しく混合化している。この混合化現象を捉えるためには、従来の政治家優位、あるいは官僚制優位という単純な枠組では不十分なことはいうまでもない。先に紹介した多元主義に付加された様々な意匠は、この混合化現象を説明するための工夫であろう。このように現代の政治過程を説明するための理論枠組、あるいはそのネーミングは今や花盛りであるが、表見的な政治家優位の現象に対して、○○多元主義というレッテルをはるだけで政治学者の仕事が終るわけではない。

そこで、第二の問題として指摘されるべきは、次の点である。即ち、政治家優位とよばれる現象あるいはここでいう混合化現象が、どのような理由によって、どのような過程を経て現われてきたかという歴史的な関心が比較的薄いということができる。(9) たとえば、自民党の長期政権の継続によって個々の政治家の政策立案能力が向上したことが、自民党政務調査会の影響力の向上の原因であるとか、国際化の進展によって省庁横断的な政策課題が増加する反面で、官僚制は割拠主義的な制約を乗り越えることができず、政治家が省庁対立の調停者として介入することによって影響力を高めた、といった一般的な説明が試みられている。しかし、具体的な政策形成の事例の中から変化の原因を拾い出すような作業はほとんど行なわれていない。現状を説明する枠組だけではなく、変化の過程を説明するための枠組も必要とされるはずである。

第三に、これらの理論は、巨視的な体制論という限界をもっているということが指摘できる。現在の多元主義をめぐる論争は、シンボルの争いという側面をもっている。また、事例に即して理論モデルの有用性を検証することも困難である。しかし、重要なことは、現状説明用のモデルに対して気のきいた名称をつけることではない。実際に政策決定過程を分析するためには、巨視的な体制論ではなく、中範囲(ミドル・レンジ)の理論モデルを開発する必要がある。中範囲の理論モデルとは、ある時期、ある分野の政策決定過程を説明する射程の短いモデルのことである。そして、ミドル・レンジのモデルを蓄積することによって、生産的な論争も可能になるであろう。

これまで、戦後日本の官僚制に関する三つの主要なタイプの理論を紹介した。各々の結論は一見したところ、事実認識あるいは評価において正反対に対立しているかのような印象を与える。その最大の原因は、各々の論者が理論構築を行なう際に、視角の限定性を自覚することなしに、そこから得た結論を包括的な理論モデルに一般化しようとした点にある。視角の限定性を自覚することは、理論モデルの射程を認識するということである。そのためには、多元主義に対する批判の中で述べたように、理論の対象となる時期区分、および政策分類をある程度細かく行なう必要がある。各々の理論モデルの特長と限界とを認識した上で、それらを統合することを目指すことこそ、これからの官僚制研究の課題であろう。そして、中範囲の理論を媒介として、実証的な事例研究と理論化の試みとを結びつけることが重要である。

本書は、戦後日本の官僚制に関する理論化と実証研究とを連関させる一つの試みである。研究方法としては、先に紹介したように、官僚の意識、イデオロギー、カルチャーの面からアプローチする方法もあるが、ここでは官僚像、カルチャーの問題には立ち入らない。そして、具体的な政策決定過程に現われた官僚の行動、具体的問題解決の際の思考方法からアプローチする方法で実証研究を行ないたい。本書においても、日本の政策決定過程が官僚制優位から変化し、自民党の影響力が高まる方向へ変化したという前提に立って、以下の考察が進められる。特に、本書ではその変化の過程と原因とに主たる関心が向けられる。変化の過程を検証するための事例としては、昭和四十年に戦後初めて国債が発行され、長く守られていた均衡財政主義が転換される過程、および昭和四十二年から始まる財政硬直化キャンペーン、という二つの政策立案、検討過程が扱われる。

日本の官僚制において大蔵省が占める重要性は、ここで改めて指摘するまでもない。大蔵省は、財政金融政策の担当者として、戦後の政策決定システムの中枢を占めてきたということができる。予算は政府の全政策の貨幣による表現であり、政策決定における官僚制の自律性は、具体的には大蔵省主計局の自律性として現われる。(10) しかし、その大蔵省に関する本格的な研究はまだほとんど行なわれていない。例外として、J・C・キャンベルによる予算編成過程に関する研究があるが、歳入、歳出、財政投融資計画などを包括した財政政策に関する日本の研究者による総合的な研究は行なわれていない。本書で公債発行問題を主要な事例として取り上げるのは、それが極めてドラスティックな転換であったからだけではなく、そこに歳出、税制、財政制度、経済計画などの多くの要素が絡み合い、複雑多様な財政政策が集約されて現われてくるからである。そして、公債の発行は大蔵省内だけではなく、政治過程全般に大きな衝撃を与えた重大な事件だったのである。

また、本書で昭和四十年代前半における財政政策の問題を論ずるのは、まさにこの時期に政策決定過程の様々な意味における変化が始まったと考えるからである。均衡財政主義は、戦後一貫して政策決定における大蔵省主計局の優位を確保する政策の枠組であった。したがって、それを放棄することが主計局に大きな衝撃を与えたことは想像に難くない。昭和四十二年から展開される財政硬直化キャンペーンは、その衝撃を乗り越えて主計局の自律性を確保するための工作であったということができる。これらの一連の政策検討過程を詳しく振り返れば、政策決定におけるいわゆる「大蔵官僚支配」の実態やそれを支えた論理、さらに、そこに内在した限界や問題点を明らかにすることができる。そして、そこから政策決定過程の変容を描くことができるはずである。

このように、本書においては、戦後日本の政策決定過程の歴史的な変容の過程に関心の焦点がおかれる。また、大蔵省主計局という官僚制の内部における政策立案、検討過程に分析の中心が据えられる。政策決定過程の変容を追跡するためには、もちろん官僚制と政治家、政党との関係の変化を政治力学的な観点から分析することも必要ではあるが、このように官僚制内部からのアプローチという方法をとるのは、官僚制の内部における要因、官僚制組織や官僚の思考様式に内在する限界を明らかにすることが不可欠と考えるからである。

また、日本政治の現状をどのように把握するかという問題、そのための枠組をどのようにして構築するかという問題については、別の機会に現代の政治過程を論じる中で試みることとしたい。その際には、先にあげた様々な多元主義論に対する疑問点のほかに、次のような問題が検討されなければならない。ここではその際の課題を示すにとどめておきたい。

第一は、多元主義理論における権力認識の問題である。この問題は、アメリカにおいては多元主義をめぐる重要な論点として、大きな関心を集めた。しかし、多元主義に関する論争の歴史が浅い日本の政治学においては、権力の問題は括弧に入れられている。[11] 現象面におけるその現われとして、次のような傾向を指摘することができる。政策決定過程について事例研究を行なう場合にも、念頭におかれているのは、公共事業、農業政策における補助金など経済的な利益を配分する政策である。靖国問題などのイデオロギー的なイシューをめぐる政策や防衛、警察などの権力機構そのものをめぐる政策は、ほとんど論及されることはない。しかし、最近の政治状況を見れば、権力的な争点をめぐる政策の重要性は高まりこそすれ、決して無視できるものでないことは明らかである。

より深いレベルの問題として、多くの多元主義論者による政府あるいは統治機構に対する捉え方に、ある種のバイアスがかかっているということができる。即ち、政府の機能を社会に対する財、サービスの供与という面に限定して捉え、もっぱらサービス・ステートとしての側面から政治過程にアプローチしているのである。数少ない例外として、村松教授は、政治過程の二元的分類の中で、利益分配をめぐる通常の政治過程(政策過程)に対して、イデオロギー過程といぅカテゴリーを設け、ここでいぅ権力機構をめぐる政策の形成過程に、一応注目している。しかし、村松教授は同時に、安定した政治を維持し、諸社会集団の多様な意志を政策に反映させるためには、イデオロギー過程が政策過程に吸収されていなければならないと述べている(『戦後日本の官僚制』第八章第一節)。即ち、このような政治過程の把握に従えば、権力機構や権力の運用をめぐる政策なしに、政治過程が成り立つのである。しかも、そのような状態こそ、安定した有効な政治として肯定的に評価されるのである。しかし、政治権力に「取扱注意の赤札を貼る」(丸山真男)ことは、政治学者にとってのABCのはずである。権力の運用に関する政策をめぐる政治的相互作用を、非通常的、不安定要素として枠組の外におくことは、片面的なアプローチといわざるをえない。

第二は、多元主義的な政治システムと民主主義の価値理念との関係の問題である。繰り返しになるが、日本の多元主義の大きな特徴は、自民党と行政官僚制とが事実上制度的に結合したという点にある。自民党政務調査会という議会外のブラックボックスにおいて、政治家が官僚を巻き込んで政策決定を行なうことが、果して官僚制に対する民主的統制といえるのか、あるいは議会外のブラックボックスにおいて重要な政策が事実上決定されるという事態が民主主義の理念に照らして妥当かどうか、といった問題はほとんど話題にもなっていない。戦後第一世代の研究者が提起していた行政府、官僚制に対する民主的統制という課題は、未解決のままである。憲法が国権の最高機関としての地位を与えたのは、国会であって、その中の多数を占める政党に対してではないにもかかわらず、また自民党政務調査会の議論は国民に公開されているわけでもなく、確かな記録が残されているわけでもないにもかかわらず、現状に対する批判的な視角はあまりにも希薄である。

以上、戦後日本の官僚制と政策決定過程に関する様々な理論の流れを整理し、それらに関する問題を指摘する中から本書の課題を明らかにした。以下、本書の前半において、政策決定過程の分析のための理論的枠組について考察しよう。その中では特に、政策の類型と政策決定過程の実態との対応についてまず検討し、次に、戦後日本の政策決定過程の歴史的変化を説明するための枠組について考察する。後半においては、大蔵省主計局における政策作成過程を素材として、事例研究を行なう。そして最後に、事例研究に照らして理論仮説の検証を行なうこととする。

(1) このような官僚制論の類型化、およびその代表的な論者である村松岐夫教授、C・ジョンソン教授の著作に関する検討は、以前、拙稿「多様化する官僚制論と統合への模索」『自治研究』五九巻一〇号、一九八三年十月、において試みたことがある。細かい論点に関する詳細な検討はそちらを参照されたい。

(2) 阿利莫二、加藤一明、赤木須留喜、高木鉦作の諸教授による座談会「戦後状況と行政研究」日本行政学会編『行政学の現状と課題』ぎょうせい、一九八三年所収、は戦後行政学の出発期に関する貴重な証言である。また、戦後の行政学の展開に関する的確な総括としては、井出嘉憲、西尾勝、村松岐夫の三人による座談会「行政学を考える」『自治研究』五三巻二号、一九七七年二月、が最も示唆に富んでいる。

(3) アメリカにおける日本政治研究の動向を知るためには、マイク・モチヅキによる学界展望「比較の中の日本政治」『年報・近代日本研究』第七号、一九八五年所収、が最も便利である。

(4) 村松教授のこのような意図は、同教授の論文「行政学の課題と展望」日本行政学会編『行政学の現状と課題』前掲所収、の中に最も率直に表明されている。

(5) ジャーナリストによるすぐれた報道としては、『自民党政調会』日本経済新聞社、一九八四年、木代泰之『自民党税制調査会』東洋経済新報社、一九八五年、がある。また、官僚自身によるものとしては、「霞が関三丁目の大蔵官僚はメガネをかけたドブネズミといわれる挫折感に悩む凄いエリートたち」『ファイナンス』一九七六年七月、をはじめとする柿沢弘治(元大蔵官僚、現衆議院議員)による一連の著作が最も代表的である。

(6) もっとも、最近の村松教授の論文では、政党優位の成立の転機が一九六〇年代のなかばにあるとされている。参照、村松「利益団体と行政、政党」『自治研究』六二巻三号、一九八六年三月。ただし、その移行の過程や原因については、論及されていない。

(7) この点についても、最近、村松教授自身によっても指摘されている。第一点と第三点については、「多元主義論」の定着によって、村松教授の論調もやや変化していると思われる。参照、村松、前掲論文。

(8) これらの様々な多元主義モデルについては、曾根泰教「日本の政策形成論の変化」中野実編『日本型政策決定の変容』東洋経済新報社、一九八六年所収、が要領よく整理している。

(9) 猪口孝教授は、戦後の政治体制の変化を四つの時期に分けて、歴史的枠組を提示している。そして、多元主義の成立の契機が、第一次オイル・ショックによる低成長への移行にあると主張している。参照、猪口『現代日本政治経済の構図』東洋経済新報社、一九八四年。しかし、歴史的時期区分については、充分説得的な根拠が示されていない。この点については、後で批判する。

(10) 参照、伊藤大一「大蔵官僚の行動様式」前掲。

(11) 例外的な研究として、大嶽秀夫『日本の防衛と国内政治』三一書房、一九八一年、同編『日本政治の争点』三一書房、一九八四年、がある。

第一部　分析枠組

第一章　政策決定の分析枠組

第一節　政策決定理論の概観

第一章では、具体的な政策決定過程を分析するための理論的枠組について考えてみたい。そしてまずこの節では、そのための最初の作業として、従来の主要な研究成果について振り返り、そこからどのような示唆を引き出すことができるかを考えたい。

一　政策決定モデルの主要類型

従来、政策決定過程を記述する理論的モデルの開発は、行政学にとっての主要な関心事の一つであり、様々なモデルとそれを応用した事例研究が蓄積されている。それらに関しては、学説史的研究も多いので、個々のモデルについての詳細な検討・評価はそれぞれの研究に譲ることとし、ここでは深く立ち入らない(1)。

それらの理論モデルを筆者の関心に基づいて大別すれば、個人の意思決定モデルを前提として、それからの類推によって官僚制における政策決定を説明しようとする型と、複数の人間によって営まれる相互作用によって政策形成を説明しようとする型、という二種類に区別することができる。(2)

前者の型を一元的意思決定モデルとよぶならば、それは一元的な目的・価値の体系の存在を前提として、政策決定を目的達成のための手段の選択として説明するものである。その中で最も代表的なのが、ハーバート・サイモンの「充足モデル(satisficing model)」である。(3)サイモンの特徴は、ホモ・エコノミクス的な合理主義モデルを批判し、「限定された合理性(bounded rationality)」という概念を導入した点にあるが、そのモデルにおいては、限定付きにせよ、政策決定は基本的に合理的な過程として捉えられている。そして、その場合、政策が目指すべき、あるいは貢献すべき目的が明確に設定されていることが前提とされている。そのことは、サイモンによる次のような合理性の定義にも表われている。

「合理性とは、それによって行動の結果が評価されるところの、何らかの価値体系に照らして、好ましい行動の代替的選択肢を選択するということに関する概念である。(4)」

後者の型を多元的相互調節モデルとよべば、一元的な目的・価値体系の存在という前提の有無において、二つのモデルは根本的に相違するのである。たとえば、チャールズ・リンドブロムのいうインクリメンタリズム・モデル(incrementalism model)は、多元的相互調節モデルの代表例であるが、そこでは、様々な利害や主張を調整するための基準となりうるような一元的な価値体系の存在は明確に否定されている。そして、現実の政策形成過程は、部分的利益の相互調節(partisan mutual adjustment)として説明されている。(5)

また、外交政策の決定過程の分析のための枠組として注目を集めた官僚政治モデル(bureaucratic politics model)は、目的の共有による組織の一体性が現実には神話であることを明らかにした。実際には、組織の分化に従い、組織内に様々な部局的利害が生じ、確立され、政策決定の際にそれが追求されるのである。(6)

多元的相互調節モデルの指摘する論点は確かに重要であり、予算編成過程や外交政策決定過程の分析に非常に有用である。しかし、そうした批判のねらいは、もっぱら一元的意思決定モデルの妥当する範囲を狭めることにあったと評価することができる。一元的意思決定モデルの内在的な論理整合性は批判に耐えうるものである。即ち、これら二つのモデルは論理的に矛盾するもの、あるいは相互に背反しあうものではない。したがって、政策決定に関する理論モデルの成果を受け継ぎつつ、政策決定のどのような局面にどのようなモデルが妥当するかを、より綿密に検討することが、今後の政策研究にとっての一つの課題となるであろう。(7)

その場合、様々な政策を何らかの基準によって類型化し、それぞれの類型と決定モデルとの対応関係を考えるという方法が有効である。この政策の類型化という問題に対して、初めて本格的な理論的検討を行ない、重要な貢献を行なったのがT・ローウィである。そこで次に、ローウィの政策理論の重要なポイントを紹介してみたい。

二　ローウィの政策理論

ローウィは、従来の政策決定の理論的モデルの研究に対して極めて批判的・否定的である。多元的相互調節モデルに関しては、政策形成が市場における価格形成と同一視されているという問題点が、一元的意思決定モデルに関しては、政策決定が個人の決定作成と同一視されるという問題点が、それぞれ指摘される。そして、両者はともに、政治的要素が全く考慮されていないと批判されるのである。(8) ローウィは、これらに代えて、政治的要素としての強制の契機との関連において、政策分類の基準軸を設定し、次のような分類図式を作った。このうち、配分的政策とは、個人に対する資源配分政策のうちで、それが他の利害と対立しないようなもののことである。規制的政策とは、政策による資源配分が他の利害に抵触し、政策によって利益を得る者と損害を蒙る者とが明確に現われるような政策のことをいう。再配分的政策とは、政策による資源配分をめぐる利害対立が社会的階層集団を単位としたものの場合の政策である。構成的政策とは、政策決定の前提となる制度のようなものである。

ローウィは、政策研究において一つのコペルニクス的転換を創唱した。従来の政策研究においては、政策は政治システムからのアウトプットであり、従属変数であった。ところが彼は、因果関係を逆転させ、政策が政治を作り出す、あるいは政策が政治過程を規定するという因果関係を定立した。そして、政策による資源配分をめぐって展開される権力構造に基づいて政策分類を行ない、各政策類型によって規定された政治過程の特質を明らかにすることを試みた。即ち、政策の類型とそれぞれの政策の議会における決定過程、政策をめぐる相互作用の形態とを結びつけようとしたのである。[9]

ローウィのこのような理論は政策研究に大きなインパクトを与えた。ローウィのような一方的決定論(determinism)にまで至るかどうかは別にして、政策が政治過程を作り出すという因果連関の指摘は重要である。本書においても、日本における政策決定過程のより緻密な分析を目指すために、政策によって政治過程が規定されるという因果関係を前提として、政策の類型化を試み、それとの対応によって政策決定過程の類型化を試みるという方法をとろう。そのために、ローウィの枠組の批判を通して手がかりを得ることとしたい。[10]

表1-1 ローウィの政策類型

		強制の行使	
		個人に対して	環境に対して
強制の可能性	間接	配分的 (distributive)	構成的 (constituent)
	直接	規制的 (regulative)	再配分的 (redistributive)

ローウィの政策分類は、政治過程との結びつきを意識して構成されたものだけに、ここでの問題意識にとっても示唆に富んでいる。しかし、政策を政治的要素(=強制の契機)と結びつけるという彼の

枠組の特徴は、同時に一つの問題点となりうる。彼は、政策を政治的強制の契機と関連させて捉えることによって、政策をすべて彼の考える政治過程の中に封じこめてしまったのである。強制というものは、常に強制される客体、対象の存在を前提としている。したがって、政策を強制の契機と関連づけて捉えることは、政策を何らかの具体的な対象、客体(個人・利益集団・階層集団)と結びつけるということを意味する。このような意味における政策が議会において決定される場合、利害関係の型に応じて様々な相互作用が現われる。そこで注目される政策は、極めて具体的(substantive)な政策である。ローウィがこのような過程にしか注目していないというのが、彼が政策を政治過程の中に封じこめたということの意味である。そのことの一つの現われとして、彼の類型の中でも具体的な対象と結びついていない構成的政策なるものの扱いは、極めて不明確である。[11] このような点から、ローウィの政策分類は、極めて具体的な政策のみに関する平面的なものということができる。

実際の政策決定を観察する場合、政策の重層的構造に留意する必要がある。政策とは、ローウィの考えたような極めて具体的な顧客集団(client)に対して直接資源配分を行なうようなものだけに限らない。クライエントを持たない抽象的な政策であっても、また相互作用的政治過程と結びつかない政策であっても、ある分野の政策全般を枠づけるうえで重要な意義をもつ政策がありうる(例、立法構想としての計画)[12]。いわば、政策を様々なレベルの要素から成るシステムとして捉える必要があるのである。そこで、政策のイメージについてさらに検討を進めて、政策類型論のための準備作業を終えることとしたい。

三　政策システムのイメージ

ここで、今まで定義することなく用いてきた政策という言葉について、改めてその定義づけを考えてみたい。従来の行政学における政策の定義を最大公約数的にまとめれば、政府の行動の目標の表示および実施活動の両面を含んだところの、「政府の行なうこと」(what governments do)[13]といった漠然としたものになるであろう。

しかし、ここでは森田朗氏に従って、政策を「政府の行動の案」と定義しておきたい。[14]政策の変化を社会的環境条件と結びつけて説明するモデルを考える場合、政策とそれに基づく政府の社会に対する働きかけとを区別した方が議論を進める上で便利である。

政策をこのように定義した場合、政策を成り立たせる構成要素は何であろうか。政府の行動の案という以上は、その目的・目標を示さなければならない。また、それを実現するための何らかの手段を含んでいなければ行動の案とはいえない。したがって、政策とは何らかの目的—手段のセットを含んだところの政府の行動の案ということができる。[15]この場合、政策の中に盛り込まれる目的—手段は必ずしも具体的、操作可能である必要はない。政府が施政方針演説などの中に掲げるスローガン、キャッチ・フレーズの類いは一般的には政策の範疇には入れられないが、これらは施策の概念(concept)を表わす政策ということができる。

このように考えると、政策の集合は、抽象的なものから具体的なものに至るまで段階構造を成しているということができる。最も抽象的なレベルで施策のコンセプトが示されると、それはその下のレベルの政策にとっての目的となる。そして、その目的を達成するための手段が選択されることによって、立法構想や計画といったものが作成される。さらにこれが最も具体的な政策にとっての目標あるいは準拠枠組となり、それらを達成するために具体的政策が作られ、それに基づいて政府が社会に対して働きかける。このように、究極的な目的から最下層の具体的な活動に至るまで、目的と手段とは何層もの階層を成しており、個々の政策は目的・手段連鎖の一階層を抜き出したものである。(16)

以上に述べたことから、政策の集合を、様々な具体性のレベルの政策が段階的に互いに結合して構成するところの一つのシステムとして捉えることも可能である。この場合、システムの中のどのレベルに位置するかによって政策の決定に際して考慮される要素は異なり、システムの末端と上位のレベルとでは、政策決定過程の態様は異なるはずである。したがって、政策の具体性のレベルが政策分類の一つの基準軸となるということができる。

また、政策の集合を一つのシステムとして捉えた場合、それは当然、多くの部分システムから成っている。従来の政策類型論においては、全体システムをどのような観点から分解して部分システムを類別(categorize)するかということが重要な争点だった。最も単純明快な分類方法は、農業政策・運輸政策など、各省庁を単位として区別する方法である。しかし、この方法では各部分システムの間の関係を捉えることはできないという問題点がある。他の分類の試みも、これと同様に多くの種類の政策をグループ分けして、それに何らかの名称をつけただけで、類型相互の関係に関心を向けていないものが多いということができる。[17]

しかし、政策の類型化を行なうには、全体システムが構成される際に構成要素としての部分システムが相互にどのような関係にあるかを捉えられるような類型化の方法が必要である。この点に関してさらに考察を進め、具体的な政策の分類を試みよう。

第二節　政策類型化の試み

この節では、前の節で述べた政策類型論への関心に基づいて、日本における政策決定過程を分析するための準備作業として、政策の分類を試みることとしたい。[18]

一　システム志向性と分類基準軸

前節で示唆した二つの分類基準軸——政策のレベル、政策の種別——についてさらに検討するうえで、システム志向性(systemic concern)という概念を導入することが有効な手がかりになると考

える。(19)

まず、システム志向性という概念の意味について説明しておきたい。前節で、政策を政府の行動の案として定義し、政策の集合を重層的段階構造から成り、各要素の政策が相互に連関しあって形成されるところの一つのシステムとして捉えることの必要性を指摘しておいた。したがって、政府が一個の統一体である限り、行動の案としての政策の体系は、整合的で、著しい内部的矛盾がないものでなければならない。

念のため補足しておけば、筆者はここで、政策の体系は論理整合的で整然たるハイアラーキー(hierarchy)を構成しているとか、政策の体系は合理主義的に、上位の目的から演繹的に下位の政策が導き出されることによって構成されると主張しているわけではない。もちろん下位の政策のサブシステムが半ば自律的に変化・増殖し、そこに重複や無駄といった非合理的な現象がおこりうる。しかし、組織的に見れば、各省庁は一個の内閣に統合されており、全く独立した存在ではない。また、政策のサブシステムは無限に自己増殖するものではなく、財源、人員等の裏づけが与えられて初めてサブシステムは変化するのである。言葉を換えれば、サブシステムが様々に変化しても、どこかでそれを全体としてまとめて、帳尻を合せることが必要となるのである。また、部分的な非合理現象や破綻がおきても、それをチェックあるいは弥縫するための仕組みが、政策システムには必要とされる。そのことの必要性は、政府の目指す目的が明確で積極的であるほど大きくなる。したがって、その程度はともかくとして、政策の集合には、複雑多岐にわたる多くの政策を政府の行動の案として、何らかの広い目的に引照しつつ相互に連関させて統合されたシステムを形成するという傾向がある。このようなシステムの中にあって、システム内の他の諸政策の準拠枠組となり、システムとしての統合を促進するような政策を、システム志向性の高い政策ということができる。

システム志向性には、安定志向性・総合志向性・計画志向性の三つの要素が含まれている。[20] 安定志向性とは、政策が偶然性・ランダムさを排除したものかどうか、中期的・長期的タイムスパンの中で政策システムの秩序・連続性・予測可能性を確保するものかどうか、という点に関する性質である。総合志向性とは、政策の対象領域の広さのことである。計画志向性とは、安定志向性と総合志向性とを統合したうえで、政策が政策システムの目的体系に対して安定的・総合的に適合するかどうかという点に関する性質である。計画とは、一定のある程度長いタイムスパンの中で、様々な政策手段を連関させ、総合しながら一定の目的の達成のための道順を示したものであるから、計画志向性は安定志向性と総合志向性の両方を包含したものということができる。二つをベクトルにたとえれば、計画志向性はそれらの和ということもできる。システム志向性の最も高い政策とは、安定志向性と総合志向性とを兼備した計画志向性の高い政策である。逆に、システム志向性の低い政策については、上の三つのベクトルの逆方向のベクトルによって特徴づけることができる。

安定志向性の逆ベクトルは適応志向性とよぶことができる。適応志向的政策とは、変転する状況

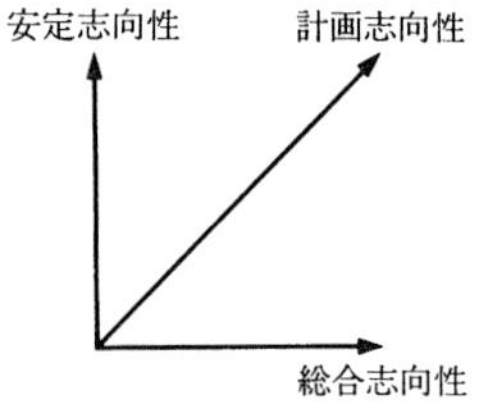

図1-1

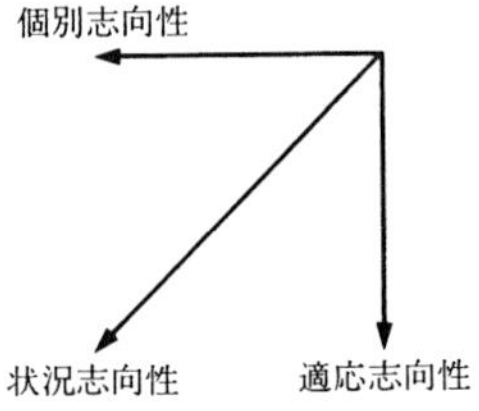

図1-2

の中で即時的あるいは場当り的に具体的な問題の解決を志向する政策のことである。総合志向性の逆ベクトルは個別志向性とよぶことができる。個別志向的政策とは、限られた狭い範囲の分野、問題に関連する政策のことである。そして、二つの逆ベクトルの和、即ち計画志向性の逆ベクトルは状況志向性とよぶことができる。最もシステム志向性の低い、即ち状況志向的政策とは、特殊な個別の問題に即時的、場当り的に対応する政策のことである。

ここで定義した計画志向性、状況志向性という対概念は、「政治」―「行政」の原理と対応するものである。P・セルフは、政治―行政関係を論じた中で、政治の原理と行政の原理との相違を、区別―画一性の対比によって説明している。即ち、政治家の行動の目的の一つは、支持者の要求に応えて、特定の人や集団に有利な政策決定を導き出すための影響を与えようとする点にあるとされる。したがって、ある部分を他の一般と比べて特別に政策的に優遇することを求めるという点で、政治家の行動原理の一つは、区別の追求にあるということができる。他方、行政官の行動は、マックス・ウェーバーが指摘するごとく、本質的に、客観的・形式的な規則や手続に基づくことが要請される。近代的な行政官

僚制の原理は、政治的な恣意や差別に左右されない公平性、画一性にあるのである。(21)

このような、相対峙する二つの原理を政策の次元に投影すればどうなるであろうか。政治家の推進する区別志向型の政策とは、まさに、個別的・具体的な利害が密接に絡んだ政策である。それらは、たとえばある地区に鉄道をしくというように、極めて特殊な個別的問題に関する政策である。また、要求者・支持者の欲求に適応し、それを具体的に満たすことを目指すものである。したがって、政治的原理＝区別の原理に基づいて推進される政策は、個別志向的かつ適応志向的、即ち状況志向的ということができる。

他方、行政的原理＝画一性の原理に基づく政策とは、区別の原理に基づく政策の逆方向を指す。即ち計画志向的である。画一性の一つの要素は、政治的恣意の影響を受けない、あるいは具体的利害関係者の欲求を越えて、客観的・形式的準則に基づくという点にある。この点で、行政的原理に基づく政策は安定志向的である。もう一つの要素は、狭い個別な事情、特殊な状況を志向するのではなく、一般化を志向するという点にある。したがって総合志向的である。この二つの特徴から、行政原理に基づく政策は計画志向的であることが説明される。

以上に説明したように、計画志向―状況志向という政策分類の基準軸は、政治―行政の対立軸と重なり合うのである。したがって、政策の性質によって、政治的交渉になじむ政策と行政的検討になじむ政策とに区別することができる。このことは、後に、政策類型と政策決定過程との対応を考えるうえで、大きな意味をもつ。

以上に説明した安定志向性―適応志向性の対立軸と、総合志向性―個別志向性の対立軸とを政策分類の際の分類の基準軸として応用することは有効であろう。このことが、システム志向性という概念を検討したことによって示唆される。前の節で示唆した政策の具体性のレベルという基準軸が、ここでいう安定志向性―適応志向性という対立軸に相当する。また、政策の種別の分類基準軸として、ここでいう総合志向性―個別志向性の対立軸を利用することとしたい。

二　分類基準Ⅰ――政策の具体性

政策分類の第一の基準軸としての安定志向性―適応志向性の尺度を当てはめて、まず政策のレベルによる分類を試みたい。

政策の具体性とは、政府の行動を明確に規定している度合である。一般に政策という言葉によって指示されるのは、法律や予算などの可視的な形式によって表示され、公権力の発動の直接の根拠となるような政策が多い。しかし、前節で述べたように、政策を「政府の行動の案」と定義するならば、政策は法律や予算という整った形式で表示されたものだけでなく、様々なレベルのものが考えられる。行動の案において、ねらいと手段・方法とが常に具体的、操作可能な形で表現されているとは限らない。

本書では、政策の具体性の段階区分として三つのレベルを考えたい。[22]

第一に考えられるのは、最も抽象度の高い概念提示的政策である。これは、たとえば議会における施政方針演説に現われたスローガン、キャッチ・フレーズのような象徴的な政策のことである。[23]従来、一般的に見て、これらは政策という概念の中に含められていなかった。しかし、政治的スローガンは世論のレベルで争われている様々な政策上の争点を統合し、政策システム全体を方向づける際の要諦(concept)を簡明に凝縮したものであり、抽象的な政府の行動の案ということができる。[24]その形成の過程は、政治的指導者の思いつきによるものであったり、新しい政権の存在を印象づけるために急造されたものである場合が多く、多少とも目的合理的側面をもつ通常の政策作成過程のイメージとは大きく異なっている。また、その内容が曖昧で抽象的であるために、政府の行動を実際に規定する度合も測定困難である。

しかし、概念提示的政策は、たとえば、池田内閣における「所得倍増」、田中内閣における「日本列島改造」など、政府の行なう様々な政策の中で、基本的に何を優先させるか、どの部門に重点をおくか、どのような方向を目指すのかという方針を表現したものである。この場合、反体制の側からの異議申し立てのスローガン(たとえば「福祉優先」、「地方の時代」など)も同様に概念提示的政策たりうる。これらは、実を結ぶかどうかは別として、政策転換の契機となりうる。政治的競争とは、政策のコンセプトをめぐる争いという面をもっているということもできる。

第二に考えられるのは、基本設計的政策である。これは、経済計画や国土計画のように、政策システム全体あるいは省庁を単位とする部分的な政策システムの総体的構図を規定するものである。(25) そこでは、政策システムの目標が定式化され、それを実現するための政策手段が提示される。基本設計的政策は、概念提示的政策に比べて具体性は高い。しかし、このレベルの政策は、目標や望ましい状態を示す規範的なものであり、政府の行動を規定する度合は相対的に低い。それは、より具体的な政策にとっての準拠枠組となるのである。政策の対象が複雑多岐にわたり、構成要素としての政策が細分化するにつれて、諸政策の整合性を保つ必要性は高まり、諸要素を連関させて一つのシステムとしての統合を保つことは困難かつ重要となる。基本設計的政策は、このシステムとしての統合性・整合性を保つためのデザインを描くものである。

基本設計的政策の一つの特徴は、そのタイムスパンの長さにある。通常、具体的な政策は予算のサイクルによって拘束されざるをえない。また、行政組織は細分化されており、個々の政策を連関させて、統合的かつ長期的視野に立って政策システムを検討することは困難である。したがって、基本設計的政策こそに、短期的政策をシステムの目指す目的に連関させるための長期的展望が求められるのである。

第三に考えられるのが、実施設計的政策である。これは明確な顧客集団(client)をもち、政府がこれに対して財・サービスの給付、行動の規制などの何らかの働きかけを行なって、顧客集団をコントロールするという政府の具体的な行動の案を表示したものである。この型の政策はまた、公権力の発動の根拠となる政策ということもできる。これらは、その実施のために必要な資金・人員・権限などのリソースの裏づけを与えられているものという側面をもっている。したがって、実施設計的政策は、法律あるいは予算という形式によって公示された政策である。また、このレベルの政策は、社会における具体的な問題の解決を志向し、顧客集団の欲求を満足させることを目指すものと特徴づけることができる。

以上に定義した政策の具体性の軸に基づく三つの類型の意義および相互関係について検討しておきたい。この軸の上においては、概念提示、基本設計、実施設計という各レベルの間で、それぞれ目的―手段関係が存在している。即ち、下位レベルで政策が形成されることによって、上位レベルの政策が実施されるのである。このように、政策の具体性の軸における概念提示レベルから実施設計レベルへの方向の流れは、政策実施(policy implementation)のベクトルとして捉えることができる。逆に、実施設計レベルから概念提示レベルへの流れは、フィードバックのベクトルということができる。ただし、目的―手段関係が存在するということは、目的から手段が演繹的に導き出され、合理的に作成されるということを意味するわけではない。手段が独立して考案され、実行され、それに合わせて目的が再設定されるということが、現実の政策過程においてはおこりがちである。基本設計的政策がまず作られ、それを修飾するためのシンボルが後から作られるということもある。

また、既存の基本設計の枠内では予定されていなかったような実施設計的政策が現実に実行され、それを正当化するために基本設計の枠組を再構成するということもおこりうる。

では、これらの三つの類型を安定志向性の尺度に当てはめれば、どのように評価することができるだろうか。

概念提示的政策は、先に定義したように、政策システムの方向性を示すコンセプトであり、具体的には政治家の公約として、あるいは政治運動の際の組織象徴として打ち出される。このレベルの政策の形成過程は、政治家や世論形成者(マスメディア)が環境条件の変動や顧客集団(国民)の選好の変化によって新たに生起した政策の課題を巨視的に捉えて、諸課題を統合する適切なシンボルを作るという過程である。これらは、既存の政策体系の問題点を剔出し、政策システムが新たに目指すべき価値を示すものであり、長期的視野における具体的な実現の手順などは当然含まれていない。こうした点から、概念提示的政策は適応志向性が高いということができる。

この概念提示的政策の形成過程は、保守対革新、与党対野党というマクロな政治的競争の過程である。その中では、当然、政党・政治家が最も中心的な役割を果たす。また、プロの政治家と並んで、世論形成に大きな影響を与えるマスメディアの役割も無視できない。圧力団体・利益集団は多くの場合、個別具体的なイシューに関わるもので、この過程に登場してくることはない。しかし、圧力団体の中でも、財界団体、労働組合のナショナル・センターなどの、いわゆる頂上団体は、政党に準じるアクターとして、概念提示的政策の形成に深く関与することがしばしばある。最近の行政改革における財界の活動は、その一例である。

次に、基本設計レベルの政策について見れば、長期的タイムスパンの中で、システムの統合性・整合性を保つためのデザインを描くというその定義から、安定志向性が高いということができる。基本設計レベルの政策の代表例は、経済計画、住宅整備五ヵ年計画などの各分野の計画である。これらの計画は、一定期間にわたって政策の予測可能性を確保し、具体的な多くの政策の準拠枠組となるべきものであるから、当然、高い安定志向性が要求されるのである。

したがって、基本設計的政策の作成は専門的官僚制によって担われるのが通例である。先ほど論じたように、政治家と対比した場合の行政官僚制の行動原理は、安定的・包括的なルールや制度を作ることを志向するという点にある。官僚制の役割は、政策システム全体に対する統合的かつ長期的な視野から、計画を立案することにあるということができる。基本設計レベルの政策の作成には、行政的行動原理が発揮される。

次に、実施設計レベルの政策について見れば、具体的な問題の解決を志向するという点で、適応志向性の高いものということができる。行政機関をとりまく環境は変転極まりないものであり、顧客集団の要求も様々なものである。それらに起因する具体的問題を解決するために、実施設計レベルの政策には柔軟性・即時性が求められるのである。この点で、実施設計的政策は、三段階の中で最も適応志向性の高いものということができる。

したがって、実施設計的政策の形成過程においては、顧客の要求への適応あるいは区別を志向する政治的行動の原理が最も直接的に反映されるということができる。その形成過程においては、顧客の代理人としての政治家および顧客集団自身が最も主要なアクターとして登場してくる。これらが、行政官僚制に対して、自らにとってより有利な政策決定を求めて争うという形の政策形成過程が現われるのである。

現実の政治過程の中で可視的な政策の多くは、実施設計レベルの政策である。従来の政策理論がもっぱらこのレベルに目を向けてきたことは、前節で述べた通りである。しかし、政策の集合の多層的構造を考えれば、実施設計レベルだけに目を向けて、政策決定の態様に関するモデルを作っても、それに限界があることはいうまでもない。ここでは、政策の重層性に即して、政策のタイプと、政策形成過程との対応を考えることによって、分析枠組の一つの準備作業を行なったのである。

三　分類基準II——総合志向性と個別志向性

第二に、総合志向性—個別志向性の尺度を当てはめて、政策の包括性に則した分類を試みたい。換言すれば、ここでねらいとするのは、政策システムを構成する部分システムの相互の関連を表現することのできるような類型化の方法である。

部分システムとして一般に考えられるのは、農業政策・交通政策など各省庁を単位として分化し、特定の分野を対象とする部分システムである。しかし、政策システムは部分システムの単なる総和ではない。政策の集合が一つのシステムであるためには、各部分システムが相互に結合され、調整されなければならない。そして、そのためには、システム全体のあり方についてのデザインを描き、各部分システムをその中に位置づけ、それらをコントロールする中枢機能を担うシステムが必要である。この中枢機能を担うシステムを統合システムとよび、それ以外の部分システムを分化システムとよぶことにしたい。両者の関係は、組織におけるスタッフとラインの関係にたとえることができる。(26)

統合システムの政策と分化システムの政策との相違は、政策の総合志向性における相違ということができる。

具体的にいえば、特定の事象・分野を扱う個別志向的政策であるのか、政策システム全体の維持・管理、さらにはそれを通して社会全般の維持・管理を扱う総合志向的政策であるのか、というのが政策の総合志向性の軸における基本的な相違である。

この軸の上では、三つの次元を考えることができる。統合システムを構成するのが構造的政策と総合機能的政策という二つの類型の政策である。分化システムを構成するのが個別機能的政策である。以下、三つの類型についてそれぞれ説明していきたい。

第一の構造的政策とは、政策システムが構成、維持される際の基本的なルール、あるいは政策を決定する際の基本的前提となるルールに関する政策である。[27] 仮に、政策を資源配分に関するルールとするならば、構造的政策は、メタ・ルールということができる。

構造的政策の代表例は、法律を制定する際の前提的ルールとなる議会制度や、行政機関のあり方を規定する内閣制度・地方制度などに関する政策である。具体的には、憲法・国会法・内閣法・地方自治法などの法律や選挙制度・会計制度などに関する政府の理念・意図を表明した政策である。

構造的政策は、政策システムの最中枢部にあるということができる。それは、政府の実際の活動の方向性、あるいは資源配分のしかたについては、具体的には何らの指針も示していない。ただ、政府が活動の方針を作成し、現実に活動を行なう際に守らなければならない手続、侵してはならない価値を規定したものである。したがって、国家体制が安定し、様々な制度が定着してくるにしたがって、構造的政策の多くは、実際の政策決定にとって自明の前提となるのである。たとえば、議会制民主主義・法治行政原理などは、少なくとも日本においては、様々な政策の決定・実施の際には当然の前提であって、これに対して疑義が呈されることはほとんどない。

しかし、統治機構、権力装置に関する制度の中で、構造的政策の対象として争点化される問題は決してないわけではない。むしろ、構造的政策の形成過程は極めて重要な意義をもつ。実際に、たとえば戦後間もない時期においては、憲法問題に代表されるように、統治機構をどのように構築するかが政治の中の最大の争点であった。

一般的に言って、構造的政策には、権力的側面に関するものと、技術的側面に関するものと、二種類がある。むろんこの類型は理念型であり、現実の政策には、両方の側面を合せ持つものも多い。権力的側面に関する政策とは、社会あるいは国民との関係で権力の運用のあり方を規定するものである。たとえば、デモや猥褻などの表現活動に対する規制に関する刑事政策、官公労働者の労働基本権に関する労働政策などがこれに当る。このような政策の形成過程においては、権力の運用の際に守るべき規範として個人の権利と社会の秩序のどちらを重視するかという対立がつねにおこりうる。その形成過程は、保守対革新、リベラル対反動というイデオロギーの対立する過程である。

技術的政策とは、政策を形成・実施するうえでの手続や仕組みに関する政策である。たとえば、行政組織の編成、公務員制度、中央と地方の間の政府間関係などに関する政策がこの型の政策である。この型の政策は、行政改革の際の主要なテーマとなる。これらは、行政の能率向上のためには日常的な課題となるのである。

次に、総合機能的政策について説明したい。総合機能的政策とは、統合システムの中にあって、政府の活動の全般を対象として、資源配分の大まかな方向について規定した政策のことである。あるいは、個別的部分システム間の調整を図り、部分システムをコントロールするための政策である。構造的政策が資源配分の方法について積極的な方向づけを含んでいなかったのに対して、総合機能的政策は、政策システム全体の大目的に関して、あるいは政策による資源配分のあり方に関して積極的な方向づけを示すという点で異なる。

総合機能的政策の重要性は、次のような理由から明らかである。いうまでもなく、政府の活動領域は著しく拡大されている反面、政府がその活動のために利用しうるリソースには限度がある。したがって、政府活動が多岐にわたり、政策システムが多くの部分システムに分化するならば、各個別的部分システムは一定のリソースをめぐって競合関係に陥らざるをえない。それゆえに、各部門の要求を調整し、一定のリソースを有効、合理的に使用するよう企画することを専門の役割とする部門が独自に設置され、そこで総合的なプランが作成される必要がある。このような総合的なプランが総合機能的政策である。

その典型例は予算である。予算を含めた財政政策は、資金という一定のリソースをどのように運用・配分するかを示した総合機能的政策である。また、国土計画(「新全国総合開発計画」等)は、土地、人口というリソースの利用のしかたの目安を示したものである。また、経済計画は、資金・労働力などのリソースの運用・分配のしかたの目標を示した総合機能的政策である。

これらの総合機能的政策の中で、他の個別的政策に対する影響力は様々に異なる。たとえば、予算はあらゆる政府の活動に関して金銭の尺度で優先順位をつけたものである。したがって、予算は総合機能的政策の中でも最も影響力が強いものである。これに対して、経済計画や国土計画は抽象的な目標を示すにとどまり、個別的政策を拘束する制度的担保をもたない。それらは、政策システム全体の指針として、個別的政策を緩やかに方向づけるに過ぎない。しかし、中・長期的なタイムスパンの中における政策の変化を考えるうえで、これらの計画のもつ意義は軽視されるべきではない。

以上に説明した二つの型の政策が、統合システムを構成する。これらはともに総合志向性が高く、様々な部分システムを全体として政策システムに統合するための政策ということができる。構造的政策は、制度、手続の面で政策形成の際の共通の前提を作り出すことによって、政策システムの統合を図る。総合機能的政策は、政策の実行に必要なリソースを管理することによって、政策システムの統合を図るのである。部分システムが個別的、自律的に動くという場面も現実にはしばしばおこりうるが、それはあくまで統合システムが設定した枠の中で行なわれる。

第三に、個別機能的政策について説明したい。この類型の政策は、産業の中の特定部門(農業・製造業等)あるいは政府のサービス活動の一部門(教育・治山治水等)を担当するために分化した部分システムの中の政策のことである。

個別機能的政策と前の二類型の政策との相違は、総合志向性の尺度を当てはめることによって説明される。個別機能的政策は、特定の個別領域における問題解決のために、政府の特定の部門の行動の案となるものである。それは、他の個別領域に関する政策に対する顧慮なしに作成される。たとえば、ある分野の政策の計画を作成する際、所要財源を計算する場合にも、全般的財政状況の中でどの程度の財源をとることが適切あるいは可能か、さらに当該政策を実施することによる財政負担が他のどの分野にしわ寄せされるかなどというファクターはほとんど考慮されていない。[28] したがって、特定の個別領域に関する政策が多くのサブユニットを統合した体系的なものであり、安定志向的なものであっても、政策システム全体から見れば、総合志向性は低く、個別志向性が高いということができる。[29]

四　政策類型の諸形態

以上に定義した二つの基準軸を組み合せることによって政策の類型化を行なうことができる。それを図示し、それぞれの類型について考えられる典型例を示したものが、次に掲げる表1－2である。以下、それぞれの類型について説明を加えたい。

まず、構造的政策の三つの類型について説明しておこう。政策決定・実施の基本的前提となるルール・手続を定める構造的政策の中でも、相対的な具体性の区別を行なうことができる。

構造的概念提示政策としてまず想起されるのは、憲法をめぐる政策である。議会制度・内閣制度・人権対社会秩序など、統治機構に関する様々な問題が憲法問題に集約されているということができる。したがって、憲法改正・憲法擁護というスローガンは、この型の政策の代表例といえる。

また、「地方の時代」というスローガンは、憲法改正ほど包括的ではないが、政策の決定実施の前提となる政府間関係の基本的枠組を変えることを主張するという点で、この型の政策の一例といえよう。体制の安定化とともに、統治機構に関する基本的原理、ルールは自明の前提となり、これらの問題に関して政府が構造的政策のスローガンを掲げることは少なくなるであろう。しかし、反体制の側が既存の政策決定、実施の仕組みについてトータルに批判しようとする時、構造的概念提示政策を新しく作り、オルタナティヴを示すことがありうる。この型の政策は、社会的環境条件の変化を反映して、政策決定・実施の仕組みに弊害が現われたときにしばしば出現する。

たとえば、「小さな政府」というコンセプトは、肥大化し硬直化した行政組織の弊害に対する国民の不満をキャッチし、行政組織の簡素化、効率化を目指す政策のシンボルとなった。また、「地方の時代」というコンセプトは、中央集権的システムの弊害が露呈した時に、地方の創意工夫を生かすための制度的枠組のシンボルとされ

表1–2　政策の諸類型

	構　造	総合機能	個別機能
概念提示	憲法改正 地方の時代 小さな政府	所得倍増 社会開発 列島改造	一世帯一住宅 農業近代化
基本設計	行政改革 地方制度改革	経済計画 財政計画 国土計画	住宅建設5ヵ年計画 農業基本法
実施設計	情報公開 定員管理 選挙制度	予算 税制 財投	個別具体的政策

た。このように、概念提示レベルの構造的政策は、既存の政策決定、実施の仕組みの問題点に対する社会の不満を捉えようとする点で適応志向的である。

次に、構造的基本設計政策としては、まず統治機構に関する実体的形式の整った制度に関する改革案が考えられる。国家行政組織法・会計法など行政組織や行政手続の規定に関する改革案、地方自治法など地方制度の枠組に関する改革案がこの型の政策の代表例であろう。人事・財務などの技術的側面に関する政策の形成・実施の過程は、通常、行政改革とよばれる。構造的基本設計政策は、その決定の結果として、一般的な政策の決定にとっての自明の前提となることを目指している。したがって、この型の政策には安定性・論理性・形式的整合性が求められている。その点で、この型の政策は安定志向性が高いということができる。ただし、警察や軍隊など権力的側面に関する政策の場合、論理性・安定性の依って立つ思想的根拠が常に問題化する点に留意する必要がある。

三番目に、構造的実施設計政策について検討しよう。この型の政策は、政府と国民との関係を直接規定する制度に関する政策ということができる。その一例として、最近注目を集めている情報公開制度があげられる。これは政府の行なう政策決定に関する情報を国民の要求に応じて開示することを基本的ルールの中に組みこむことを目指した政策ということができる。これは一般国民を顧客とした政策である。また、選挙制度は全有権者を顧客として、これに政治参加の機会を保障し、その手続を定めたものという点で、この類型に入れられるであろう。そして、技術的側面に関する政策としては、公務員の定員管理や待遇に関する政策、公共事業の入札契約に関する政策があげられる。これらは、いずれも顧客集団をもち、その形成あるいは実施の過程において、顧客集団との接触の機会が多く、より適応志向的であるということができる。たとえば、選挙制度の中でも定数は、人口の流動に対応して変化することが制度の建前となっている。公務員の労働条件に関する政策も、当然、経済・社会情勢に即応して変化する。

補足すれば、この型の政策の対象は、必ずしも国民である必要はない。外国人に対する入国管理政策も、個人を対象として権力の運用のあり方を規定する政策であり、実施設計レベルの構造的政策である。この場合も当然、対象となる人々から政策に対する要求や批判が出される。このことは指紋押捺をめぐる運動に明瞭に現われている。しかし、政策の顧客が政治参加の機会をもたない外国人であるという事情から、顧客の要求に対応した変化はきわめておこりにくい。在留外国人という最も弱い環に対する政策においてこそ、政策の権力的側面は最も鮮明に現われるということができる。

以上に説明した構造的政策は、通常の政策決定の際の基本的前提となる。このような構造的政策を独立変数として、その相違が個別的政策にどのような差異をもたらすかを比較するという方法の研究——アウトプット分析——が特にアメリカの州レベルで試みられた。(30)

以上三つの構造的政策の段階区分は相対的なものであり、各レベル間の目的—手段関係も明確ではない。したがって、ここでの類型化の試みも不十分なものであろう。今までの政策研究の中でも、構造的政策に対してはあまり関心が寄せられてこなかった。しかし、政策の分類を試みる以上、政策決定・実施の仕組みを変えることによって、他の類型の政策に重大な影響を与えうる構造的政策についても関心の視野に収めることは必要である。

次に、総合機能的政策の各レベルについて説明しよう。

概念提示レベルの政策としては、まず、新しい政権が発足した際に掲げられるスローガン、キャッチ・フレーズがあげられる。それらは政府の政策の全体系の中で、どのような優先順位をおくかを表明したものである。これらの象徴的政策は、ダイナミックな政治的競争の中から形成され、選挙の際の公約や国会における施政方針演説の中で宣言される。時として、官僚の操作によって形成されることもある。これらのシンボルは、既存の政策体系に対する挑戦として、新しいヴィジョンを打ち出すために作られるのであるから、国民の要求や環境条件の変化を捉えることを志向するものである。したがって、この型の政策は適応志向性が高い。

提示されたコンセプトは、政策の大まかな方向性を漠然と示すもので、他の具体的な政策を拘束する力はもたない。しかし、これを単なる表面だけのシンボルとして軽視することはできない。この型の政策によって政治的雰囲気(political climate)(31)が醸成され、他の具体的政策がそれによって影響を受けるのである。そして、概念提示的シンボルによって国民の期待が喚起されれば、そうしたシンボルをどのように具体化し、国民に満足を与えるかに、政府の指導者の政治生命がかかる。

第二に、基本設計レベルの政策について考えてみたい。この型の政策は、コンセプトの提起を承け、環境条件の変化に対応して作られた、より具体的で洗練された政策システムの構想図である。一定の資源をめぐって競合する各省庁の配分要求を調整し、省庁の枠を越えて政府の活動を総合的に企画するために、こうした構想図が必要なのである。ただし、社会主義体制をとっていない限り、各部門への資源配分のしかたをすべて計画で規定することはありえない。その意味で、この型の政策は、目指すべき社会のあり方に関する目安であり、各省庁の活動のガイドラインである。また、この型の政策は、安定志向性と総合志向性の両方の性質を兼備しているので、最も計画志向性の高いものである。

その決定過程においては、高いシステム志向性を保持するために、基本設計は個別省庁から独立した専門的機関において作成されなければならない。他方、基本設計の中には個別分野における政策課題が反映されなければならず、各省庁の要求がある程度、基本設計の作成過程に伝達される必要がある。そのような伝達のチャネルとして、人事の交流があり、経済計画の策定に各省庁の代表者が集まって従事するという例もある。

三番目に、実施設計レベルの政策について検討しよう。この類型の代表例は予算である。本来、総合機能的政策は、政策システム全体の総合的調整・企画を機能としているので、個別機能的政策における意味の顧客集団というものを持たない。社会に対して直接働きかける活動の根拠となるという意味から実施設計レベルにあるといえるのは、予算と税制である。

この型の政策の決定過程においては、個別機能的政策を担当する各省庁と、総合機能的政策を作成する機関との相互作用が、基本設計レベルの場合よりもさらに密接となる。予算編成の際の個別的な細かい経費の決定過程は、大蔵省と各省庁との相互作用の過程として捉えられる。(32)

概念提示、基本設計、実施設計という段階構造は、個別機能的政策についても同様に妥当する。たとえば、「農業近代化」、「福祉見直し」のような各領域の政策全般についての方向性を表わすコンセプトがしばしば打ち出される。そして、それを具体化するような形で、中・長期的なタイムスパンの中における政策の重点・手順を示した基本設計が存在する(住宅建設五ヵ年計画、農業基本法、特定産業振興法等)。そして、このような基本設計の枠の中で、個別具体的な政策が立案・実施されるのである。

個別機能的政策は、顧客集団と密接な関係をもっているため、概念提示・基本設計レベルの政策でも、利害関係をもつ顧客集団の強い関心をひく。したがって、その形成過程における行政機関と顧客集団との相互作用は、総合機能的政策の場合よりも密接である。たとえば、基本設計レベルにおいても、長期的な政策指針や計画を検討する各種審議会・諮問機関に顧客集団の代表が入れられるのが通例である。さらに、実施設計のレベルになると、顧客集団の代表としての議員が政策の立案過程に深くコミットすることはよく知られている(いわゆる族議員の活動)。

以上に述べた政策分類の図式は、内政の政策の典型例についての考察に基づいている。現実の政策のすべてがこの図式によって截然と分類されるわけではない。数の上から見れば、実際の政策の多数は個別機能的実施設計レベルの政策である。したがって、個別機能的実施設計レベルの政策を、さらに細かい基準によって分類することも必要となる。しかし、本書の事例分析との関連からは、このような政策分類の枠組で十分であり、これ以上細かい政策分類にはここでは立ち入らないこととする。(33)

また、ここでは外交政策については言及されていない。外交政策が国内問題となり、国内の集団の利害と関係をもてば、外交政策もこの図式の中に位置づけられる。たとえば、外交路線(親米反共・自主外交等)の選択が体制の選択と密接に連関していると考えれば、新しい外交路線を表明する政策は、構造的概念提示レベルの政策ということができる。また、保護主義・自由主義などの貿易政策は、国内の産業の利害に密接に連関するものであり、個別機能的実施設計レベルの政策ということができる。

第三節　政策転換の動態モデル

この節では、政策形成・政策転換の動態に関心を移し、政策システムの循環という概念を導入することによって、その動態を説明するマクロ的モデルを検討していきたい。

一　政策システムの循環過程

最近の政策研究においては、複数の政策の選択肢の中から一つを選択・決定するという、狭義の政策決定だけに目を向けるのではなく、政策の形成から実施に至る一連の循環連鎖の諸段階に幅広く目を向けていくことの必要性が指摘されている。即ち、従来の政策研究が政策の代替的選択肢の選択のみに関心を向け、政策の実施過程や選択以前の段階が政策研究における「欠落の諸章」(missing chapters)となったことへの反省に基づき、「政策課題の形成」(political agenda building)、「政策作成」(policy formulation)、「政策決定」(policy decision)、「政策実施」(policy implementation)、「政策評価」(policy evaluation)などの各段階の連鎖から成る循環過程として捉えることの有効性が認められるようになった。この循環過程は、一般に「政策循環」(policy cycle)とよばれている。(34)

従来、そこにおいて想定されているのは、公共事業、福祉プログラムといった一つのレベルの政策に関する循環過程である。しかし、政策の集合は重層的段階構造から成ると考えれば、異なる政策のレベルの間においても、即ち、垂直方向においても、このような循環連鎖は存在しているということができる。換言すれば、あるレベルにおいて作成・決定された政策は、その下のレベルにおいて政策が形成されることによって実施されるということもできる。たとえば、立法構想としての計画は、法律が作成されることによって実施され、法律は政令・通達が作成されることによって実施されるということができる。[35] 前節の政策分類の用語を用いれば、概念提示レベルの政策によって政策課題が一般的に提示され、基本設計レベルにおいてそれがさらに具体化・操作化されて、政策目的が設定され、実施設計レベルにおいて目的に適合した政策が作成・選択され、実施されていく。そして、実施の結果が評価され、政策課題の設定にフィードバックされていく。このように、諸レベルの政策間の連鎖関係を考えれば、巨視的に見ると、政策の集合全体が一つの循環システムを形成しているということもできるであろう。

二種類の循環のしかたを模式的に図示すれば、次のようになる。[36]

政策システムを循環システムとして捉える見方の特徴・独自性は、政策実施から政策課題の設定にフィードバックする過程を考えるという点にある。従来の政策決定過程の研究においては、政策とは、ひとたび決定されればあとは自動的に実施されるものと考えられ、その後のことについては関心が向けられていなかった。確かに、個別の裁判や行政処分といった極めて具体的なレベルの政策決定を考えれば、政策が決定されれば直ちに実施され、それで政策の取り組むべき課題は消滅する。また、橋や道路を建設するという具体的な政策についても同様であろう。このようなタイプの政策を、政策の目的とするような事実の発生によって、政策の実施活動が完結するという意味で、「完結的政策」[37]とよべば、完結的政策については、フィードバック過程は考えられないであろう。

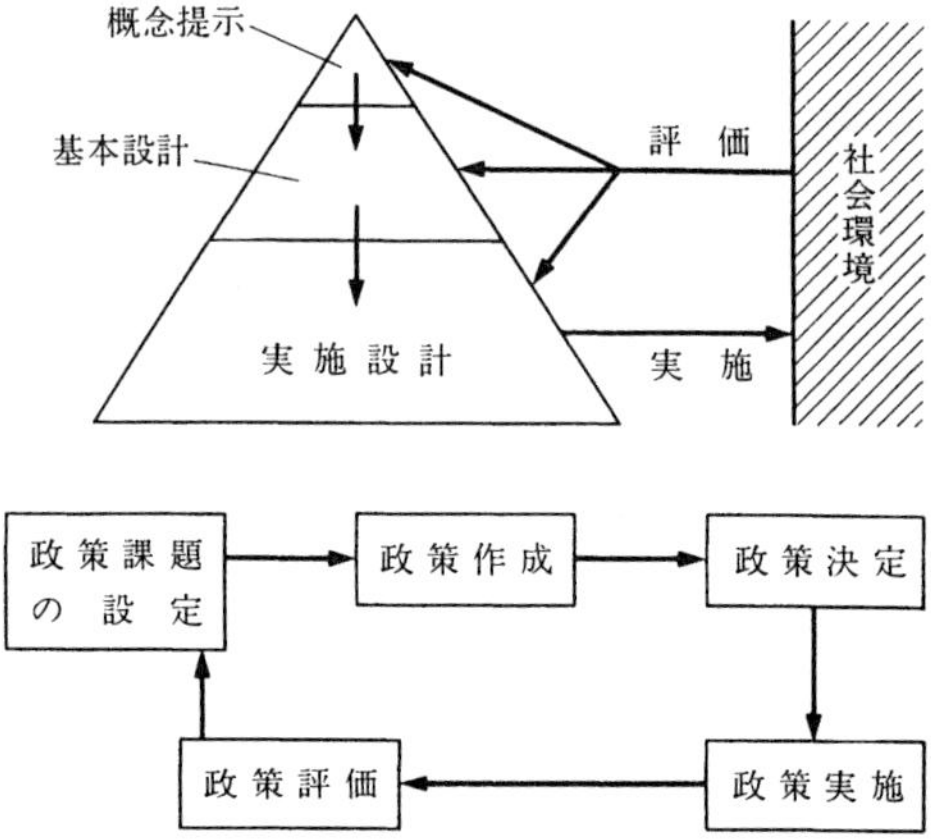

図 1–3

しかし、そうした完結的政策は、極めて具体的なレベルに限られている。福祉政策・マクロ的経済政策などについて見れば、それらのねらいは、望ましい状態の継続にあるのであって、何らかの事実の発生によって政策実施が完結するという性質のものではない。こうした政策を「非完結的政策」とよべば、非完結的政策については、常に循環システムが存在し、フィードバック機能の有効性が、政策の有効性に重要な影響を与えるということができる。

また、一見「完結的」な政策も、それを政策システムの中の一局面として捉えれば、異なった意義づけを与えることができる。即ち、道路建設を地域開発という政策システムの一要素として、また交通違反に対する行政処分を交通安全対策という政策システムの一要素として考えれば、具体的な政策――道路建設・行政処分――の実施によって、政策システム全体の目的とする状態が達成されたとみなすことは決してできない。前者の例についていえば、道路建設によって地域経済にどのようなインパクトが与えられ、それによってどのような波及効果や弊害が生じたかを追跡して、評価する必要がある。その結果は、さらに新しい政策的対応の必要性を喚起するであろう。したがって、政策システムの循環過程がそこに存在するのであり、フィードバックの機能は当然重要なものとなる。

このように、政策システムにおける個々の構成要素の政策は完結性をもつこともありうるが、政策システム自体は常に非完結的であり、そこには常に循環過程が存在するということができる。C・フッドのいうように、政府の活動を、社会で発生する諸問題を解決し、社会を望ましい状態に維持、管理する「社会管理」(social control)と規定するならば、政策システムの非完結的性格は、そこから必然的に導かれる帰結である。なぜならば、政府の活動を社会管理と考えれば、政策は問題を解決するための解決策であり、社会を管理するための仕組みを示したものと規定することができる。[38]その際、現実の社会には様々な攪乱要因があり、望ましい状態を維持するためには、常に政府の働きかけ、即ち政策の発動が必要とされるのである。政府は、目的とする状態を達成・維持するために、社会から情報をフィードバックさせながら、政策システムを循環させなければならない。それぞれのレベルにおける一見完結的な政策決定は、政策循環の中の一局面である。

このような政策システムの循環には、様々な回路が考えられる。そこで、次に、前節で行なった政策分類を前提としながら、循環回路の主要な類型について考えてみよう。

第一に、社会環境と政策システムとの間で政治家が媒介機能を担うことによって成立する、最もマクロ的な政策循環の形態が考えられる。それを図式的に示せば、次のように表わすことができる(図中の政策設計とは、基本設計と実施設計とを総称する過程である)。

この図において、社会環境からの情報・要求のフィードバックの経路には基本的に二通りある。一方で、社会からの要求・情報が最も抽象的なレベルに対して伝達され、政治家を中心として概念提示的政策が形成され、それが官僚制に伝達され、政策システム全体が枠づけられる。他方で、最も具体的なレベルに対しても要求・情報が伝達され、政治家は顧客集団の代理者として、こうした情報などを伝達するために、実施過程に参入し、実施設計レベルの政策を枠づける(たとえば、公共事業や補助金給付の際の箇所づけなど)。

このような両方向からの枠づけの中で、官僚制によって政策が形成され、実施されることによって、社会に対してインパクトが与えられる。このように、概念提示レベルと実施レベルとにおいて、政治家が媒介となることによって、社会と政策システムとの間の循環が成立するのである。

第二に、政策システムを統合システムと分化システムとに分けてみた場合、社会環境と統合システム・分化システムという三つの要素から成る循環過程が考えられる。これは、第一の図式では一括して扱われていた政策システムを腑分けしてみたものである(図1－5)。

このモデルは、総合機能的政策と構造的政策とによって個別機能的政策が枠づけられるという機制、逆に個別機能的政策の側の変化、要求によって総合機能的政策、構造的政策が影響を受けるという機制を捉えるためのものである。いわば、政策システム内のヨコの循環がこのモデルによって説明される。

即ち、社会環境からの要求、情報が一方で統合システムにフィードバックされ、それに適応した総合機能的政策が作られる。そして、そこで新しく描かれた政策システムのデザインに沿って、様々な個別機能的政策の拡充が促進されたり、抑制されたりする。さらに、新しいデザインが個別機能的政策の実施につながることによって具現し、社会に対してインパクトを及ぼす。

また、他方で社会環境からのフィードバックが分化システムに伝達・受信され、統合システムが社会環境の変化・要求を反映しない場合がありうる。このような場合、環境の変化・要求を受けた分化システムが先に変化し、それが統合システムに伝達され、統合システムにおける総合機能的政策に影響を与えるという機

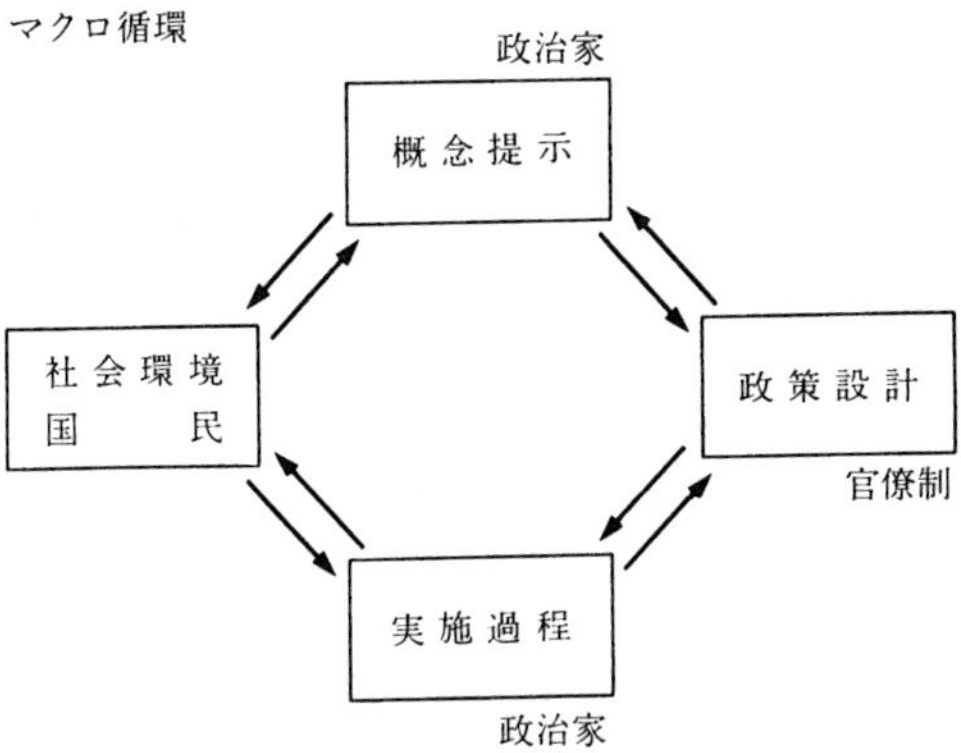

図 1-4

制が存在する。

このように、統合システムと分化システムとの間には、双方向的な影響の経路があり、現実の政策転換の過程には、両方の側面がありうるのである。

このような統合システムと分化システムとの関係は、A・ダンサイアのいう parallel hierarchy の概念と対比することによって、より明確に捉えることができる。彼によれば、パラレル・ハイアラーキーとは、官僚制組織内で特定の手続的目標(procedural goal——たとえば、正確性、経済性、迅速性など)の達成に関するコントロールを専門の任務とする階統制的組織のことである。この組織の成員は、自己と同じレベルにおいて部局横断的にコントロールを行ない、同じ組織内においてのみ、上位レベルとの関係をもつとされる。(39)

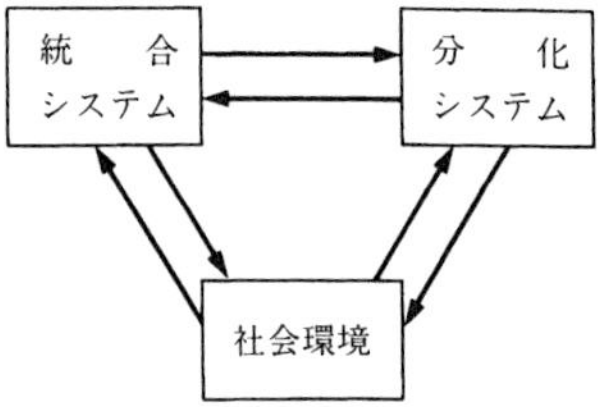

図1–5

彼の官僚制組織に関するこのような概念を、ここで説明している政策システムに類推適用することも可能である。政策システムの中においては、分化システム内の各サブシステムは、それぞれ実体的目的を追求している。これに対して、統合システムは、総括的な目的を掲げて、サブシステムを財政、人事などの面からコントロールし、チェックしている。したがって、統合システムは政策システムの中でパラレル・ハイアラーキーの機能を果たしている。統合システムから分化システムへの影響は、パラレル・ハイアラーキーによるコントロールの現われである。ただし、ダンサイアが、個別的ライン組織からパラレル・ハイアラーキーへの影響がありうることに触れていない点は問題である。コントロールの基準あるいはその解釈について、個別的組織あるいは部分システムの側からの影響があるはずである。本書の枠組は、このような双方向の影響関係を捉えるためのものである。

第三に考えられるのは、それぞれの部分システムの内部におけるレベルを通した循環である。上にあげた二つの類型は、政治家を媒介とした、あるいは異なる部分システム間の循環であった。政策の作成・実施を担当する官僚制の視点から見れば、上の二つは外部的循環ということができる。第三の類型は、これらに対する、いわば内部的循環である(図1-6)。

政治家やパラレル・ハイアラーキーという外部的要素を通してだけではなく、個別的部分システムを担当する官僚制自身も、常に社会・環境から情報・要求の収集を行なっている。たとえば、どの省庁にも調査研究スタッフがおかれており、理論的研究や定期的な統計調査が行なわれている。そこから得られる基礎的なデータは、政策作成の資料・根拠となる。また、審議会や行政モニターの制度を通して、顧客集団の要求が直接官僚制に伝達される。あるいは、マスメディアを通して要求が伝達される。新聞の投書欄の主要な話題は、行政機関の政策実施のしかたに対する苦情である。こうした情報や要求が実施設計レベルで受信され、政策の内容や実施の態様が変化することが考えられる。また、基本設計レベルの政策が変化し、それによって実施設計レベルの政策が枠づけられるということもありうる。

ここで示した第三の類型、官僚制内部の循環過程は、どの部分システムにもみられる。そして、三つの類型のうちで、循環を最も微視的に捉えたモデルである。第一節で紹介した政策決定モデルも、この内部的循環の中の政策作成過程に妥当するものである。官僚制における通常の政策作成・実施の過程は、基本的にこの型の循環過程の一局面である。以下、政策の継続、通常の政策作成過程の特質を明らかにするために、官僚制内部の循環過程についてさらに検討したい。

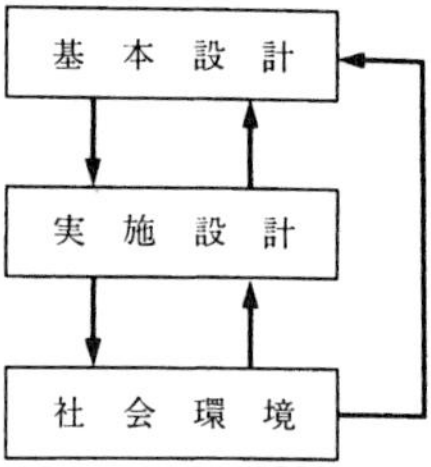

図1-6

二　官僚制内部の政策循環

官僚制が政策システムを循環させるのは、社会管理を継続し、社会を望ましい状態に維持するためである。現実の社会には様々な攪乱要因があり、望ましい状態の維持は常に妨げられる。そこで、そうした問題を解決するために、政策による介入が常に要請され、政策システムが循環するのである。官僚制がこのような役割を果たすためには、望ましい状態を具体的に明示する標識、社会の現実の状態を認知する器官、そして社会に対して実際に作用する器官、という三つの要素が不可欠である。以下では、ダンサイアに従って、望ましい状態の標識を指導子(director)、認知器官を検出子(detector)、作用器官を作用子(effector)とよぶことにする。[40] これらの概念は政策の循環を考えるうえで重要である。

さて、政策の集合を模式的に図示する場合、三角形のピラミッド状に表わすのが通例である。このことは、一つの目的に対応する政策が複数あり、下のレベルに行くほど多くの政策があるということを意味する。一つの目的を達成するために、状況に応じて様々な政策が使いわけられるのである。ここで、基本設計レベルで提示された政策目的を達成するために実施設計レベルで作成された実行可能な政策の集合を「政策レパートリー」とよぶことにする。政策の実行可能性に影響を与える変数としては、構造的政策による手続的な面での制約や総合機能的政策による枠づけがある。また、その政策を実施する行政機関のカルチャー、政策に対する歴史的経験、タブーなどが大きな影響をもつこともありうる。

政策レパートリーの中のどの政策を選択するかは、政策を実施する際の環境条件に応じて決定される。政策決定を問題解決として捉えた場合、政策選択は問題状況の型によって規定される。なぜならば、選択者の眼から見た生のままの現実というものはありえず、現実の状況認知は選択者のもつ準拠枠組(frame of reference)を通して行なわれるからである。状況の認知とは、状況を限定し、近似的で単純化されたモデルと同一化することによって成り立つのである。[41]

したがって、変化する状況の中で一定の目的を達成しようとする場合、問題状況の型と実施される政策との間には、しだいに対応関係が明確になってくるであろう。ちょうど、発熱・腹痛等の病気の症状に対して、それらを緩和する薬品が開発され、治療法が確立されていくように、一定の目的を継続的に達成していくために、状況に適応した政策が作成・決定・実施されて、その経験が集積されていくであろう。この場合の認知された状況のモデルと政策との対応した組の集合を、実施プログラムとよぶことにしたい(42)。

そして、実施プログラムの一つの構成要素である状況モデルのことを、状況定義とよぶことにしたい。より正確にいえば、状況を準拠枠組を通して見て、状況モデルと同一化することは、状況定義の一要素である。状況定義には、この他に、状況認知に基づいて政策を選択する際の決定基準――具体的には、政策の選択肢の結果に関する知識、選択肢の評価基準など――も含まれる(43)。

政策システムの循環の通常の動態について考えてみれば、何か新しい政策課題が発生し、政策による対応の必要性が認知された場合、政策形成は既存の政策体系を前提として、その末端における変更として行なわれるというふうに捉えることができる(44)。何らかの政策的対応の必要な問題が発生したときには、既存のどこかの部分システムの管轄とされ、実施プログラムの中で、政策レパートリー中の適当な政策を当てはめることによって、あるいは政策レパートリーの増補・修正によって、対応が図られるのである。したがって、通常の政策循環過程は、極めて具体的なレベルにおける社会環境の認知と政策の選択・実施の繰り返しの循環過程から成るということができる。社会状況からのフィードバックは、まず実施プログラムの中の状況定義に向かうのである。状況定義のヴァラエティが少なく、採られる政策に変化が少ない場合、そのような政策プログラムの循環は一般にルーティンとよばれる。(45)

以上に説明してきた政策システムの通常的循環を図式的に表わせば、次のようになる。この循環の中では、基本設計レベルから与えられる目的が指導子であり、状況定義が検出子であり、実施過程に作用子があるということができる。前に示した内部的循環の図式の中で、より抽象的なレベルの目的に対してフィードバック回路が存在することを示した。しかし、フィードバック回路が存在することと、その回路を通して情報が伝達される頻度がどの程度かということとは別の問題である。

多様な現実の中で、状況定義の際の状況モデル、認識の準拠枠組が十分な適応性をもつのかという疑問もわいてくる。しかし、知覚を通して準拠枠組は不断に強化されるのである。即ち、マーチ＝サイモンの次に述べることがここでも当てはまるであろう。

「すでに自分の中にできあがっている準拠枠と一致することをみようとする個人の傾向は個人心理学において定説となっているところである。準拠枠と一致しない知覚は、彼らが意識する前に濾過作用で排除されてしまうか、矛盾を取り除くよう再解釈されたり、『合理化』されたりする。準拠枠が知覚を確認するために役立っているのと同様に、知覚が準拠枠を確認するのに役立っている。[46]」

このように政策システムの通常の循環過程を規定したうえで、政策の継続と転換に関するモデルについてさらに考察を進めていきたい。ここで政策の継続と転換という二つの言葉の意義について考えておく必要がある。通常の用法では、政策の転換という場合、政策の基本的方針の変更を指す。曖昧な言い方であるが、基本的方針は変化せず、弥縫策が次々ととられる場合は、政策転換とはよばれない。もちろん、どのレベルの政策に着目するかによって、政策転換とよぶか、弥縫策とよぶかは異なってくる。たとえば、極めて具体的な行政処分のレベルに注目する場合、その行政処分の運用根拠となる通達が変化したら、それは政策転換とよばれるであろう。これに対して、ある省庁の行なっている政策全般に注目する場合、その省庁の政策システムを枠づけている中・長期的計画や基本的法律が変化して、初めて政策転換がおこったということができる。[47] そこで、以下、本書においては、議論の範囲の中で最も具体的なレベルの実施プログラムの中における政策の変化を政策転換とはよばず、むしろ実施プログラ

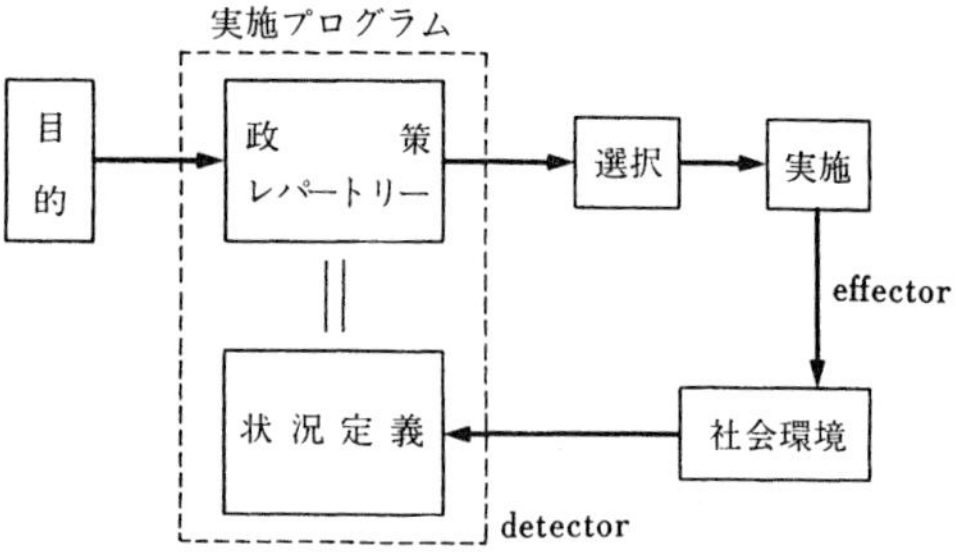

図1-7　政策システムの通常的循環

ムの維持活動の一環として位置づけることとする。そして、実施プログラムから抽象の階段を一段上った基本設計レベルにおける政策の変化を、政策転換とよぶことにする。

これに対して、政策の継続とは、政策の目的とする望ましい状態が持続されることである。そこで、この状態を政策システムの均衡状態とよぶことにしたい。[48] この均衡状態は予定調和的に達成されるのではなく、社会の様々な攪乱要因(noise)によって絶えず均衡状態が崩される可能性がある。したがって、官僚制自身が、政策実施の成果(performance)を検出(detect)し、指導子に照らして目的の達成度を評価していなければならない。そして政策の成果が低下し、望ましい状態を維持できなくなれば、そのことを感知し、状況定義をやり直して、政策レパートリーの中からより有効な政策を選択しなければならない。このように、政策システムの均衡状態を保つためには、内部的なフィードバックの過程が不可欠である。そして、政策システムがシステムであるためには、均衡状態からの逸脱を察知、フィードバックし、均衡回復のために政策的対応をとるという一連の機制——均衡化メカニズムの存在することが絶対の必要条件である。

この均衡化メカニズムが有効に作用する限り、即ち、実施プログラムと社会環境との間のフィードバックが円滑に作用し、政策レパートリーの処理能力の範囲内で問題処理が行なわれる限り、政策システムは安定しているのである。[49]

均衡状態からの逸脱は、政策レパートリーの中の他の政策選択肢の探索の誘因となるが、逸脱が直ちに実施プログラムの革新(innovation)を促すわけではない。もちろん、政策レパートリーの増補・修正はありうるが、実施プログラム自体を革新するためにはコストが必要であり、そうしたコストは実施プログラムを継続する限り発生しない。

三　政策転換のダイナミズム

それでは、政策転換はどのようにしておこるのであろうか。以下、そのモデルについて考えてみよう。

政策転換には、内部的フィードバックを経て、即ち、この節の最初で規定した政策循環の第三類型を通して、基本設計レベルでの転換がおこる場合と、外部的フィードバック――即ち、第一・第二類型の政策循環を通して基本設計レベルに転換がおこる場合とが考えられる。前者を内生的転換とよび、後者を外生的転換とよぶことにする。

まず、内生的転換について見ていきたい。この場合の政策転換は、通常的循環システムが破綻することによっておこる。通常的循環システムの破綻とは、政策の目標状態の維持に対する攪乱要因の働き、様々な環境条件の変化を、実施プログラムによって吸収・処理することができなくなることである。

このことは、実施プログラムの処理能力の相対的低下と見ることもできるが、実施プログラムの処理能力が低下すれば、まず、政策レパートリーの中の政策の代替的選択肢を補充することが試みられるはずである。しかし、これにも限界がある。とりうる選択肢は、基本設計レベルの政策・諸目的・諸価値によって大きく制約されているからである。

また、政策の目的とする状態を評価する基準についても問題がある。一般に、政策の目標値については、期待値・充足値・限界値の三種類がある。(50)期待値とは、理想の状態であり、必ずしも現実性をもっていない。充足値とは期待値よりも低く、理想通りではないが、一応満足できる水準のことである。限界値とは受容できる最低限度の水準のことである。現実の政策決定においては、充足値が達成されれば期待値まで到達しなくとも政策の探索活動は止められる。しかし、充足値を下回れば政策の探索活動は始められ、限界値を下回れば探索活動はより活発化する。(51)どうしても適当な政策案が発見されない場合、あるいは目的を達成しても膨大なコストがかかる場合、目標の基準値の方が引き下げられる。ただし、それにも限界がある。あまりにも政策の目標値が低下すれば、政策の存在理由自体が疑われることになる。たとえば生活保護という政策をとってみよう。達成目標となる生活水準には社会常識にてらした最低限度の基準というものがおのずと形成される。それを下回る生活保護政策は、あってもなくても関係ないものであり、社会的支持もなくなるであろう。このように、限界値はあくまで存在するものであり、たとえ充足値が限界値と重なったとしても、それ以下に充足値が低下することはありえない。結局、充足値を限界まで下げても適当な政策案がない場合には、その実施プログラムは不可能を目指すものとなり、実施プログラムおよびその目的自体が問題となる。

このようにして通常的循環が破綻すると、実施プログラムの再構築が課題に上り、政策転換が始まるのである。実施プログラムの再構築は、まずプログラムの仕える目的の修正から始まる。ダウンズのいうように、行政機関が努力せずには旧態を回復できない状況に対して、最も有効な対応を発見しようとする際に、組織の構造にほとんど深い変化をもたない対応を選ぶ。(52) ダウンズは、最初の行動として「行動のみの変更」をあげているが、それは本書でいう実施プログラム内の政策案の探索、即ち通常的政策循環の過程を指す。その次の行動として、ダウンズは規則の変更を必要とする対応をあげているが、これが本書でいう目的の修正である。

実施プログラムが破綻するということは、目的が不可能を強いるということを意味する。その目的は基本設計レベルの政策形成の産出物であるから、実施プログラムの再構築は、基本設計レベルにおける政策の変更による目的の再設定から始められる。この場合、新たな目的は、基本設計レベルの政策が志向する上位の目的の系であるから、それによって大きく拘束されることはいうまでもない。したがって、内生的政策転換によっておこる政策目的の変更は、通常、漸進的な過程である。

目的の変更に伴って、それを実現するための様々な政策案が考案・開発され、しだいに政策レパートリーの中に集積されていく。そして、様々な経験、試行を通して実施プログラムが形成されていく。状況からのフィードバックが基本設計のレベルにまで上昇し、そこから実施プログラムが新たに形成される過程を、政策システムの非通常的循環とよぶことにしたい。非通常的という意味は、頻度が低いということであって、政策システムが維持されるためにはどうしても必要な生理的プロセスである。(53)

政策システムの非通常的循環を図式化したのが次の図である。官僚制は一般に、最初の認識において、環境の変化を目的達成を阻害する一時的な攪乱要因とみなし、このような変化を恒常的なものとして受け容れるのを躊躇する傾向がある。(54)したがって、非通常的循環の開始はスムーズなものではない。また、実施プログラムの再構築の過程は、生産的であるがゆえに様々な試行錯誤を伴うものである。こうした特徴は、往々にして、社会から官僚制の硬直的体質、行政機関の対応の遅れという批判を招くのであるが、政策システムの均衡モデルを前提とする限り、こうした諸特徴は必然の帰結なのである。実施プログラムの中においては、経験によって政策レパートリーの中に政策案が集積されており、政策の実際の効果についても過去の経験から相対的に確実な知識がある。したがって、通常的循環過程の中における政策の選択(特にこれをあらかじめ準備された政策レパートリーの中から状況モデルに合わせて適当な政策を選択するという点で、政策の同定《アイデンティフィケーション》とよぶ)(55)は比較的容易である。こうした政策同定の容易さが行政機関の実施プログラムに対する執着の一因ともなっている。

これに対して、非通常的循環過程の中で実施プログラムを再構築する場合は、不確実性が高いため、政策の代替的選択肢を開発・形成する際の困難も大きい。さらに、政策案の開発も行き詰まり、実施プログラムの目的をどのように設定しても政策システムの均衡回復が達成されない場合、政策システム自体の構造が問題となる。環境条件の激変によって政策システムの均衡が完全に崩壊した場合は、より上位の目的も再設定の必要性に曝される(例、一九七一年のニクソン・ショック、一九七三年のオイル・ショック)[56]。こうしたドラスティックな転換は稀である。それらの問題は大きな政治的争点となるが、他方、官僚制内部において、ここで述べた循環過程を通して、政策システムを根本的に再構成する必要性が伝えられるのである。

次に、外生的転換の過程について考えてみたい。外生的転換とは、当該政策分野を担当する官僚制の外部からのフィードバックを通して行なわれる政策転換のことである。政策実施の効果については、官僚制自身だけでなく、国民(顧客集団)によって評価が行なわれる。政策の効果が不十分で国民に不満が高まった時、あるいは新たな社会問題が発生した時に、政策的対応を求める国民の要求は、政治家を媒介として政策システムにフィードバックされる。一方で、最も抽象的なレベルにおいて、そうした要求が選挙の際の争点となったり、議会においてとり上げられることによって、そこから概念提示的政策が形成され、官僚制に対して政策転換の必要性が伝達される。他方、最も具体的なレベルで政治家を媒介として顧客集団の個別的・具体的要求が伝達され、政策実施のレベルで変化がおきる。こうした媒介機能はマスメディアによっても補助的に担われる。抽象的なレベルにおいては、概念提示的政策の形成過程にマスメディアは密接に関与する。また、最も具体的なレベルにおいては、行政機関の政策実施のあり方に対する国民の不平不満を取り次ぎ、行政機関に善処を求めることが、マスメディアの大きな機能の一つである。特にそのことは、新聞の投書欄、社会面に当てはまる。

また、政策システムの内部においても、部分システム間のヨコの循環によってフィードバックが行なわれる。たとえば、会計検査院や総務庁による検査・監察により、実施レベルの諸問題がフィードバックされる。これに類似したものに司法統制がある。裁判によって、ある行政活動が違憲、違法という判決を受けることは、行政機関にとって重大な政策転換の契機となる。また、社会問題の被害者に対し、司法が損害賠償命令という形で、行政府に先んじて救済手段を講じる場合、行政の怠慢という社会的批判が高まる。したがって、司法の先導は、政策転換を促す強い契機となる。また、財政政策・総合的経済政策は、政策システムにおける重点の移動を伝達し、各部分システムに影響を与える。これと

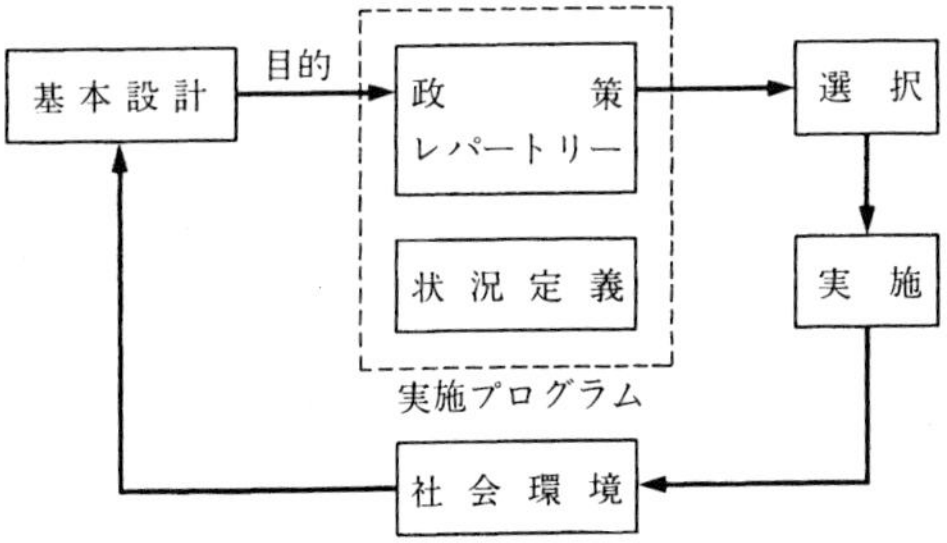

図1-8　非通常的循環

反対に、特定の個別分野において政策の拡充の必要性が飛躍的に高まることによって、総合機能的政策に変更の必要性が伝達されることもありうる。

このようにして、社会からの政策に対する要求が相当に強いことがわかると、行政機関は政策転換を迫られることになる。その場合、行政機関は、内生的転換の場合と同様に、なるべく具体的なレベルで対応しようとする。たとえば、新聞に登場する政策への不満は、実施プログラムの中で処理されるであろう。しかし、昭和四十年代の公害問題のように非常に深刻な社会問題となると、行政機関は根本的政策転換を余儀なくされるであろう。また、外部から与えられる概念提示的シンボルをどのように解釈・具体化して基本設計レベル、実施設計レベルの目的を設定するかという点に、官僚制の自律性が現われるということもできる。

なお、以上に説明した内生的政策転換と外生的政策転換はあくまで理念型であって、現実の政策転換にはこの両面が含まれていることも少なくない。即ち、社会問題に対応した政策転換の必要性が官僚制内部においても認められ、準備が進められていたところへ、社会的な要求運動が重なり合って、政策転換が早まったという場合が考えられる。(57)

以上、この節では、政策システムの概念を提示することによって、主として官僚制内部における政策転換の基本的構造のモデルについて考察してきた。しかし、これはあくまで基礎的な骨格であって、政策転換、より広くいえば政策形成の具体的形態には、政策の類型によって様々なヴァラエティがあることは、前節で述べた通りである。次に章を改めて、戦後日本における政策転換を説明するための、より具体的なモデルの構築を試みたい。

第二章　政策転換と政策過程

第一節　政策過程の類型化

第一章では、政策の類型化の試みを、政策の継続、転換に関する一般的モデルについて考察した。第二章では、それらのモデルを現実の日本の戦後政治に当てはめて、実際の政策転換について説明する具体的なモデルを構築してみたい。その上で、第二部で扱われる事例の意義を、そのようなモデルに照らして明らかにしたい。

一　政策過程の類型化の必要性

まず、この節では、政策の形成の場(アリーナ)としての政策過程を分類することから始めよう。政策過程の類型化の必要性は、前章の政策の類型化の必要性と同じ理由に基づく。即ち、政治システムにおける官僚制の役割、政策決定における政治家と官僚制の影響関係を考える際には、無前提に一般的命題として政治家と官僚制との力関係を論じても無意味であり、前提として、争点となった政策およびアリーナを分類する必要があるからである。そして、それぞれの類型に関して、政治家、官僚の行動パターンを抽出し、モデル化する必要がある。

政策過程の類型化の際に手がかりとなるのは、前章第二節で展開した政策類型論である。ここでは、政策の性質によって政策過程が規定されるというローウィの指摘に基づいて、政策の類型に対応する政策過程の特徴を検討するという方法によって、政策過程の類型化を試みたい。

まず、前提として、政策過程に参入するアクターについて見ておこう。政策決定は公式制度上、最終的には国会によって行なわれる。したがって、議員は政策決定の際の主要なアクターである。また、政策の原案を作成し、政策の実施過程において重要な政策決定を行なう官僚制も重要なアクターであることはいうまでもない。これらの二つは、制度的に政策形成に関与する内部的なアクターである。これに加えて、外部的アクターも存在する。その一つは、世論形成を通して政策の方向に重大な影響を与えるマスメディアである。また、顧客集団自体も政策決定に組み込まれていることが多い。たとえば、経済団体の指導者は、インフォーマルな面では自民党の幹部と日常的に接触を持つことによって、フォーマルな面では各種審議会に代表者を送り込むことによって、政策形成に関与し、影響力を行使する。また、農業団体や労働団体などの各種の職能団体も、関連する審議会への参加などによって政策形成に参与している。したがって、顧客集団もアクターとしての一面をもっているのである。政策過程には、基本的には、以上の四種類のアクターが存在する。

次に、各類型の政策の形成過程について考えてみよう。

第一に、概念提示レベルの政策について検討する。古典的な政治—行政分断論における政治過程である。このレベルの政策の形成過程は、政策体系の方向性がおおまかに規定されるという点で、議会の内外における政治的競争や対立の中から形成される。その際の主要なアクターは政治家であるが、政治運動の参加者やマスメディアの重要性も無視できない。また、日本のように伝統的に官僚が政策目的の設定に大きな影響力をもっている場合には、官僚が自己の役割認識によって政治家を操作し、政策体系を導くコンセプトを打ち出すこともある。したがって、この過程は、政治家、マスメディア、官僚がそれぞれ政治状況に対応して、政策システムの基本的目的を掲げて争う相互交渉の過程ということができる。この過程は、政争の過程であり、前章第一節であげた政策決定モデルにはなじまない。

また、構造的政策のうちでも、特に権力の運用の仕方や権力機構の構成に関する政策の形成過程は、激しい政治的対立、競争によって特徴づけられる。(1) 治安、防衛など国家のもつ暴力機構に関する政策、あるいは、公務員に対する労働政策のような個人の権利と社会の秩序のどちらを重視するかという問題に関連する政策については、保守、リベラルなどといった政治理念の対立が直接的に現われてくるからである。かつて、警職法、安保条約などの構造的政策の形成過程において、保守、革新の両陣営が激しく対立し、政党、政治家のみならず、大衆的運動がこれに積極的に参加したことに示されるように、権力的側面に関する構造的政策もまた、政争過程の主要な争点となる。この型の政策に対して、従来充分に関心が向けられていなかったことは、序で述べたとおりである。

第二に、総合機能的基本設計レベルの政策と、構造的基本設計レベルの技術的側面に関する政策について考えてみたい。この型の政策は、前述のとおり、計画志向性の最も高いものである。その決定過程は基本的に少数の均質的、専門的官僚によって担われる。これに対して他のアクターが接近する経路は極めて限定されている。この種の政策の作成においてこそ、安定的制度枠組の構築、計画化という行政的行動原理が最も端的に現われるのである。この型の政策は、各種の計画など、必ずしも法律の形をとっておらず、政治家が制度上は関与しない場合も多い。後で説明する個別機能的実施設計レベルの政策の場合と比べて、決定の際における政策の目指す目的、価値体系に関して、アクター間の共有の度合が相対的に高い。したがって、この型の政策決定過程には、前章第一節で定義した一元的意思決定モデルが妥当する。広いコンセンサスをえた明確な国家目的が存在している場合、その達成のためには、この類型の政策が高い計画志向性を発揮することが必要となる。このことは、経済成長の達成に高い優先順位がおかれていた一時期の日本における経済政策、財政政策を例にとれば理解されよう。

第三に、総合機能的基本設計型と対照的な位置にある個別機能的実施設計型の政策について考えてみたい。この型の政策は、最も状況志向性が高い。この型の政策は、社会の現実的、具体的問題の解決のために、顧客集団の要求に応じて決定、実施されるものである。その形成過程における主要なアクターは、官僚、政治家、顧客集団の三者である。この場合、政治家は、政策に密接な利害関係をもつ顧客集団の代理者として介入する。政策の状況志向性が高いことから、アクター間に目的、価値体系に関する共通の認識は存在せず、顧客集団の具体的欲求の充足が追求される。この型の政策形成過程においては、区別の追求——支持者に対する有利な政策の誘導——という政治的行動の原理が最も顕著に発揮されるのである。したがって、この型の政策の形成過程には、第一節で定義した多元的相互調節モデルが妥当し、官僚、政治家、顧客集団による多元的な相互作用が営まれる。

総合機能的実施設計レベル、個別機能的基本設計レベルの政策の形成過程は、上にあげた二つのタイプの中間的形態をとるということができる。

総合機能的実施設計レベルの政策の場合、総合志向性は高いが、具体的な顧客集団との結びつきが強く、適応志向性も高いため、アクターの範囲も広がり、個別機能的政策を担当する官僚、政治家、顧客集団も参与する。したがって、多元的相互調節過程も存在する。たとえば、予算決定の過程を見れば、予算規模、租税、公債などの歳入に関する政策、経済計画や財政計画などに関連する決定の過程は、基本設計レベルとの連続性が強いが、一般会計歳出の細部には、多元的相互調節モデルが妥当するということができる。他方、個別機能的基本設計レベルの政策の場合、安定志向性は高いが、個別志向的であり、基本設計レベルにおいても官僚制と顧客集団、政治家との相互調節が見られることが多い。その際のアクターも、官僚に限らず、顧客集団の代表が審議会の委員などの形で基本設計レベルの政策形成に参与する。

念のために補足しておけば、構造的基本設計、実施設計の諸政策の場合、総合機能的基本設計あるいは個別機能的実施設計の場合のように明確に特徴づけることはできない。実際に構造的政策に分けられる政策のかなりのものにおいては、権力的側面と技術的側面とが、分かちがたく結びついている。したがって、担当する官僚制が計画志向的に政策のデザインを進める一方で、その計画のよって立つ思想的根拠が問題化すれば、その政策は政争過程の渦の中に巻き込まれることになる。したがって、構造的政策の形成過程は、微妙な性格をもつ。

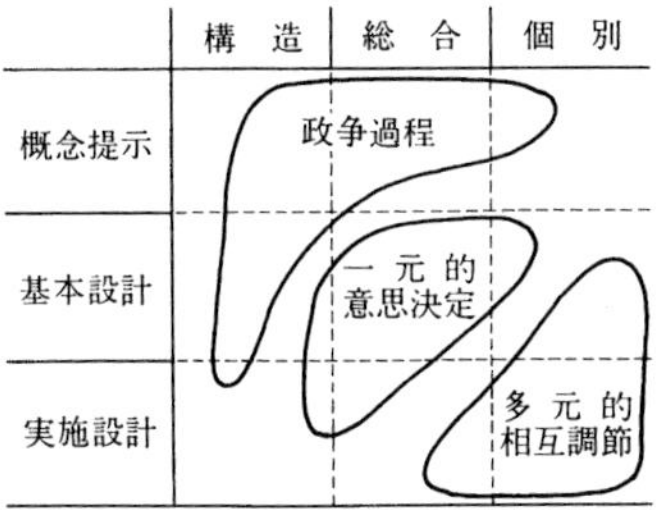

図 2-1

以上の考察から、政策類型と政策決定過程のモデルとの対応を上図のように図式化することができるであろう。ここで示されたモデルは理念型であり、さきほどの予算編成の例で説明したように、多様な要素からなる複雑な政策決定過程を分析するための道具である。この図に現われたように、政策の類型との関連を考察することから、三つの典型的な政策過程の類型が浮かび上がった。

続けてそれぞれについてさらに検討を進めていきたい。

二　政策過程の類型

第一に、概念提示レベルの政策、および構造的政策の中でも、特に権力の運用の仕方に関する部分が争点となる政争過程について考察したい。ここで議論されるのは、政策システム全体を方向づけ、枠づけるような政策である。争点となる政策のこうした特徴から導かれる必然的な帰結として、この型の政策過程は、様々な政治勢力がそれぞれのシンボルを掲げて厳しく対立するという政治的紛争、あるいは競争という様相を呈する。その形態としては、与野党の対立、自民党内の派閥対立が政策次元の対立として現われた場合、政策転換を求める大衆的政治運動の高揚などが典型として考えられる。

概念提示レベルの政策の形成にとっては、新しく社会におこった、行政の対応が行なわれていない問題の発生を認識することと、それに対応するように政策システムの新しい方向を表現する概念を作り出すという二つの要素が必要である。この点で、多少とも専門性、技術性が必要とされるそれ以下のレベルの政策と異なる。概念提示レベルの政策の形成過程は開放的であり、政党、政治家が問題を認知、対応しない場合でも、政治運動が高揚し、それがマスメディアによって増幅されれば、政策形成の端緒たりうる。政争過程は、与党政治家、官僚制のみならず野党政治家、マスメディアなど多様なアクターからなる相互作用の過程である。

ここで、この政争過程と、序章で簡単に言及した村松教授のイデオロギー過程とを、再び別の角度からやや詳しく比較しておきたい。村松教授は、政治過程を政策過程とイデオロギー過程の二つに分類している。そして、前者を与党政治家、官僚制、利益集団から構成される、既存の価値の権威的配分を行なう過程と定義し、後者を、既存の政治・行政体系に対してそれとは異なった価値体系をもって対決し、その変革を迫る勢力と現体制を保持しようとする勢力との対抗の過程と定義している。その中で、イデオロギー過程を、「政策過程にはほとんど影響力のない反保守の政治勢力が維持してきた」と規定し、この過程を政治過程の中の異常形態として捉えている。そして、安定した政治を維持し、諸社会集団の多様な意思を政策に反映させるためには、イデオロギー過程が政策過程に吸収されていなければならないと述べている(2)(『戦後日本の官僚制』第八章、第一節)。

しかし、本書でいう政争過程とは、保守対革新のイデオロギー対立だけでなく、政策システムの方向づけをめぐる様々なアクターによる競争の過程と規定される。そして、それは日本の戦後政治の中で決して異常な形態ではなく、しばしば見られた通常的な現象である。また、政策システムの有効性を向上させるためには、必要不可欠な要素である。確かに、政治体制が安定するにつれて、構造的政策は自明の前提と化し、争点化することは少なくなるであろう。また、福祉国家の諸制度が定着することによってより多くの国民が受益者に組み込まれ、既存の政策体系に対する挑戦や批判が提起されることは少なくなるであろう。しかし、社会の中に対立、紛争があり、政治という営みが行なわれる限り、政争過程が消滅することはない。

政争過程をこのようにイデオロギー過程よりも広く考えるのは、政策転換における政治家と官僚制との役割を区別し、政策転換の動態をより的確に捉えるためには、その方が便利だからである。村松教授の場合、与党政治家と官僚制とを統治者連合として結びつけて捉えているために、政党、政治家の固有の役割の規定が不明である。一方で政党は、政策の作成主体として描かれ、他方で政策過程と社会とをつなぐベルトとして描かれている。また、政策過程がどのようにして拡大、収縮するのかが不明である。その意味で、村松教授の二元論は、スタティックなモデルであるといわざるをえない。

本書では、前章で述べたように、政党、政治家の本来の機能を社会と政策システムとをつなぐ媒介者、あるいはベルトとして捉えて、政策転換のモデルを構築した。政治家と、政策システムの維持、管理を担う官僚制とは必ずしも一体的に結びついているわけではないからである。官僚制にはそれ自身の価値観や行動原則があるのであり、政治家は本来、外部的要素である。むしろ、伝統的な意味での政治の使命は、政策システム全体を導くようなコンセプトを打ち出すことにあり、それらのコンセプトは政争過程において形成される。

そうした政争過程は、選挙、政権交代など様々な契機によって活性化する。そして、政策システムと社会との紐帯を保とうとする限り、それは政策循環の中にあって、不可欠な要素である。政策転換の際の政治的ダイナミズムと、そこにおける政治家の役割を明確に把握するためには、村松モデルのような、イデオロギー過程を狭く解して、与党政治家と官僚とが一体的に結びつくというモデルでは不適切であって、多様な政治勢力からなる政争過程を独立したものとして捉えるほうが有効である。

このような理由で、本書では政争過程という概念を用いる。この場合、政争過程における政策は相互関係がある。たとえば、構造的領域で「小さな政府」というコンセプトが提示される。これと平行して総合機能的領域において「増税なき財政再建」あるいは、「行革」というシンボルが作られ、歳出削減の方針が明示され、これを受けて「福祉見直し」、「受益者負担」というシンボルが作られ、福祉政策や公共サービスに関する政策が方向づけられる。

政争過程には、官僚もしばしば参入することにも注意する必要がある。官僚が政治家に対抗して、あるいは政治家を誘導するために政策システムの方向づけに関するコンセプトを打ち出すことがある。たとえば、昭和四十二、三年頃の財政硬直化キャンペーンは、利益政治に対する主計局の反撃の試みであった。また、建設省、厚生省など各省庁の官僚は、自己の担当する政策分野を拡充させるためにキャッチ・フレーズを打ち出し、政治家の支持を動員しようとする。

第二に、総合機能的基本設計レベルの政策と、それに密接に結びついた周辺領域の政策が作成される過程について考えてみたい。これらの政策は計画志向性が高いことが特徴である。安定性や総合性を確保するという要請から、その作成に携わる者には、部分的利害に影響されないだけの視野の広さ、長期的展望、専門的技術的知識などの資格要件が課せられる。こうした能力を備えているのは、選挙による国民の委任に立脚した政治家ではなく、専門的能力によって任用される官僚である。制度的にも、この型の政策は、法律の形で議会による最終的決定を経るものとは限らず、政治家などの他のアクターが直接的にアクセスする経路は狭い。

以下、このような類型の政策過程を戦略過程とよぶこととする。戦略過程は、官僚の相互交渉から成っている。戦略過程においては、計画化、制度化という行政的行動原理が最も明瞭に発揮される。そこで決定されるのは、一定の目標に向けて描かれた政策システムの基本的構図であり、その中で政策の各部門の位置づけが行なわれる。官僚制の中では、目的価値体系が実施設計レベルよりも高い度合で共有されているので、官僚の相互交渉は多元的調節ではなく、問題解決のための共同作業として捉えられる。そして、その過程は一元的意思決定モデルによる方が説明が容易である。多元的相互調節によって生み出された政策では、当事者の満足はある程度得られるであろうが、そのことで安定性、総合性が確保されるという保障はないのである。もちろん、ここでの議論は、政府内政治、官僚政治を否定するものではない。戦略過程におけるアクターの視座が共有されているというのは、あくまで、後で紹介する利益過程と対比した上での相対的な評価である。

戦略過程は、序で紹介したC・ジョンソンが経済参謀本部という概念を使って探求した対象である。特に、昭和三十年代のように、政策によって配分すべきパイが相対的に小さく、それを経済成長という政策目標のために、資本蓄積を高めるように運用しなければならなかった場合、戦略過程は最も重要な意味をもった。そして、そこから生み出される政策は、政策システムを規定し、個別機能的政策を強く指導したということができる。これに対して、村松教授の二元的分類には、戦略過程が欠落している。この点は、第三類型の説明の中で詳しく敷衍したい。

そこで次に、個別的状況に適応して政策システムを分解し、具体化していく実施設計レベルについて考えてみよう。この過程は、社会の中の様々な利益集団が政策による価値配分を求めて多元的相互作用を展開し、その結果、それぞれがある程度満足するような政策が形成される過程である。リンドブロムに従えば、部分的利益の相互調節(partisan mutual adjustment)の過程である。(3) そこにおけるアクターは、官僚、顧客集団、そして顧客集団の代理者としての政治家である。そこで決定されるのは、顧客集団の利害に密接に結びついた、極めて個別具体的な政策である。以下、このような政策をめぐる政策過程を利益過程とよぶ。この過程においては、支持者の具体的な欲求に適応した価値配分の追求――区別の追求という政治的行動の原理が最も明瞭に発揮される。したがって、この過程は政治的判断、政治的圧力によるゴリ押しや横車が横行する世界である。

利益過程が存在するためには、まず、独自の利害をもつ組織化された顧客集団が存在し、その利益追求活動が公認されなければならない。戦後の日本においては、財界、労働組合、農協などの圧力団体が早くから形成され、この条件は整っていたということができる。そして、利益過程の存在のためには、配分すべきパイの存在が基本的前提となる。この条件は、経済成長の達成の度合に依存する。したがって、利益過程が政治過程全体の中でどのような位置を占めるかは、時期によって異なってくる。

利益過程は、様々な圧力活動の形をとり、政策過程の表層に現われるので、戦略過程よりも可視的である。したがって、利益過程の中で政策システムが大部分規定されているかのような印象を受けるかもしれない。村松教授の二元論には、このような限界がある。しかし、利益過程においてどの程度のことが決定されているかの評価については、慎重さを必要とする。たとえば、公共事業における箇所づけの際に政治的圧力が極めて強く影響するという見方が一般的であるが、政策システム全体からみれば、箇所づけとは実施過程の問題である。実際のところ、利益過程における政策決定によって変化を加えることができるのは、政策システムの極めて周辺的な部分であり、多元的相互調節が行なわれるのは、総合機能的政策や基本設計的政策によって設定された枠の中においてである。

以上に定義した三つの政策過程におけるアクターおよびその行動パターンの特色を整理し、対比しておこう。

政争過程は、一元的意思決定、多元的相互調節という政策決定モデルの射程外で、様々な政治勢力に開放された競争、論争の過程である。

戦略過程は、専門的能力をもった官僚制によって担われ、目的、価値体系の共有度は相対的に高い。政策の作成、選択の際には、問題解決のために最適解を探索するという協働的調整によって調整が図られる。アクターのもつ視座構造(パースペクティヴ)は争点相互を関連させ、統一的にこれらを把握しようとする構成的視座である。[4]

これに対して、利益過程は官僚制、顧客集団、そして政治家という多元的なアクターから構成され、アクターのもつ目的も分散的である。政策形成は、多元的相互調節(市場的調節)によって営まれる。また、アクターのもつ視座構造は、争点を関連させず、各々ばらばらなものとして解釈する発想によるという点で、羅列的視座ということができる。

以上に述べた戦略過程と利益過程とにおける政策形成の態様を要約、対比すれば、上の表のようになる。ここに示した二つの決定パターンは、純粋に計画志向的、あるいは状況志向的な場合の決定に関する理念型である。現実の政策の計画志向性は様々な程度のものがあり、実際の政策決定の態様は、これらのモデルからかなりずれることもありうる。また、

表 2-1

	アクター	視座	調整方法	政争過程
計画志向	均質的官僚制	構成的共有	問題解決協働型	戦略過程
状況志向	多元的	羅列的分散	満足志向市場型	利益過程

前に予算編成を例にあげて述べたように、戦略過程と利益過程との境界にある中間的な性格の政策の決定過程には、両者の側面が混在している。したがって、これらのモデルは、現実の政策決定過程を分析するための理念型である。

このように、政策の類型化と政策過程の類型化とを重ね合わせることによって、より緻密な政策決定モデルを一応準備することができたと考える。次の節では、これを利用して日本の政治システムについての具体的な見取図を描き、第二部の事例研究への橋渡しとしたい。

第二節　政策転換と官僚制

この節では、前の節までに準備された概念枠組を戦後日本における政策転換の事例に当てはめて、政策の変化をどのように特徴づけることができるか検討してみよう。そして、第一部のまとめとして、第二部で分析する公債発行問題という事例がどのような意義をもつかを考えておきたい。

一　官僚制論に対する政策論的アプローチ

前の節で、政策類型をもとに政策過程の類型化を行ない、それぞれの類型における主要なアクターとその行動の型について、理念型的に規定した。それらの概念を戦後日本の政治体制に関する議論に適用すれば、それぞれのモデルがどの型の政策、どの型の政策過程に対して妥当性をもつかを明らかにすることができる。そして、戦後の政治体制において官僚制が果たしてきた役割、意義に変化があるとすれば、そのような変化は、政策、政策過程のそれぞれの類型の間の相互関係や、比重の変化によって説明することができるはずである。[5] このようなアプローチを応用することによって、戦後日本の政治体制に関する様々な理論の交錯を整理することができるのではないか、というのが本書の着想である。

官僚制優位論は、基本設計レベルの政策決定における官僚制の自律性を強調したものとして捉えることができる。そして、政治家は本来、基本設計レベルの政策には実質的には関与できず、実施設計レベルにおける政治家の圧力を介した多元的政策形成は、官僚制の決めた枠の中で儀式的に行なわれるに過ぎないと評価される。即ち、官僚制優位論の主張は、戦略過程の重要性、利益過程の従属性という認識に基づいているということができる。

これに対して、村松教授をはじめとする多くの論者によって主張されている多元主義論は、実施設計レベルにおける(政治家を中心とした)多元主義的政策形成の重要性を指摘し、基本設計レベルにおける官僚制による政策形成は、そのような多元的な相互作用の中から形成された政治的意思によって規定されることを強調する。多元主義論では、利益過程の独立性、戦略過程の従属性という基本的認識が前提とされている。

これらの相対立する理論を再吟味し、その妥当性、有効性の射程を絞っていくことが必要である。

現状では、日本の政策決定過程に関する事例研究が十分には蓄積されていないので、戦後日本の政治体制に関する理論的モデルを示そうとしても、印象論的な仮説にとどまらざるをえない。その点の限界を自覚した上で、本書では二つの理論を統合するための枠組を提示したい。

官僚制優位論と多元主義論という二つのモデルについて、戦後官僚制の歴史的変容という要素を考慮にいれることによって、両者を統合することができるのではないかというのが、本書の仮説の出発点である。序において、従来の官僚制論では、戦前戦後連続論、断絶論のいずれの側においても、戦前と戦後との対比に力点をおくあまり、戦後官僚制を一様に連続したものとして捉えている点を批判した。戦後官僚制の変化に即して、それぞれのモデルの妥当性を検討することが必要かつ有益である。

歴史的に見れば、昭和三十年代の工業化、経済成長の時期においては、ジョンソンの明らかにしたような戦略的かつ選択的な経済成長政策が立案され、政府が自己の管理する資源(財政資金、財投資金、外貨)を意図的に分配して、経済に対する介入を行なった。このような政策が予定調和的な多元的相互調節の過程から生み出されてきたと考えることはできない。この時期には、戦略過程の自律性が高く、政策システムの構築における官僚制の影響力が極めて大きかったということができる。しかし他方で、ジョンソンのように、国会の役割を経済参謀本部に対する補完機関として一貫して消極的なものと捉えてしまうことにも問題がある。池田内閣、佐藤内閣の発足に伴い、経済成長政策の方向づけ、重点のおき方に微妙な変化がおこったことの背景には、政治的ダイナミズムが働いているということができる。

これに対して、昭和四十年代後半以降の高度成長達成後の時期の政策過程は、様相を異にする。財政規模は著しく拡大し、特に社会福祉に対する支出が飛躍的に増加し、西欧先進国並の福祉国家が成立したということができる。そして、自民党政権の長期継続によって、政策決定における自民党政調会の影響力の増加、官僚制の影響力の低下が、官僚自身によって慨嘆されるようになった。このような最近の政治状況について一般に伝えられている情報をもとにすれば、村松教授など多くの論者の多元主義論は説得力をもつ。ただし、「多元主義」という言葉を用いることについては、序で述べたようにいくつかの留保をつける必要がある。そこで、本書では「多元主義」とよばれている現象をより直截に表現し、誤解を避けるために、多元主義という言葉に代えて、政党と官僚制の混合化現象という言葉を用いることにする。

では、そのような変化は、どのような原因によってもたらされたのであろうか。

第一に考えられるのは、経済発展という国家目標の達成による歴史的な条件の変化である。比較歴史学の通説によれば、後発資本主義国におけるほど近代化の過程において政府の役割が大きく、官僚制の主導性が強くなる。日本においても、官僚制優位が成立した根拠の一つは、明治以来の近代化あるいは戦後復興の達成が自明の国家目標であり、そのために戦略過程における官僚制の能力、目的合理的な政策決定が必要とされたという理由が考えられる。また、他方で利益過程における政治家を中心とした多元的相互作用による政策形成、資源配分が成立するためには、そもそも様々な利益集団に配分されるべき資源の余裕がなければならない。したがって、多元的相互調節の成否も、配分すべきパイの大きさに依存しているという面がある。

第二の要因として考えられるのは、福祉国家を構成する諸政策、制度の整備の完了という歴史的条件の変化である。福祉国家の体制整備に伴って、政府の担当する政策領域は著しく拡大し、政策のフレーム作りの過程で官僚制は主導的な役割を担う。しかし、政策の基本的なフレームが出来上がり、それを保守する段階に入ると、官僚制の役割は変化する。政策フレームの維持、操作のマニュアルができれば、外部のアクターもそれに関与し、要求を提示し、影響を与えることができるようになる。したがって、官僚制の自律性は低下せざるをえない。

この間の事情は、政策空間という概念を応用することによって説明することができる。(6) 政府の活動領域が狭く、社会的諸問題に対する関与の度合が低いときは、政策空間が稀疎であり、反対に、政府の取り組みが行なわれ、政策の蓄積が進むにしたがって、政策空間は稠密化する。様々な制度を創始し、政策空間を充塡していく過程こそ、官僚制が最も自律的に活動する過程である。しかし、政策空間が飽和化し、マニュアル化されたルーティン的作業が主となれば、官僚制の自律性の発揮の場はなくなる。(7) 政策に関する情報は次第に社会に浸出し、政治家や顧客集団に共有されるようになる。また、飽和化した政策空間にさらに政策を充塡していけば、政策の重複や自己目的化といった病理現象を招く。これに対しては、当然、政策の合理化や行政改革の必要性が叫ばれ、官僚制の威信は動揺することになる。官僚制の任務の一つは、経済発展の促進、福祉国家の整備などの目的のための政策、制度を創設することによって、政策空間を充塡することにある。政策空間を飽和化させることによって、官僚制は一つの歴史的使命を終えるということもできるのである。

追いつき型近代化という国家目標の達成と政策空間の飽和化という二つの要因によって、官僚制を取り巻く環境条件は大きく変化した。その変化は次のように要約することができよう。

第一は、戦略過程の収縮と利益過程の膨張という現象である。国家目標の喪失は、戦略過程の主導性を支えた根拠がなくなることを意味する。また、政策空間が飽和化することによって、新しい分野に関する政策の枠組を新規に作り出すという余地もほとんどなくなった。これらの要因によって、総合機能的基本設計レベルの政策の課題は、積極的な目的の実現のために合理的に政策の枠組を構築することから、その枠組を維持、保守すること、即ちどのようにして部分システムの間に資源を配分するかということへ移ったのである。

政策システムの統合という課題は、いつの時代にもあり、総合機能的基本設計レベルの政策は、つねに他の個別機能的実施設計レベルの政策よりも相対的には計画志向的である。しかし、時系列上で比較した場合、総合機能的基本設計レベルの政策の計画志向度はしだいに低下してきたということができる。換言すれば、戦略過程に明確な戦略が存在するかどうかは、時代的条件によって制約されるのである。

他方、経済成長の達成によって、配分すべき資源は増加した。そして、政策空間の飽和化＝諸政策体系の整備の完了によって、その資源を社会福祉、公共投資、教育助成等の各分野に還流するためのチャネルが制度化された。これによって、政策体系を具体的にどのように運用し、どのような価値配分を行なうかという点が政策形成の際の主要な争点となる。ここから利益過程は活性化するのである。

この現象を別の角度からみれば、次のように分析することができる。戦後復興、経済的自立という国家目標を実現するために戦略的な政策を立案すること、およびそれに引き続いて、高度成長という未曾有の大変動によって生じた様々な社会的問題に対応して、解決策の体系を構成する――即ち政策空間を充塡することは、戦略過程にとって大きな課題であった。高度経済成長とは、全く未知の課題であり、そのための政策の立案は白紙状態からの政策の創始であった。また、その結果おこった諸問題――過密と過疎の問題、環境問題なども、政府がかつて経験したことのない初めての課題であった。このような問題状況を認識し、それを解決あるいは実現するための体系を設計することこそが戦略過程の機能である。しかし、全体的枠組が構築され、その中で個別的政策体系が立案され、さらにそれが安定化、ルーティン化すれば、戦略過程の役割は必要性を失う。個別的政策をどのように運用し、具体的にどのように価値配分を行なうかは、利益過程の問題である。そこには、一つの争点が、不確定状況(問題が噴出し、対応が手探り状態である状況)の中から、戦略過程の中に定式化され、さらにそれに対する具体的な政策が立案され、ルーティン化することによって利益過程の中の争点となる、という争点の流れが存在する。不確定状況から問題が定式化される段階は、政争過程によって影響を受けやすい。政争過程で打ち出されるコンセプトは、問題の定式化を表現するシンボルであり、それは戦略過程に影響を与える一方、国民の期待を喚起して、利益過程への積極的な参入を促す。こうして、社会の隅々にまで行政的対応の網の目が張りめぐらされ、様々な政策がルーティン化するにつれて、戦略過程の役割は減少し、利益過程が活性化するのである。

第二の変化は、戦略過程への政治家の浸透、利益過程への官僚制の浸透という現象である。最近のジャーナリストによる報道を見れば、自民党政調会あるいは有力議員が基本設計レベルの政策形成に深く関与し、大きな影響力をふるっていること、そして、それが農業や福祉といった個別分野のみならず、財政政策や行政改革などの総合機能的政策にまで及んでいることが明らかにされている。他方、個別機能的政策を担当する官僚制が顧客集団と深く結合し、顧客集団の代理として既得権の擁護を推進するということも、行政改革の中で明らかにされた。

前者の、戦略過程への政治家の浸透という現象をもたらした要因としては、次のことが考えられる。第一に、自民党の長期政権の継続によって、個々の自民党議員が政策形成のノウハウを修得した。佐藤誠三郎教授らの自民党研究によれば、それぞれの分野について、常任委員会理事—政務次官—常任委員長—政調会部会長—大臣というキャリア・パターンが確立している。自民党内にトレーニングの制度が出来上がり、専門的能力が涵養されるのである。党内に官僚出身の政治家が着々と供給されることも、この傾向を促進する。ここで注意すべきは、党内におけるトレーニングのシステムが自前のものではなく、官僚制に寄生したものだということである。議院内閣制のもとで与党は行政府と密接に結びつき、選出勢力としての正統性を武器に官庁のもつ情報を利用することができる。与党議員は、政策決定についてのオン・ザ・ジョブ・トレーニングを積み重ねることによって、ノウハウを蓄積していくのである。

第二の要因は、政策空間の飽和化と関連する。政策空間が稀疎の状態であれば、総合機能的政策は、その隙間を埋めるための政策フレームの設計図を描いていればよかった。しかし、政策空間の飽和化によって、総合機能的政策の任務は、既存の諸サブシステム間の調整が主となってくる。サブシステムは、確立(establish)された制度によって構成されているため、調整は制度対制度の葛藤という様相を呈することになる。政策空間が稀疎の場合、サブシステム間の対立はプラス・サム・ゲームでありえたが、政策空間が飽和化すれば、それは必然的にゼロ・サム・ゲーム化する。このような調整作業は、総合機能的政策の手にあまり、しばしば手詰まり状態に陥る。たとえば、予算を査定する大蔵省主計局といえども、制度上は他の省庁と対等の立場にあり、調整に決断を下す制度的権力をもっているわけではない。そこで、官庁とは別のレベルの調停者が必要とされる。ここで、自民党幹部の役割がクローズアップされるのである。即ち、戦略過程においてエリート政治家が調停者、決断者の役割を果たすことになる。

後者の、官僚制の利益過程への浸透という現象は、顧客官僚制という概念によって説明される。顧客に対するサービスの提供が官庁の存在理由となっている場合、官僚は自己の属する組織の繁栄、発展のために顧客の利益過程を増進するような政策を拡充し、その削減に抵抗しようとする。これを顧客官僚制とよぶ。この点で、官僚制は顧客集団、政治家と結びつき、実施設計的政策を形成する。ある種のサービスを担当する官僚制は、政治家と同様のアクターとして利益過程において行動するのである。

このような二つの変化の結果、政党と官僚制との混合化現象が進行し、現代日本の政治過程の最大の特色となっている。ここで説明した変化の趨勢を考えるならば、当然、転換の契機とその過程はどのようなものであったかが問題となる。もちろんそのような変化は、社会、経済的環境の変化、政策の変化が集積してもたらされるものであり、明確な境界というものはない。しかし、本書では、昭和四十年代前半を一つの転換期として捉えたい。この時期を転換期と考えるのは、次にあげるような重要な変化がおこったからである。

第一に、経済構造の面において、この時期を境に内需中心、輸入誘発型から輸出依存型へという転換がおこった。これにより、戦略過程において追求されてきた経済発展、経済的自立という国家目標は一応達成されたことになる。昭和四十六年にいわゆるニクソン・ショックがおこり、通貨制度が根本的に変化したことは、昭和四十年代後半から日本経済が全く新しい局面に入ったことを意味する。このような状況変化は、当然、戦略過程における官僚制の行動に重大な影響を与えずにはいない。追いつき型近代化の達成の必要性——裏を返せば、自国が他国に対して劣った状態にあるという認識こそが、戦略過程における官僚制の自律性を支えた前提条件であったがゆえに、この前提条件の変化は官僚制の方向感覚の喪失をもたらすのである。(8)

第二に、この時期には政策空間の充塡が急速に進められた。昭和四十年代の初頭から高度成長のひずみが現われはじめ、公害問題、都市問題、社会保障の立ち遅れなど、政府がほとんどあるいは不十分にしか対応していない領域の存在が社会的な注目を集めた。社会的な強い批判に応えて、これらの問題を解決するために、住宅、生活環境整備、都市整備など新しい政策分野で中期的な計画が次々と作成された。また、社会保障、社会福祉の面でも制度改善が進められた。

このような政策体系の整備により、政策空間の密度は急速に高まった。しかも、社会保障政策に典型的に代表されるように、これらの政策は制度化され、財政支出の中に構造的に組み込まれ、一定の資源を自動的に獲得するという仕組みが作られる。また、制度化とは、人口増加などの客観的な条件の変化によって政策の顧客が増加する場合、それに充当される資源も自動的に増加することを意味する。公共事業などの長期計画も、自動的に進行することが期待されるという点で拘束力は小さいが、制度と同様の特徴をもっていた。このような諸政策のフレームの整備、制度化の完了によって、総合機能的政策にとって、各分野の政策の体系は、操作の対象から与件へと変化した。

以上に説明した二つの変化から、官僚制をとりまく条件は、昭和四十年代前半に大きく変化しはじめたということができる。

二　事例研究の位置づけ

このような展望の中で、本書において扱う公債発行問題と財政硬直化問題とがどのような意義をもつかを考えておきたい。

公債政策は、財政政策の中の重要な要素である。それは、予算の財源の調達の方法を規定することによって、予算を通した資源再分配のあり方に重大な影響を与える政策である。したがって、公債政策は総合機能的政策に分類される。その中で財政法など、関連する諸法規の整備、発行や償還に関するルール作りなど、法制度的側面は基本設計レベルの政策である。年々の予算編成に関連して、発行額を決定し、利率や償還期限などの発行条件を決定するというのは、実施設計レベルの政策である。このような公債政策は政策システムの中枢に位置するということができる。

昭和四十年における均衡財政主義から公債発行への転換は、戦略過程における総合機能的政策の立案の前提となる基本的原理の転換であった。それは、外見上ドラスティックな転換であった。当然、この問題に関して財界、政治家、マスメディア、学界など様々なアクターを巻き込んだ論争がおこった。一般には、公債発行は大蔵省が古典的な均衡財政主義からケインズ主義的な景気補整政策へと変化したことを意味すると受け止められている。実際のところ大蔵官僚、とりわけ主計局官僚がどのような意図に基づいて政策の立案を行なったのかを見てゆくことは、それ自体としても興味深い。

公債発行を政治的文脈の中においてみれば、別の論点も現われる。公債発行が争点化したのは、池田内閣に代わって佐藤内閣が登場した時期にほぼ符合しており、公債政策は新内閣の経済政策のシンボルとされた。佐藤内閣は、池田の高度成長路線に対する対抗策として、「社会開発」というスローガンを打ち出し、企業部門に偏った資源配分方式を改め、財政の再分配機能を高めることを通して家計部門のシェアを高めること、具体的には、減税、社会保障の充実、社会資本(特に生活基盤)の整備を公約した。そして、これらの政策の実現を可能にするための切札として公債政策の導入が宣伝されたのである。即ち、公債と社会開発は不可分一体とされたのである。他方、社会開発のプログラムは利益過程の膨張を含意するものであった。社会開発が新内閣の表看板となったことは、政争過程において利益過程の膨張が正当化されたことを意味する。したがって、主計局官僚の立場からみれば、公債は財政支出の膨張に対する歯止めを破壊し、個別領域からの配分要求を一層活発化させるものであった。それは、主計局官僚にとって、戦略過程の自律性、総合機能的政策の指導性を損なう脅威であった。

このような点から、公債発行問題は、予算を介して政争過程、戦略過程、利益過程の相互関係を見るうえで最適の素材であるということができる。公債発行問題について、主計局官僚がどのように対処していったかを見ることによって、彼らの意識や行動の論理を典型的に浮かび上がらせることができるであろう。

また、財政硬直化キャンペーンとは、公債発行に代表される「脅威」を払拭し、財政政策の決定における自律性を回復するために、主計局官僚自身によって推進された運動である。それは、彼らの役割意識や使命感の内容を知るための絶好の素材である。

これらの事例をつぶさに分析すれば、転換期の予兆に接し、彼らがどのような変化を予想し、どのような価値を守ろうとしたのかを知ることができる。さらに、政争過程および利益過程との接点を通した政治家の影響に主計局官僚がどのように対処したかを見ることによって、戦略過程における官僚の行動様式、具体的には大蔵官僚支配の実態を明らかにすることができるはずである。

以上に述べた構想をもとに、第二部において事例研究を行なうこととする。

注《第I章》

（1）　cf. William I. Jenkins, Policy Analysis, Martin Robertson, 1978 ; H. Heclo, "Review Article : Policy Analysis", British Journal of Political Science, 2 (1972) ; C. Ham and M. Hill, The Policy Process in the Modern Capitalist State, Wheatsheaf, 1983.

（2）　西尾勝教授は、前者を「政策作成モデル」、後者を「政策形成モデル」とよんで区別している。参照、西尾「政策形成とコミュニケーション」『講座　現代の社会とコミュニケーション4　情報と政治』東京大学出版会、一九七四年、八九―九一頁。

（3）　Herbert A. Simon, Administrative Behavior, Third Edition, Free Press, 1976, chap. IV ; James G. March and H. A. Simon, Organizations, John Wiley, 1958, chap. 6, 9.

（4）　Simon, *op. cit.*, p. 75.

（5）　インクリメンタリズム・モデルの体系的な説明については、リンドブロムの次の著書を参照のこと。Charles E. Lindblom, The Intelligence of Democracy : Making Through Mutual Adjustment, Free Press, 1965 ; The Policy-Making Process, Second Edition, Prentice-Hall, 1980.

また、邦語文献としては、森田朗「インクリメンタリズムの論理構造」『千葉大学法経研究』第一〇号、一九八一年、が便利である。

（6）　cf. Graham T. Allison, Essence of Decision : Explaining the Cuban Missile Crisis, Little Brown 1971.

また、アリソン・モデルに関する邦語文献として、大河原伸夫「政策過程の分析」『行政管理研究』No. 34, 一九八六年六月、がある。

（7）　このような関心に基づく理論モデルの例として、A・エチオニの混合走査モデル(mixed scanning

model)があげられる。これは、合理主義モデルとインクリメンタリズム・モデルとを政策の性質に応じて組み合せて、実際の政策決定においてそれらを使いわけるという規範的モデルである。cf. Amitai Etzioni, The Active Society, Free Press, 1968, chap. 12.

（8） Theodore J. Lowi, "Decision Making vs. Policy Making : Toward an Antidote for Technocracy", Public Administration Review, vol. 3, 1970.

（9） T. J. Lowi, "Four Systems of Policy, Politics, and Choice", PAR, vol. 32, no. 4, 1972.

（10） ローウィの政策理論に関する批判としては、次の諸論文を参照のこと。Lewis A. Froman Jr., "The Categorization of Policy Contents", in Austin Ranney ed., Political Science And Public Policy, Markham, 1968 ; Robert H. Salisbury, "The Analysis of Public Policy : A Search for Theories and Roles", in A. Ranney, *ibid.* ; G. Greenberg, J. Miller, L. Mohr, B. Vladeck, "Developing Public Policy Theories : Perspectives from Empirical Research", American Political Science Review, vol. 71, 1977.

また、最近のアメリカにおける政策理論の展開については、今村都南雄「米国における公共政策研究の位相」『法学新報』八七巻一・二号、一九八〇年、が要領よく整理している。

（11） もともと、ローウィの政策類型論は、配分的、規制的、再配分的という三つの類型から成っていた。cf. T. J. Lowi, "American Business, Public Policy, Case Studies, And Political Theory", World Politics, 16, 1964.

（12） 参照、西尾勝「行政と計画——その問題状況の素描」日本行政学会編『行政計画の理論と実際』勁草書房、一九七三年。

（13） Thomas R. Dye, Understanding Public Policy, Second Edition, Prentice-Hall, 1972, p. 1.

また政策の概念をめぐる様々な問題については、大森彌「政策」日本政治学会編『政治学の基礎概念』岩波書店、一九八一年、を参照のこと。

（14）森田朗「執行活動分析試論（一）」『国家学会雑誌』九五巻三・四号、一九八二年、四三頁。森田氏は、政策執行活動(policy implementation)の分析のために、政策そのものと執行活動とを区別する必要からこのような定義を行なった。
（15）同上、四四—四五頁。
（16）同上、四五頁。H. A. Simon, *op. cit.*, chap. 3.
政策の集合をハイアラーキー的段階構造と捉える見方もあるが、現実の政策の集合はルースな構造から成っている。たとえば、上位のレベルの政策が変化しても下位のレベルの政策がそれに対応した変化をおこさない場合や、逆に、上位のレベルの政策が不変であっても解釈の変更によって下位レベルの政策が変化するということがありうるのである。したがって、本書でいう政策の階層構造とは、ピラミッド型の階統制的なものではなく、相対的なものなのである。
（17）様々な論者による政策分類の試みについては、L. A. Froman Jr., *op. cit.* において詳しく検討されている。
（18）L・フローマンは、政策分類モデルを評価する指標として、①包括性(inclusiveness)、②相互排他性(mutually exclusiveness)、③妥当性(validity)、④信頼性(reliability)、⑤測定のレベル、即ち分類が名称的(nominal)なものか、序数的(ordinal)なものか、基数的(interval)なものかという違い、⑥測定の容易さ(ease of measurement)あるいは概念の操作可能性(operationality)、⑦他の事象との相互連関性(differentiation)の七項目をあげている。
（19）システム志向性という概念については、Alan W. Steiss and Gregory A. Daneke, Performance Administration, Lexington-Heath, 1980, pp. 41 ff. に示唆をうけた。
（20）シュタイスらは、システム志向性の要素として、purpose, stability, comprehensiveness の三つをあげている。安定志向性と総合志向性は、それぞれ stability, comprehensiveness の訳語であり、計画志向性は彼らのいう purpose に対応する。cf. Steiss and Daneke, *ibid.*, pp. 41–42.

(21) Peter Self, Administrative Theories and Politics, George Allen & Unwin, 1977, p. 158.

(22) 政策のレベルとは、本来相対的な関係概念であり、全体的政策システムに関しても、個別的部分システムに関しても、レベルの区別は可能である。分析対象の単位として、どのような規模のシステムを設定するかは、分析者の課題の捉え方によるのである。以下、本書では政府の掲げる全政策システムを分析の対象として、レベル分けを試みたい。その際、各レベルの呼称は、相対的な関係概念ではなく、実体概念である。

(23) 政策の象徴的側面に最初に注目した業績として、次のものが参考になる。Murray Edelman, The Symbolic Uses of Politics, University of Illinois Press, 1964, chap. 2.

(24) 概念提示的政策は、升味準之輔教授のいう「巨大政策」を包含する概念である。参照、升味『現代日本の政治体制』岩波書店、一九六九年、三九二頁。

(25) 基本設計レベルの政策の典型である計画の策定過程に関する諸問題については、西尾「行政と計画——その問題状況の素描」前掲、を参照のこと。

(26) 統合システムと分化システムとは、本来相対的概念であり、分析の対象としてどのような規模の部分システムをとり出しても、一つのユニットとしてのシステムの中には、統合システムと分化システムとが存在する。たとえば、政府全体を見れば、大蔵省、総務庁などの担当する政策が統合システムに当り、いわゆる現業官庁の担当する政策が分化システムに当る。また一つの省について見れば、大臣官房が担当する政策が統合システムに当り、各局の担当する政策が分化システムに当る。このように、各システムは、個別具体的な問題を解決するための政府の行動を直接規定するような政策の系統と、個々の政策を連関させてそのシステム全体のあり方を示すような政策の体系とから構成されている。したがって、どの部分を統合システムとよび、どの部分を分化システムとよぶかは、分析者の課題の設定のしかたによるのである。以下、本書においては、政策レベルの場合と同様に、政府の掲げる全政策システムを分析の対象として議論を進めることとしたい。したがって、以下で用いられる統合システム・分化システムという呼称は、特定の対象と結びついた実体的概念である。

（27） 構造的政策とは、ソールズベリーのいう“constitutional policy”の訳語である。cf. Salisbury, *op. cit.*, pp. 159 ff.

（28） この点で、各個別分野の中で見る限り、政策による資源配分は、程度の差はあれ、顧客すべてに利益を与え、受益者と損失者とが直接的に対峙しないということができる。このような個別機能的政策は、ローウィの言葉を用いれば、配分的政策(distributive policy)である。cf. Lowi, “Four Systems of Policy, Politics, and Choice”, *op. cit.*

（29） 部分システムの中だけで見れば、上のレベルにいくほど部分システム全般に視野を広げる政策があるので、実施設計レベルよりも、基本設計レベルの方が相対的に総合志向性は高い。

（30） アウトプット分析については、次の文献を参照のこと。Thomas R. Dye, Politics, Economics, And the Public, Rand McNally, 1966; Ira Sharkansky, Spending in the American States, Rand McNally, 1968.

（31） Peter Self, Administrative Theories and Politics, Second Edition, George Allen & Unwin, 1977, pp. 152 ff. セルフは、政治—行政関係を考える際に、政治の行政に対する影響力行使の態様として political climate を考えた。

（32） これをキャンベルは、micro budgeting とよんでいる。cf. Campbell, *op. cit.*, chap. 3.

（33） 個別機能的政策をさらに分類する際の分類基準の手がかりは、総合機能的政策によって規定された個別的政策の優先順位であろう。たとえば、昭和三十年代の日本においては、政策システムは経済成長という大きな目的に対して強い目的志向性をもっており、産業政策はその中でも特に重視され、高い優先順位が与えられていた。したがって、産業政策の場合、実施設計レベルのものでも基本設計レベルの計画との結びつきが強く、適応志向的ではないであろう。

このように、個別機能的政策についても類型化を進めなければならないのであるが、それは容易な作業ではない。本書において事例として扱うのは総合機能的政策であり、それを扱う範囲内では、ここで示した分類図式で十分であると考える。より徴細な政策分類については今後の課題としたい。

(34) 政策循環の段階区分については、ここでは大森、前掲論文によったが、区分のしかたは一様ではない。しかし、基本的構造としては、ここにあげた五段階から成るという見解が多いと思われる。cf. Charles O. Jones, An Introduction to the Study of Public Policy, Second Edition, Duxbury, 1977 ; Judith May and Aaron Wildavsky, eds., The Policy Cycle, Sage, 1978.

(35) 森田「執行活動分析試論」前掲、六四頁。

(36) 政策体系を循環システムとして捉えた場合それはもちろん、機械のような整然たるシステムではありえない。各段階の間の関係は、オートマティックな指令—服従・実行という関係ではない。また、各レベル間の目的—手段関係の牽連性も様々な程度がある。森田、前掲論文の用語を借りれば、上のレベルの政策によって、下のレベルの政策が枠づけられているのである。森田、前掲、五〇頁。

(37) 「完結—非完結」という分け方は、ジェンキンズによった。W. I. Jenkins, *op. cit.*, p. 213.

(38) Christopher C. Hood, The Limits of Administration, John Wiley, 1976, p. 5.

「社会管理」という訳語は、森田、前掲、四七頁によった。そこでは、社会管理について次のように説明されている。

「それは、さまざまな施設の整備のように社会の物理的環境を変えたり、あるいはまた社会を構成する個人や集団に働きかけ、それらの行動を一定の方向に誘導することによって望ましい状態を創り出す活動である。したがって、社会の秩序を維持するために種々の規範を定めてその規範からの逸脱を抑制するといった警察活動はもちろんのこと、国民生活の改善、向上をめざし種々のサービスを給付するいわゆる『給付行政』も、それが国民に一定の行動を期待し、期待される行動へ国民を誘導するという点において

〈社会管理〉である。また、公共施設の整備なども、（中略）国民の行動の制御をめざしていることから、社会管理ということができる。さらに、山林、河川の管理など自然環境に対する働きかけも社会システムを操作するという意味を広く解するならば〈社会管理〉と考えることができる。」前掲、四七―四八頁。

（39） Andrew Dunsire, Control in a Bureaucracy, Martin Robertson, 1978, pp. 187 ff.

（40） Dunsire, *op. cit.*, pp. 59–64.

（41） J. G. March and H. A. Simon, *op. cit.*, pp. 138–141.

（42） cf. *Ibid.*, pp. 141 f. マーチ、サイモンはプログラムを、「環境からの刺激が直ちに高度に複雑で体系化された反応の集合を組織から喚起する、このような反応の集合」と定義している。即ち、マーチ、サイモンは、一つの状況のモデルと一つの政策との結合をプログラムとよんでいるのである。この用法によれば、筆者がここでいう政策プログラムは、マーチ、サイモンのいうプログラムの集合体ということになる。ここで政策プログラムをマーチ、サイモンのそれと異なる意味に定義したのは、後に述べる政策循環システムの中で政策の継続と転換とを説明する際に、個々の状況モデルと政策との結合したユニットに着目するよりは、それらをある程度グループ化して一つの単位として見た方が、継続と変化とを明確に捉えられると考えたからである。

（43） *Ibid.*, pp. 141, 154 f.

（44） C. E. Lindblom and D. Braybrooke, *op. cit.*, chap. 5. また、このモデルを適用した実証研究の例としては、次のようなものがある。Ira Sharkansky, The Routines of Politics, Van Nostrand Reihold, 1970.

（45） March and Simon, *op. cit.*, p. 140.

（46） *Ibid.*, p. 152.

（47） 参照、橋本信之「行政機関と政策転換」『法と政治』三二巻一号、二号、三号、三三巻一号、一九八一―八二年。

(48)「均衡」という概念は、機能主義社会学からヒントを得たものである。cf. A. L. Stinchcomb, Constructing Social Theories, Harcourt Brace & World, 1968.

また、ここで述べる政策システムのモデルは、ダウンズの理論に示唆を受けている。cf. A. Downs, Inside Bureaucracy, Little Brown, 1967, xiv–xvi. 邦訳、渡辺保男訳『官僚制の解剖』サイマル出版会、一九七五年。なお、訳書では "equilibrium" は平衡と訳されている。

(49) このレベルの政策の選択のプロセスは、記憶の中でほとんどできあがった形で存在している解法を、比較的体系的に探索するという型のものであり、マーチ、サイモンは、これを再生的(reproductive)なプロセスとよんでいる。March and Simon, *op. cit.*, p. 177.

また、政策の実施をこのようなイメージで捉える見方を、ダンサイアは「集積モデル(aggregative model)」とよんでいる。Dunsire, Implementation in a Bureaucracy, Martin Robertson, 1978, chap. 4. 同書の中で、ダンサイアは、政策実施について発展モデル(developmental model)と集積モデルという二つの捉え方を提示している。前者は、政策形成から政策実施に至る流れを有機体の成長過程とのアナロジーで捉え、政策実施のある段階はそれ以前の段階によって規定された従属変数と捉える見方である。後者は、あらかじめ組織は専門分化しており、それぞれが作業やプログラムをもっているという前提に立ち、各部分が相互に交渉することによって政策実施が営まれるという捉え方であり、政策実施の各段階はそれ以前の段階から独立していると捉えられる。ダンサイアは、この二つを比較し、政策実施過程のもつ独自の意義に注目したうえで、政策実施過程の分析の際の集積モデルの有効性を論じている。本書の実施プログラムという概念も、このダンサイアの集積モデルの捉え方に親和性をもつものである。

(50) 西尾勝「効率と能率」辻清明他編『行政学講座第三巻　行政の過程』東京大学出版会、一九七六年、一七九頁。

(51) March and Simon, *op. cit.*, chap. 5, 7. なお、マーチ、サイモンは政策の探索の契機となる不均衡状態のことを、コンフリクトとよんでいる。

(52) Downs, *op. cit.*, pp. 173 f.

(53) March and Simon, *op. cit.*, p. 177.

(54) Downs, *op. cit.*, p. 174. また、マーチ、サイモンは、埋没原価(sunk cost)という概念を使って、このことを説明している。

「われわれはとりうる行為のプログラムを発見し、形成するためのコストを、埋没原価としてみることもできよう。というのは、これらのコストは、もし新しい行為のプログラムに変更することになれば発生するべきものであるが、もし組織が現在のプログラムにとどまっていれば、発生しないものであるからである。したがって、(中略)プログラムの変化にはつねに数多くの埋没した革新のコストが結びついているであろう。革新のコストは、その原因が何であっても、プログラムの継続を促す傾向があるだろう。」March and Simon, *op. cit.*, p. 173.

(55) ここに示した政策同定の概念は、先述のダンサイアの集積モデルにおける政策の選択を表わす概念である。

(56) このような環境条件の激変の中で、行政機関がいかに迅速に対応し、意思決定を行なうかという問題は、いわゆる危機管理理論の中で検討されている。また、不確定状況の中における行政機関の行動を描いたものとして、学術的研究ではないが、塩田潮『霞ヶ関が震えた日』サイマル出版会、一九八三年、は興味深いエピソードを伝えてくれる。

(57) この点について、京極純一教授は次のように説明している。

「官僚制は『大勢』ないし『現実』の固定に強く傾斜し、新しい現実を簡単には認知しない。もともと『世界の大勢』が所管業務について構成され、この大勢に『対応』するための政策展開を前提として、各省庁の業務、権限、定員、予算が編成されている。したがって、官僚制には、過去に構成され制定された

『世界の大勢』に対する過去において適切と考えられた対応を守株する官僚制硬化症が通常であり、その運用は『自動進行』ないし『定向進化』(orthogenesis)に傾斜する。」京極『日本の政治』東京大学出版会、一九八三年、三六一頁。

また、京極教授は、政策転換について、「政策変更の要求から始まって、現実像の改定につながる」型と、「現実像の改定から始まって、政策の変更へと進行する」型という二つの類型をあげている。ここでいう「現実」とは、「世界の大勢」、即ち日本を取り巻く世界情勢のイメージのことである。そして、この現実に対応する対策として、政策が必要とされる。したがって、「現実像」は、政策システムのモデルの中でいえば、政策システム全体にとっての大目的の設定の際の根拠ということになる。このような理解を前提とすれば、「現行の政策にともなう困難と混乱から社会不安が生まれ、やがて政策の変更ないし新政策の実施を求める政治的要求となり、遂に『現実』の改定に至る」という前者の類型の転換は、政策システムの図式に当てはめれば、下のレベルの実施プログラムの改革から始まって、しだいに上のレベルの目的の改定につながるという型の政策転換である。その際のフィードバック回路は、内部的、外部的たるを問わないであろう。これに対して、後者の型の政策転換は、「現実」の改定から始まるのであるから、政策システムにとって自明の前提であった状況がドラスティックに変化し、政策システム自体が根本的に再編成されるような転換のことである。このような二つのタイプの政策転換は、それぞれボトムアップ型転換と、トップダウン型転換とよぶこともできるであろう。政策システムとの関連で、本書では特に前者に力点をおいて説明したのである。

《第二章》

(1) 構造的政策の形成過程に関する実証研究を収録した研究書に、大嶽秀夫編著『日本政治の争点』三一書房、一九八四年、がある。

(2) 村松教授のこのような二元論については、前掲拙稿「多様化する官僚制論と統合への模索」において、批判的な検討を試みたので参照されたい。

（3） Charles Lindblom, Policy-Making Process, Prentice Hall, 1968.

（4） 政策形成における調整の態様の類型については、西尾「政策形成とコミュニケーション」前掲、を参照のこと。また、構成的視座と羅列的視座という二類型については、岡義達『政治』岩波書店、一九七一年、一五九―一六二頁、を参照のこと。

（5） 政策分類をもとに、政策システムの構成要素としての各類型の政策の比重、相互関係の時系列上の変化に注目することによって、政治変動を説明しようという関心は、早くからソールズベリ、ローウィなどに見られる。cf. T. J. Lowi, "Four Systems of Policy, Politics, and Choice", *op. cit.*; R. T. Salisbury, "The Analysis of Public Policy : A Search for Theories and Roles", *op. cit.*

（6） 政策空間という概念は、ウィルダフスキーの論文からヒントを得たものである。cf. Wildavsky, Speaking Truth to the Power : The Art and Craft of Policy Analysis, Little Brown, 1979, pp. 64-66. なお、この本については、筆者による書評が『国家学会雑誌』第九七巻第三・四号、一九八四年、に収録されている。

ウィルダフスキーは、政策実施(policy implementation)研究のパイオニアとして著名である。彼は、一九六〇年代のアメリカにおける「ニュー・フロンティア」、「偉大なる社会」などの社会政策が、投入した労力や予算に比して、ほとんど効果をあげることができなかったことを分析するために、政策空間という概念を考えた。即ち、社会問題に政府が積極的にコミットするにしたがって、政策の対象は広範囲にわたり、政策の体系は複雑化する。その結果、政策が輻湊し、部分的には、政策どうしが効果を相殺し合ったり、ある政策的対応が別の政策的対応を要する問題を引き起こすといった病理現象が生じる。このような理由で、政策の自己増殖が進み、予算と人員は増加するのに、効果は全くあがらないという結果が生じる。ウィルダフスキーは、政策が輻湊した状態を、空間が過密化したと表現するのである。

（7） 空間の飽和化による政策過程の変化、および官僚制の役割の変化は、先進民主主義国に共通の現象である。第一章の政策転換の理論枠組の部分でも触れたが、空間が飽和化すれば、政策形成は、白紙の状態からの政策の創始(policy innovation)ではなく、既存の政策の部分的変更として行なわれる。ホグウッド、ピーターズは、この種の政策変化を、政策サクセション(policy succession)とよび、政策過程の研究の中で、この種の変化に着目することの重要性を強調している。cf. Brian Hogwood and Guy Peters, Policy Dynamics, Wheatsheaf, 1984. サクセションにおける官僚制と政治家の機能、役割を解明する枠組を作ることは、政策研究の中でも未開拓の課題である。

（8） 戦後経済史に関する時期区分の仕方に関しては、明確な通説、合意があるわけではないが、昭和四十年代前半を一つの転機とする見方も有力である。たとえば、有沢広巳監修『昭和経済史　下』日本経済新聞社、一九八〇年、では昭和四十年代は、「模索の時代」と規定され、高度成長の展開として規定された昭和三十年代と対比されている。そして、四十年代の特徴として、「産業の国際的位置向上」、「福祉、環境意識の高まり」、「資本、貿易自由化仕上げ」などがあげられている。同書、二八八―二九六頁。

第二部　公債発行と財政政策の転換

第三章　公債発行前史

第一節　戦後日本の均衡財政主義

昭和四十年における公債の発行がどのような意義における財政政策の転換であったかを示すためには、それ以前の財政政策がどのような制度的枠組から生み出され、どのように運用されていたかを特徴づけておく必要がある。第三章ではそうした準備作業を行ないたい。まずこの節では、戦後財政のとってきた均衡財政主義について説明しておこう。

一　戦後財政の基本形態

財政法では公債について次のように規定されている。

第四条　国の歳出は、公債又は借入金以外の歳入を以て、その財源としなければならない。但し、公共事業費、出資金及び貸付金の財源については、国会の議決を経た範囲内で、公債を発行し又は借入金をなすことができる。

② 前項但書の規定により公債を発行し又は借入金をなす場合においては、その償還の計画を国会に提出しなければならない。

③ 第一項に規定する公共事業費の範囲については、毎会計年度、国会の議決を経なければならない。

第五条 すべて、公債の発行については、日本銀行にこれを引き受けさせ、又、借入金の借入については、日本銀行からこれを借り入れてはならない。但し、特別の事由がある場合において、国会の議決を経た金額の範囲内では、この限りでない。

このように、財政法は赤字公債の発行、公債の日銀引受けを禁止することで、健全財政原則を明白に宣言している。これは先進諸国の中では異例の規定である。しかし、これらの規定は、やみくもに健全財政のみを目指したわけではなく、立法の過程においては、景気補整的財政政策との関連にも注意が払われていた(1)。ただ、当時は戦後インフレーションが猛威をふるっていた時期でもあり、当然、戦時中の公債政策への批判、さらには反感が強く、条文全体のウェイトは公債不発行におかれることとなった。公債を発行する場合にも純然たる赤字公債は認めないという文面になったのである(2)。第四条、第五条の規定は、いわば財政担当者としての戦争への贖罪意識の表白という意味づけが一般的になった(3)。

これに対し、大蔵官僚が当初抱いていた景気補整的財政政策への関心は、ドッジ・ラインの衝撃によって完全に消し去られてしまった。ドッジ・ラインとは、均衡予算によるインフレの終熄と一ドル＝三六〇円という単一為替レートの設定という二つの柱を軸とした、経済安定化のための政策綱領であった。これによって、大蔵官僚のとりうる財政政策の幅は著しく狭いものとなった。その結果、公債政策は大蔵官僚の思考の範囲外に出てしまった。[4] ともかく現実には、ドッジ・ラインはインフレの終熄に大きな効果をあげ、それにより、経済復興の基礎が形成された。したがって、大蔵官僚にとってもドッジ・ラインは、インフレと財政支出増加の悪循環から脱け出すための唯一の手段として肯定的に受けとめられた。[5]

その後、朝鮮動乱による特需のため安定恐慌はブームに転じ、二十四年のドッジ・ラインによる引締め政策から二十六年のブームまでの景気変動が、その後の景気変動の原型となったのである。[6] こうした経済の実際面における一つのパターンの形成に並行して、政策の運用面においても、先述の二本の柱に対応して、国際収支の安定と均衡財政の継続という政策パターンが形成された。これが戦後の財政・金融政策の基調を形作るのである。大蔵官僚の意識の中には、インフレーションと公債発行とが一つのセットとなって最も忌わしい記憶として残り、逆に通貨価値の安定と均衡財政主義とが不可分一体となって、今後追求すべき課題となったのである。その際、ドッジ・ラインの経験からも明らかなように、均衡財政は通貨価値の安定という目的にとっての手段であったが、その経験があまりにも強烈であったために、二つのことがらの間の目的―手段関係は明確に意識され

ることはなかったのである。(7)

二　高度成長下の均衡財政主義

高度成長前期の景気循環は、次のような単純なものであった。景気の過熱による輸入の増加→国際収支の悪化→金融引締め→経済成長の鈍化→国際収支の改善→金融緩和→景気上昇。

昭和三十年代には、国際収支の動向が景気調節の際のシグナルであった。この当時は特に、経済成長に対する制約要因として国際収支の天井の存在が、財政・金融政策の担当者に強く意識されていたことが重要である。そして、景気調節のための主要な政策手段は、金融政策であった。(8)これに対して、財政政策は経済成長、景気調節に対しては極めて消極的な役割しか果たさなかった。これは、客観的には高度成長時代の日本経済が常に需要超過基調にあり、財政があえて有効需要を創出する必要がないという事情によるものであった。しかし、大蔵官僚の意識の中では、放置しておけば国際収支の悪化、外貨準備の減少をもたらしかねないような国内における有り余る投資需要をいかにしてコントロールするかという問題こそが、自らの取り組むべき主要な課題として捉えられたのである。(9)

財政と経済との関係を考えるとき、財政が短期的、機動的な景気補整政策を志向しているのか、長期的な構造政策を志向しているのかを区別する必要がある。ここで強調しているのは、戦後の財

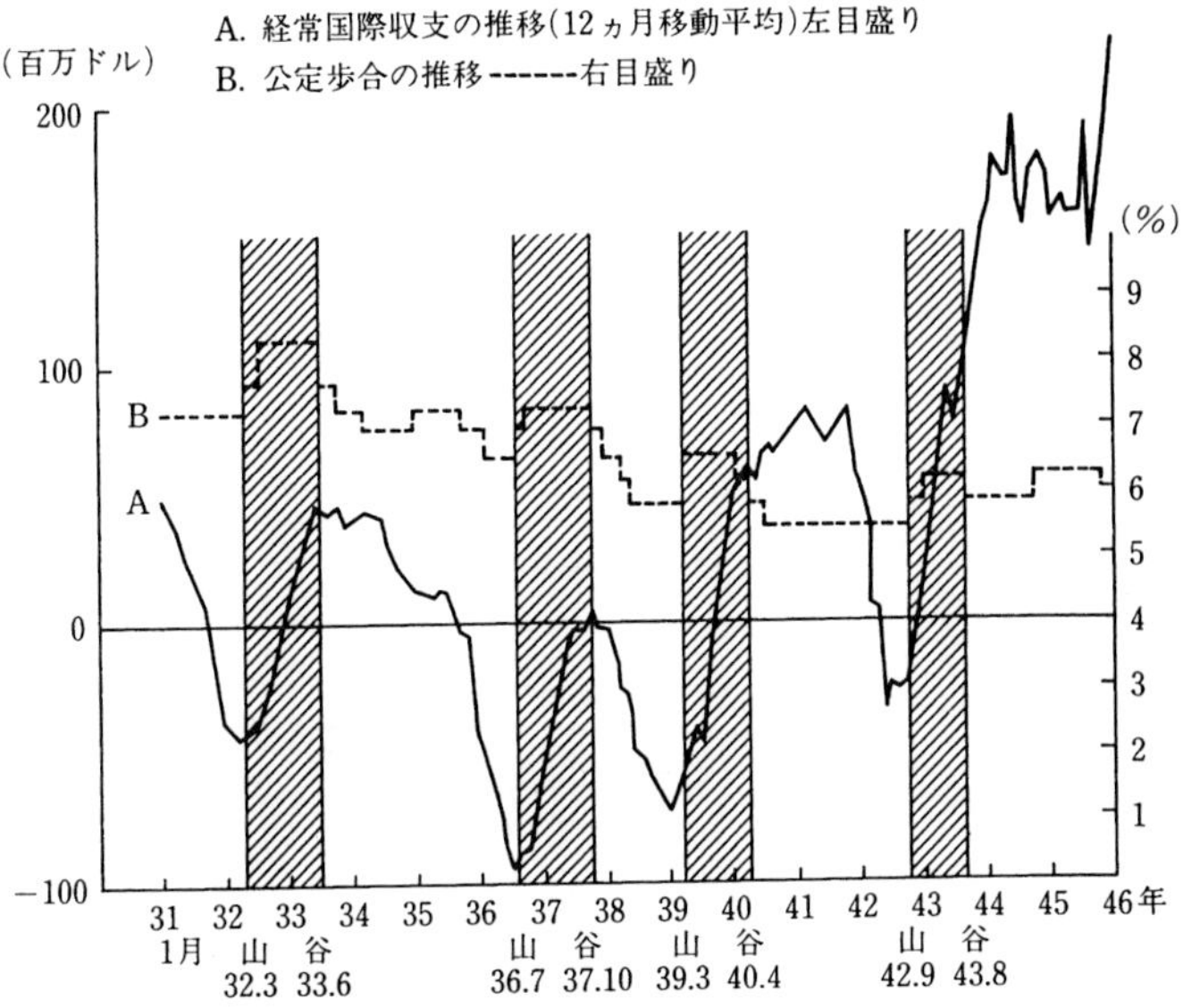

(資料) A：日本経済調査協議会『景気調整政策の回顧とインフレ対策』昭49
B：経済企画庁『日本経済指標』

(出典) 野口悠紀雄 「日本でケインズ政策は行なわれたか」
『季刊現代経済』No. 52, 1983, 166頁

図3-1 国際収支と金融政策の関連

政が一般会計に限って見れば、短期的、機動的な景気政策を志向せず、むしろほとんどの場合、短期的には引締めに重点がおかれて政策運営が行なわれたことである[10]。このことは、財政法およびドッジ・ラインによって、機動的景気政策にとって一つの重要な手段たる公債を大蔵官僚自らが封印したことが一つの原因になっている。前述のように、大蔵官僚に財政による景気補整政策に対する関心がなかったわけではないが、国

際収支の天井を常に意識しつつ、様々な制約の中で通貨価値の安定という至上命題に取り組んでいた彼らにとって、財政が積極的に景気刺激を行なうこと、税収の範囲外でそうした活動を行なうことなどは、現実の選択肢として考慮に値しなかったのである。大蔵官僚のこのような経済安定への志向は、毎年の当初予算編成に際して税収が過少に見積られ、補正予算による追加や剰余金が出たということにも現われている。(11)官僚の意識からすれば、均衡財政をより確実に維持するためにはこのような行動は当然であった。「予算編成における大蔵省のイニシアティヴを確保するために、わざとそのような過少見積りをした」などという批判は、彼らにとっては、自らへの財源配分のみを求めて全体としての均衡を考えない部分的利益集団の雑音でしかなかったのである。

客観的に見れば、一般会計で均衡財政主義が維持されたことは、高度経済成長に対して極めて大きな貢献をしたのであった。即ち、公債を出さないことによって財政規模が小さく抑えられ、諸外国に比べて著しく小さい政府を持つことができた。また、政府支出の財源がすべて租税によって賄われることで、結局それはその時期の世代の家計部門の負担によって賄われた。この二つの条件により、資源や労働力は民間企業部門に集中されることになり、民間設備投資を中心とした経済成長が達成されることとなった。また、公債費負担が非常に小さく、経費構造を経済成長適応型に組み立てることが可能となった。

しかし、均衡財政主義がこのように高度成長に寄与したことは、大蔵官僚の意識の中での均衡財政主義の意味づけにおいては、副次的な位置しか与えられなかったのである。大蔵官僚が予算編成の際に均衡財政主義を維持しようとしたのは、決して上述のようなマクロ経済学的な動機によるのではなく、均衡財政主義が経済成長のための手段となったわけでもない。経済安定のための手段としてとられた均衡財政主義が、意図せざる結果として高度成長への貢献を生み出した、といった方が適切である。

これまで経済的側面から均衡財政について見てきたが、ここでその政治的意味について考えておきたい。利益政治(interest politics)という観点から戦後日本の政治システムを捉えれば、それは政策による利益配分と政権党への支持との交換システムと見ることができる。そうした利益配分は当然、予算という形式によって表現されるのであるから、予算決定は政治的支持の培養にとって極めて重要な過程となる。そこでは以前から政治家の非合理的な圧力の横行が伝えられるが、それらの政治家によって代表される人々は、そうした圧力活動によってますます支持を確固たるものに強めていくのである。

そのような政治の側からの要求に対して無限に寛容であれば、歳入がいくらあっても足りることはない。官僚にとって財源に限界があり、経済の安定にとって合理的に資源を運用しなければならないという二重の制約のもとで、政治的支持の誘因としての財源配分はなるべく極小化されなければならない。均衡財政主義は、政治の側からの要求を抑えこむのに極めて有効な手段となったのである。「財源が少ない」といわれれば、要求側も引き下がらざるをえなかった。そのような財源配分は、自民党体制の維持のために必要最低限の範囲内で行なわれた一方、予算復活折衝、米価決定などの象徴的な面で支持者の側は満足したのである。

財政とは、政府のあらゆる政策が経済的価値をまとって表現される場である。それゆえ、予算を査定する官僚はあらゆる政策の監督者としての地位にあるということもできる。先に見たように、主計局官僚の抱く目的、価値体系においては、国際収支の安定が最も高い位置にあり、経済に対する財政の関与も、その条件が満たされる範囲内で行なわれうるのであった。政治の側からの個別的要求に応じて予算配分を甘くすることは、一見、社会的ニーズに適合しているようであったが、それはたちまち国際収支安定という上位目的を危うくするものとしてはね返ってくるのであった。この点で、均衡財政主義は主計局官僚の目的価値体系において、上位目的と具体的な予算決定とを結びつける操作可能(operational)な媒介的目的のようなものであった。

第二節　均衡財政主義の変容

この節では、昭和三十年代後半における高度成長の進展に伴う財政の量的、質的変化を跡づけ、公債発行前夜の財政状況について説明しておきたい。

表 3-1　国民経済に占める財政の比重と伸び

（単位：億円，パーセント）

	(A) 国民総支出	(B) 一般会計歳出	(C) 財政投融資実績	(B)/(A)	(C)/(A)
30	82,355	10,181	2,998	12.4	3.6
31	92,929	10,692 (5.0)	3,268 (9.0)	11.5	3.5
32	101,498	11,876 (11.1)	3,968 (21.4)	11.7	3.9
33	103,947	13,315 (12.1)	4,252 (7.2)	12.8	4.1
34	125,725	14,950 (12.3)	5,621 (32.2)	11.9	4.5
35	146,714	17,431 (16.6)	6,251 (11.2)	11.9	4.3
36	177,405	20,635 (17.4)	8,303 (32.8)	11.6	4.7
37	193,148	25,556 (23.9)	9,513 (14.6)	13.2	4.9
38	224,538	30,443 (19.1)	12,072 (26.9)	13.6	5.4
39	256,681	33,110 (10.9)	14,397 (19.3)	12.9	5.6
40	277,200	37,447 (13.1)	16,206 (20.9)	13.5	5.8

資料　林健久他『日本財政要覧』

一　均衡財政主義の形骸化

表３－１に見られるように、昭和三十年代後半においては、国民総支出に対する一般会計歳出、財政投融資実績の割合はともに一段と高まった。その中でも特に財政投融資の急速な伸びが目立つ。そうした変化の背景には、二つの要因がある。第一に、経済成長のリーディング・セクターたる重化学工業において、設備投資のための資金が必要とされ、財政投融資によって産業資金の供給が行なわれた。一般会計予算はこの点に関しては積極的な役割をもたず、租税特別措置や特別償却制度など、もっぱら税制を通して企業における資本蓄積の助成策がとられた。第二に、高度成長の継続に伴って、道路、港湾、鉄道などの生産基盤

の未整備が露呈し、それらのインフラストラクチャーの充実が財政にとっての緊急の課題となった。これにより、財政の役割は質的にも拡大された。

このような財政の質的・量的拡大に伴って、予算の体質は変化してきた。それは、三十年代後半から、歳入のうち剰余金繰越し額が大幅に増加したことである。巨額の剰余金の発生は、高度成長による租税の自然増収の発生と、当初予算編成の際に税収を過少に見積ったことに基づく。わが国の予算制度では、建前上、ある年度の新規純剰余金は翌々年度の歳入として計上される。したがって、三十年代中頃までの高度成長によって三十七、三十八年度までは、予算編成の際、過去からの剰余金の繰越しを見込むことができたのである。[12] しかし、三十年代後半からは一般会計においても財政需要が高まり、当初予算編成の際の税収見積りが次第に嵩上げされるようになった。税務官僚出身の池田勇人が首相になり、予算編成に関与するようになったことがそれに拍車をかけたといわれる。[13] こうして三十七、三十八年度の予算においては、一方で過去の多額の剰余金を受け入れながら、他方で税収見積りの嵩上げにより当該年度における剰余金発生の必要条件の一つを破壊し、過去の蓄積をくいつぶす形になったのである。これにより、三十九年度以降は多額の剰余金なしで予算を編成しなければならなくなった。この上に経済成長の鈍化が加われば、均衡財政の維持は著しく困難とならざるをえない[14]（図3－2を参照）。

このような予算の体質の変化を反映して、財政政策の運営態様にも大きな変化が見られた。それ

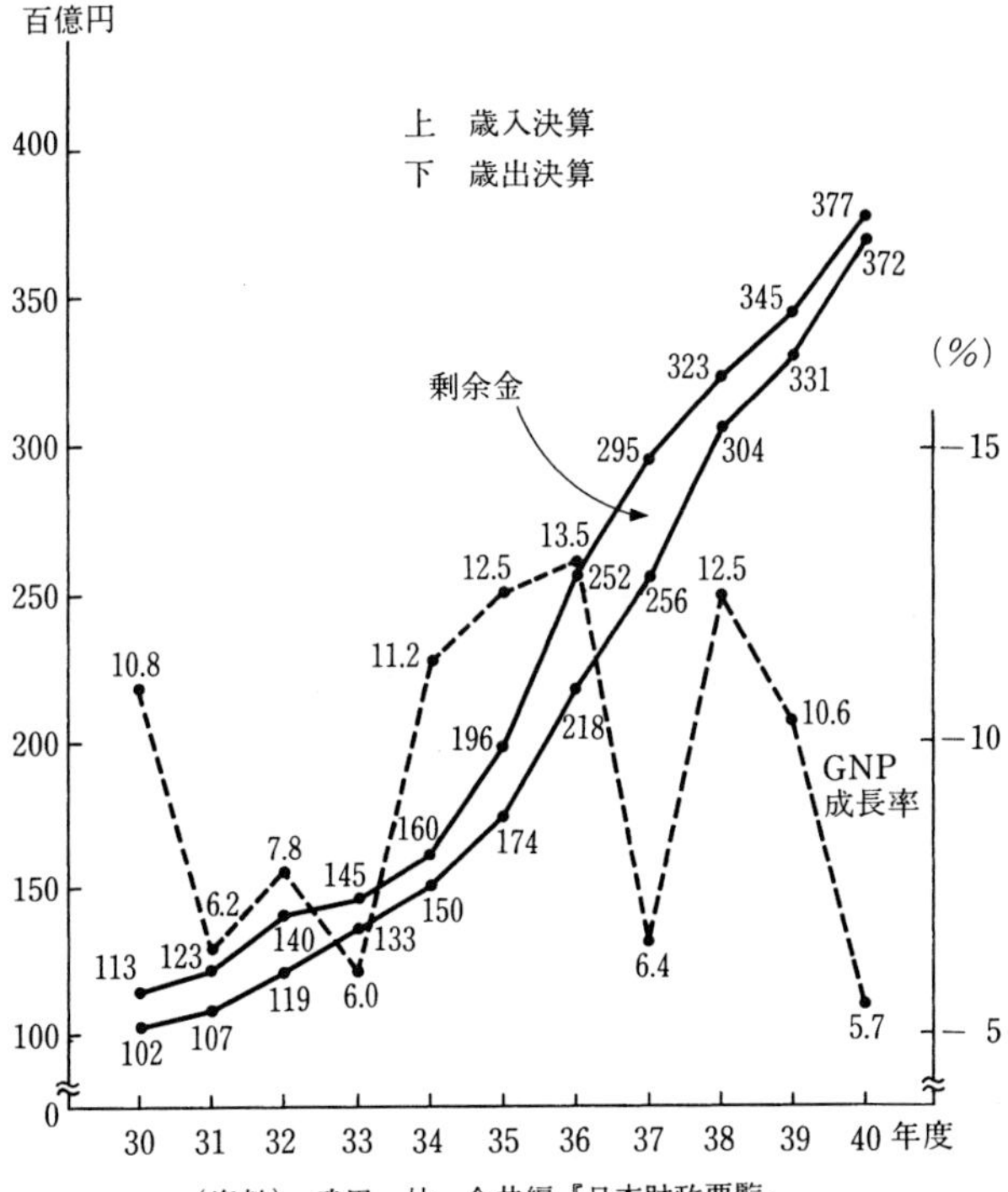

（資料）　武田・林・今井編『日本財政要覧』
経済企画庁編『現代日本経済の展開』

図 3-2　一般会計歳入・歳出決算と剰余金および GNP 成長率(実質)

は、それ以前は一般会計の中で行なわれていた項目が特別会計や財政投融資対象に移され、一般財源ではなく財投資金によって賄われるようになったことである。もちろん一般会計の中でも、生産基盤整備のための公共投資は増加したが、先に述べた一般会計予算の体質悪化により、均衡財政の枠内での増加には限界があった。そこで、均衡財政主義を維持しつつ、増加する公共投資の需要を賄うために、一般会計から財投への振替え——「行政の事業化」——が行なわれたのである。[15] そして、そのための財源として、財投原資のうち公募債、借入金、特に政府保証債の占める比重が急速に高まっていった。[16]

こうして三十年代後半の財政は、一般会計における収支均衡、財政投融資による経済に対する補完的役割の拡大という二つの面をもちながら、全体として規模を拡大していった。政府部門においてしだいに投資が増加することにより、三十七年から国民所得勘定上は政府部門は赤字（つまり投資超過）に転じた。またマネーフロー表における公共部門も三十七年から赤字（つまり資金不足）に転じた。このことは、政府の機能を客観的、経済的に見た場合、政府収入（租税＋社会保険負担）以上に政府支出が行なわれ、財政支出が何らかの形の借入金によって賄われることを意味する。[17]

しかし、一般会計の収支均衡は依然として維持され続けた。三十年代末、経済成長がやや鈍化し、税収の伸びが鈍り、収支が逼迫したときには、先に述べた一般会計から財政投融資への振替えのみならず、政府保証による市町村民税臨時減収補塡債の発行（地方交付税の減少を補塡するもの）、国債整理基金への剰余金の繰入れ率を二分の一から五分の一に引き下げるなどの様々なやりくりが試みられた。このようにして、財政活動の拡大、支出の増加の趨勢の中で、一般会計における均衡財政主義は着々と形骸化していったのである。

二　戦後財政の枠組――総括――

この章のまとめとして、昭和三十年代までの戦後財政の枠組は次のように要約される。

第一に、財政法とドッジ・ラインによって規定される戦後財政は、対外的・対内的経済安定の確保を第一の目的とし、具体的な政策運営においては国際収支の安定が最も重視された。均衡財政主義はこうした目的と不可分一体のものと考えられていた。

剰余金の推移

（単位：億円）

年度	支出済歳出額	新規発生純剰余金
30	10,181	323
31	10,692	1,001
32	11,872	804
33	13,315	168
34	14,950	512
35	17,431	1,212
36	20,634	2,626
37	25,566	760
38	30,422	696
39	33,109	239
40	37,230	21

資料　大蔵省主計局調査課『財政統計各年度版』

第二に、財政政策は短期的には引締めのための手段となることが多かったが、経済成長の進展に伴い、様々な公共資本の需要を満たすために財政の規模が拡大される。

しかし、こうした財政の経済に対する関与も、均衡財政主義の枠内においてのみ進められたのである。財政活動の拡大の趨勢の前には、これら二つの要素は早晩両立しえなくなり、均衡財政主義は破綻を迎える運命にあった。次章以下では、その段階における財政政策の変化および官僚の意識の変化について論じることとする。

第四章　財政危機への対応

第一節　危機の勃発

この章では、昭和四十年度の税収不足が明白になったときに、大蔵官僚がいかにしてこれに対処し、公債発行という政策がどのようにして生まれてきたかについて、詳述、分析しよう。なお、以下では主計局の官僚が分析の対象となるので、大蔵官僚という言葉の代わりに主計局官僚という言葉を用いることとする。

一　経済状況と財政政策をめぐる議論

昭和四十年は、当時「戦後最大」といわれた不況が襲った年であった。昭和三十年代後半から経済成長率が鈍化するにつれて、一部のエコノミストから転型期論が唱えられた(1)。これは日本経済は供給過剰の状態に陥ってしまい、もはや設備投資主導型の経済成長は望めないであろうという見方である。これに対する強気の見方もあったが、日本経済の先行きに対する不安感が根強く漂っていた。

さらに、当時の日本経済は、開放体制への移行というもう一つの難問に直面していた。三十九年四月をもって、日本はＩＭＦ八条国に移行し、ＯＥＣＤに加盟した。これにより、為替管理、輸入制限によって外からの圧力を防ぎつつ国内産業の競争力強化を図ってきた日本の戦後復興に一つの区切りが打たれ、日本経済は本格的に国際経済の荒波に曝されることとなったのである。(2) このような国際化の拡大は、日本が復興をとげて先進国の一員となったことの証しであったが、他面で、経済成長の先行きに自信を失っていた経済界および財政、金融当局者にとって、大きな不安材料となった。

このような経済状況を反映して、経済界、近代経済学者さらには自民党から、景気対策のための積極的な財政政策が求められていた。そのうちの一つは、構造不況論に基づくものである。その中では、設備過剰、供給超過を解消するために財政による有効需要の創出が求められ、そのための手段として建設公債の発行による公共事業の増加が主張された。(3) 第二は、企業減税のための財源として、公債発行を要求するものである。国際化、開放体制への移行に対応して企業の競争力をつけるために、経済界から企業減税の要求が強く出されていたのである。(4)

このように、二つの立場から公債発行が強く求められたのに対して、大蔵省は四十年四月までは頑としてこれに応じなかった。不況対策としては従来通り、金融政策によるものしか行なわれなかった。三十九年末、四十年当初には、大蔵省は景気の先行きに対して楽観的な見通しをもっており、民間各機関の四十年度経済見通しもそれに近いものであった。したがって、大蔵省は一月、四月の公定歩合引下げに対してさえも、日銀がその必要性を唱えたのに対して、当初反対の意向を示したのである。(5)

しかし、三月六日に山陽特殊鋼が当時戦後最大といわれた五百億円の負債を残して会社更生法の適用を申請したこと、五月二十一日に山一証券が事実上の倒産ともいえる再建計画を発表したことを契機に、不況感は一層深まっていった。もはや金融緩和ではこの不況は打開できないという見方が経済界に一般的となった。(6)

二　主計局官僚の意識と動機

三十年代末に財政収支が逼迫し、均衡財政主義がいよいよ危機に瀕していることは、主計局官僚にも認識されていた。その際、公債というものがどのように考えられていたかをさらに詳細に見ていこう。

公債に対する政府の公式見解は、三十年代後半に作られた二つの経済計画において表明されている。『国民所得倍増計画』(昭和三十五年十二月閣議決定)には次のように書かれている。

「一般会計の赤字補塡に当てる公債は回避しなければならない。……現在のところ公債発行の基礎条件も熟していないので発行すべきでない。しかし将来、資本市場の環境が整備された場合、経済の実態に慎重な配慮を加えながら、償還財源のつくものに限って市中公募の形で発行することは考えられよう。(7)」

また、『中期経済計画』(昭和四十年一月閣議決定)では次のように書かれている。

「新たな長期内国債については民間の資金需要が強く、公社債市場の育成などに努めるとしても、公債発行のための諸条件が整備されるまでには至らないであろうこと、また日本経済の体質から見て、公債発行の与える心理的影響を無視できないこと等を考えれば、この計画期間中に発行することは適当でないと考えられる。(8)」

このように、いずれの計画においても公債発行は原則的に否定されている。特に中期経済計画において公債否定のトーンが明確なのは、この計画の策定当時、公債発行論が一段と高まって、公債が現実的な選択肢となっていたことを反映している。即ち、この文言は、大蔵省が公債発行論の隆盛を恐れて、前もってこれを予防し、抑えこんでしまうために付け加えられたものと見ることが妥当である。そして、この文言の挿入を主張し、近経学者やエコノミストの反対や当惑にもかかわらず押しきったのは、大蔵省出身で当時経済企画庁の官房長の職にあった村上孝太郎であった。(9)即ち、三十九年の時点でも、中期経済計画の期間内、つまり四十三年度までは公債発行を何としても避けるというのが、大蔵省主流の考えであった。

では、大蔵省内において、公債がどのような角度から検討され、どのような理由でこれを避けようとしたのであろうか。以下、省内特に主計局の検討過程を、内部資料に即して見ていきたい。本書で使用する内部資料とは、大蔵省主計局が公債発行への転換の後に、関連する部内資料を整理・集大成して編集した『昭和四十年度における公債発行に関する資料集』(全三冊)である。以下、これを引用する場合は、煩雑を避けるために『資料集一(二、三)』と略記する。なお、同資料集は、東京大学経済学部に所蔵されている。

主計局調査課、理財局などにおいて公債発行問題が真剣に検討され始めたのは、三十九年度予算の編成作業の準備段階の三十八年五月頃からであった。

まず、五月二十八日には主計局調査課から「公債問題検討資料」(『資料集一』三―一三頁)と題された文書が出されている。これは、公債に関する理論、学説の紹介を主とした基本的資料である。それまでの十数年間公債に封印をしていた主計局は、ほとんど第一歩から勉強しなければならない状態にあったのである。

公債に対する否定的な見方は、同年七月に主計局調査課によってまとめられた「公債関係想定問答」(『資料集一』五九―七七頁)において、様々な論点に関連して明確に打ち出されている。総論として、現時点で公債発行が不適当であることの理由として、財政規模の膨張、公債残高累増のおそれ、市中消化の困難さ、インフレ心理を刺激するおそれ、健全財政の崩壊という国際信用の失墜のおそれ、などの諸点をあげている。

特にインフレに関連して次のように説明されている。公債発行が直ちにインフレを惹起するとはいえないが、日本の強い財政需要からして公債発行に踏み切れば財政規模、公債規模を弾力的に運用することが不可能になるのは必定であり、インフレの兆候が現われた時に、もはやそれをコントロールすることは不可能になるというのである。このような考え方の背景にあるのは、前章で述べた主計局官僚の政治に対する不信がある。主計局官僚にとって均衡財政主義というタガこそが、政治の側からの配分要求を抑えて、財政政策運営における主計局のイニシアティヴを確保するものだったのである。公債発行を含んだ上での弾力的な財政運営などは、主計局官僚の経験則上ありえないものであった。先進諸国の中で財政原則に日本のような厳格な均衡財政主義を掲げた国はなく、また、実際に政府債務残高が日本より少ない国はないにもかかわらず、公債発行を避けるべき理由として国際信用の失墜をあげたのも、自らのイニシアティヴを正当化するための論理であった。

また、構造不況論に基づく公債発行論については、㈠過去において供給超過が懸念されたにもかかわらず事実はこれに反したこと、㈡投資機会はなお豊富に存在していること、㈢先進国に比し資本装備が未だ不十分であること、㈣わが国経済の先行きに対する確信が行きわたっていること、という四つの理由からこれを退けている。そして、景気調節は今後とも金融政策によることを表明している。

次に企業減税のための公債発行論についての考え方を見ると、㈠減税をすれば投資競争を誘発するおそれがあること、㈡企業減税、公債発行で二重の刺激になるおそれがあること、という二つの理由によって否定的見解を明らかにしている。そして、公債を発行してまで企業減税を行なうことは、国民の租税負担に関する公平感に反するとも述べている。

また、社会資本整備のための建設公債発行論については、この想定問答の他に、主計局調査課から出された「建設公債発行論の論拠とその問題点」(三十八年十月二十三日)(『資料集一』七八―八二頁)という文書の中で詳しく検討、批判されている。その要点は、経済の基調が需要超過気味であるから、公共事業をふやすことによってさらに需要を追加することは、インフレをもたらすおそれがあること、公共投資の水準はすでに国際的にみて十分高い水準に達していることなどから公債発行による公共投資の追加は不適当であるということである。

以上、主要な論点に関連して主計局の公債に関する考え方を紹介してきた。以上の紹介からも示されるように、公債発行、減税という経済界の主張する需要喚起策は、国際収支の悪化をもたらすものであり、自由化、国際化という問題に直面し対外的均衡に特に敏感になっている主計局官僚にとって、絶対に受け容れられないものであった。経済成長の鈍化により税収も伸び悩み、財政収支がしだいに逼迫しつつあることは主計局官僚にとっても明白な事実であった。しかし、均衡財政主義は、収支が逼迫し、その維持が困難になればなるほど、これをあくまで死守しなければならないものと感じられたのである。なぜならば、すでに明らかなように、税収伸び悩みに耐えかねて均衡財政主義を放棄し、公債を発行することは、近視眼的で自己の利益しか考えない経済界の主張に屈服することを意味し、ひいては日本経済の対外的均衡の維持をも危うくすることを意味したからである。

かくして、三十八年、三十九年の段階では、公債という財政政策の手段は、当面の現実的な政策選択肢とはなりえなかった。そして、「当面」がいつまで続くのかも具体的な考慮の対象となることはなかったのである。

三　昭和四十年度予算の性格

三十九年後半からの景気の下降という経済状況の中で、後に大幅な歳入欠陥をもたらすことになった昭和四十年度予算は、上に述べてきた従来通りの財政原則によって編成された。この作業が始まったのは三十九年の夏、オリンピック景気の最後の時期であった。編成の際に示された基本構想では、次のように述べられている。

「財政の面からも安定的経済成長に寄与するためには引き続き健全均衡財政の方針を堅持することはもちろん、極力予算規模の圧縮に努め、経済に過度の刺激を与えないように配意する必要がある。(10)」

そこでは経済界から澎湃とわきおこっていた積極的景気刺激策およびそのための公債発行の要求に対しては、極めて否定的な立場が明確にされた。そして、国際収支の不安定、消費者物価の高騰などの弊害を伴いがちな高度成長から、安定成長へ移行することが望まれた。

経済が安定成長へ移行するということは、必然的に税収の伸びの鈍化をもたらし、均衡財政主義に立つ限り予算編成は極めて窮屈とならざるをえない。そこで、四十年度予算ではあらかじめ歳入の伸びは大きく期待できないにもかかわらず、税収増は従来通りとされ、予算規模は膨張した。[11] そして実際の予算編成上の手法として、前章第二節で述べた様々なやりくりが試みられた。その第一は、一般会計から産業投資特別会計への繰入れを大幅に削減し、産投出資を融資に振替え、一般会計から利子補給をするようにしたことである。第二は国債償還費を削減したこと、即ち剰余金の二分の一を国債整理基金に繰入れることになっていたのを五分の一に引き下げたことである。これらの措置について当局は、それ以前の超均衡財政(経常収入で経常支出プラス投資支出の一部を賄うこと)から、経常収入で経常支出だけを賄うという、より狭い意味での均衡財政への転換であると説明し、正当化している。[12]

したがって、歳入を補うために公債を発行することは厳に否定されていた。当時の田中角栄蔵相も、主計局の見解をたびたび代表していた。[13] そして、四十年二月五日の衆議院予算委員会において、野党委員の質問に対して佐藤首相は、公債発行は中期経済計画が終わる四十三年度までは行なわないと答弁し、積極政策を期待していた財界に衝撃を与えた。この答弁は、田中蔵相が佐藤に耳うちをし、佐藤がそれをそのましゃべったものであった。[14] このように、首相、蔵相は主計局の見解に同調していた。

ところが、三十九年度末になって決算を行なう際、税収不足が露呈した。そもそも三十九年度予算には無理な組み方があり、経済の好調持続を見込んで、税収の増加分は前年度比二割増と見込まれていた。[15] 五月には国庫金の減少によって財政の短期収支の調整も困難になり、長らく活用しなかった大蔵省証券[16]が発行されることになった。年度途中の補正予算においても財源捻出に苦しみ、一般行政費の三％節約と国有財産処分とによって財源が捻出された。[17]

四十年度予算は三十九年度予算を基礎に税収が見積られているため、三十九年度予算においてこのような歳入難が発生したことは、四十年度予算において一層大きな税収不足がおこりうることを示唆する。三十年代後半から様々なやりくりによって一般会計の収支均衡が保たれてきたが、三十九年のこの事態は、そうした弥縫策ではもはや歳入不足の傾向に対処できなくなっていることを暗示していたのである。

四　支出一割留保

三で述べたように、四十年度に入り予算の執行が開始された当初から、四十年度予算は税収の確保が危ぶまれていた。他方、一で述べたように、三月の山陽特殊鋼の倒産、五月の山一証券の事実上の倒産によって不況感は一層深刻となり、経済界からは金融緩和にとどまらず、もっと積極的な需要喚起策が求められていた。これに対して日銀は事態を深刻に受けとめ、四月、六月の二度にわたって公定歩合を引き下げ、六月の時点で日歩一銭五厘(年利四・四七五%)と戦後最低の水準となった。

しかし、大蔵省の主計局調査課では景気について日銀よりもはるかに楽観的な見解をもっていた。企業の資金ぐりの好転、製品在庫の減少という景気回復の条件が備わってきて、四—六月期には緩やかながら景気が回復の緒につくという見通しをもっていたのである。このような見通しに立つ限り、積極的な景気対策は需要を過大にし、経済の安定を損なうものであった。経済界には深刻な不況感が漂っている時も、主計局では「再び強気が支配して景気の急上昇を招来すること」が警戒された(18)。

したがって、この当時の景気低迷も、主計局にとっては不況ではなく、経済調整期、今後の望ましい経済成長を実現するための体制整備の時期として捉えられるのである。この間に、企業の体質改善、即ち企業経営の合理化、償却不足の解消、新規投資の相対的減少および投資中の新鋭設備の稼動による収益率の向上と債務比率の低下の実現が期せられ、他方でオーバーローンの是正、公社債市場の育成が望まれるのである。それゆえ、この経済調整期間に財政による積極的な景気政策を行なうことは、せっかくの千載一遇の好機を台なしにするものと考えられた。[19]

この経済調整期は、主計局官僚にとってもう一つの意味をもっていた。それは国際収支、外貨準備の問題である。当時は昭和三十六年に比べて貿易規模が二倍近くになろうとしていたが、外貨準備は三十六年と同じ二十億ドル弱であった。外貨準備が貿易規模に比してあまり少ないときは、わずかな輸入の増加のために国内的均衡を犠牲にして国際収支の均衡を図らねばならず、経済の望ましい成長を阻害する。したがって、外貨準備の蓄積の増加が必要であるが、現下の経済調整期はそのための絶好のチャンスとされたのである。[20]

現実には予算執行が始まって税収のかなり大きな不足が見込まれ、公務員給与改定、生産者米価の引上げ、災害復旧などの追加需要が確定的となり、何らかの対策が必要とされた。そのために、経済界の要求に真向から反する支出一割留保措置が決定されたのである。当時、景気刺激のために少なくとも財政支出繰上げが経済界から求められていた。佐藤首相も支出繰上げの検討を大蔵省に指示した。[21] しかし、六月一日に大蔵省は逆に支出を一割留保することを決定し、これについて歳出総額を絶対的に圧縮するものではなく、追加歳出需要に充てるために既定の歳出を削減するものであると正当化している。[22] こうした政策的対応には、当然、保守的、古典的財政政策という強い非難が浴びせられたのである。

この節で述べてきた公債発行前夜の大蔵省主計局の態度について要約すると、次のようにいうことができる。この時期にも、国際収支の安定を第一目的とし、均衡財政の維持をそのための不可分一体の手段とするという戦後財政の基本的枠組は守りぬかれた。三十九年から開放体制への移行という課題を背負ったため、経済成長の鈍化で収支が逼迫してくるにもかかわらず、この基本的枠組への固執は一層強いものとなった。そのことによって主計局官僚は国際収支悪化という最悪の事態を回避し、最も広い視野に立って経済運営に最終的責任を負うという自負心を満たしていたのである。

第二節　福田財政の登場

第一節で述べたように、四十年度予算の執行が開始されても、主計局は均衡財政の維持に固執し続けた。こうした惰性に終止符を打ち、公債発行に踏み切るには、行政の外の政治的決断が必要であった。この政治的決断を行なったのが、六月に蔵相に就任した福田赳夫であった。(23) この節ではこの政治的決断の背景について述べることとする。

一　政治的文脈

まず、三十九年十一月の池田内閣から佐藤内閣への政権交代と、(24) 経済、財政政策の変化について考えておきたい。佐藤は以前から池田のライバルであり、三十八年暮れごろから翌年の党総裁選に備えて、池田に挑戦する際の新しい政策テーマを打ち出すべく準備を進めた。当時は、転型期論が主張され高度成長の先行きに対する不安が広がり、物価高、住宅問題、環境問題などの経済成長の弊害が露呈し始めていた。そこで佐藤はこの高度成長のひずみを主要な政策争点に据え、池田の所得倍増に対して社会開発という新しいスローガンを提起した。(25)現に総理総裁の座にある池田に対して挑戦する以上、佐藤は金力や怨恨という低次元の争いで政権獲得にのり出すわけにいかず、政権移譲を正当化する大義名分、政策的理由づけを必要としたのである。

経済政策としては減税と公債発行が柱となった。これはシャドウ・キャビネットの大蔵大臣に衆目一致して擬せられていた福田赳夫の主張に沿ったものである。同時にそれは、経済界主流の要求にも沿ったものであった。福田の考える経済、財政政策が新しい政策プログラムの中心になったのは当然であった。

佐藤は三十九年七月の総裁選挙には敗れたが、十月の池田の病気引退に際して後継者指名を獲得することに成功した。ただし、禅譲に当って次の三条件が付けられた。㈠池田内閣は政策の行き詰りで倒れるのではないから、現内閣の政策を踏襲すること。㈡四十年七月の参院選までは閣僚の入れ替えをしない。㈢河野一郎を重用する。

この㈠、㈡の条件を呑んだために、佐藤内閣の出発は極めて不完全な形のものであった。池田の高度成長政策に対する批判は一応おさめて、差し当り佐藤独自の経済政策を打ち出すことはできなくなってしまった。佐藤自身は運輸官僚の出身で、池田のような経済政策に関する独自の指導力をもっていなかった。佐藤政権の新しい経済政策は福田によって主導されなければ、日の目を見ることはできなかったのである。ところが、前記の条件によって田中が大蔵大臣に留任した。田中は主計局官僚の意向を代弁するかのように、均衡財政主義への強い固執をたびたび表明していた。

ここで、四十年度当初予算編成時まで均衡財政主義への執着がなぜ続いたのか、その理由について二つの解釈がありうる。一つは、均衡財政主義が政治的方針として確立されており、主計局官僚がそれに適応して様々な小細工を弄しつつ財政の収支尻を合せたという解釈である。[26]もう一つの解釈は、主計局の官僚が均衡財政主義の維持を至上命題とし、田中蔵相がこれに同調し、自らの財政運営の基本原則にしたという解釈である。

前の章で詳しく述べてきたように、大蔵省主計局は政治状況に関係なく、一貫して均衡財政主義を基本原理として掲げてきた。むしろ池田首相の方が、下村治らブレーンの影響もあって、公債発行に柔軟な姿勢をとっていた。したがって、前者の解釈は因果関係を逆転させているのである。均衡財政主義に関するイニシアティヴはあくまで主計局官僚の側にあったと見るのが妥当である。

田中蔵相は元来、党人派の政治家であり、経済政策、財政政策についての専門的なトレーニングを受けておらず、少なくともこの当時には、洗練された独自の考え方をもっていなかった。田中の蔵相在任時代の行動は、具体的な政策問題は官僚の自主性に任せ、それに関して最終的責任を負うというスタイルであったといわれる。党人派の河野一郎が総合予算局構想を掲げて大蔵省と正面から対立したのとは正反対に、田中は官僚と共棲の途を選んだのである。(27) したがって、公債問題についても田中は主計局に過剰同調し、主計局の意見を遮二無二バックアップした。

その後、四十年不況の深刻化と大蔵省の無為無策に経済界の不満は高まる一方で、佐藤は七月の参院選を前に人心一新のために、六月三日に内閣改造を行なった。そして、永年の念願がかなってようやく福田が蔵相に就任することとなった。

二　福田の財政思想

福田は早くから池田の高度成長政策の批判を行ない、池田政権下では冷遇されていた。高度成長よりも国際収支の安定を重視する福田の経済観は、典型的な大蔵官僚のそれであった。他方、福田は公債に対して柔軟な見方をもっていた。彼は若い頃、高橋是清蔵相の下で主計官を務めており、高橋の積極財政政策に心服していた。福田が高橋財政から学んだものは、「問題とすべきは適正な歳出規模であって、それさえ適正ならば財源の調達方法によって経済の運命が変わることはない」という確信であった。そこで、三十九年七月の自民党総裁選の際、佐藤側の公約として建設公債の発行と三千億円減税をうたったのである。(28)

佐藤内閣の発足後、四十年一月の段階では、福田は物価安定を重視し、公債発行に慎重な姿勢を示した。(29) この慎重さの背後には政治的配慮が働いていたと解釈することができる。半年後の参院選の際の内閣改造で福田が蔵相に就任することは既定の路線であった。しかし、前述のような事情で、佐藤政権は独自の政策を展開できない状態であった。佐藤の腹心であった福田も、発足早々の佐藤政権の経済政策面の不手際を批判するわけにいかず、自らの財政政策の開陳を手びかえていたのである。

六月の内閣改造で蔵相に就任すると、福田は公債に対してやや前向きの姿勢を見せるようになる。就任直後の記者会見では、中期経済計画の期間中は公債を発行しないという佐藤発言にこだわらず、公債を発行せざるをえないことを明らかにした。また、雑誌『金融財政事情』のインタヴューでは、年初の見通しを訂正し、条件さえ整えば四十一年度から発行することもできる、と具体的な見通しを明らかにした。(30)

このような福田の態度変化を反映して、経済界やマスコミでは不況打開のための財政政策が期待され、均衡財政主義も近いうちに大きく転回することが予想された。政府・自民党としても参院選に備えて財政金融面での不況対策を打ち出していく必要に迫られていた。そこで、景気対策のイニシアティヴをとるために、主要閣僚および自民党首脳からなる経済政策会議が六月五日に設置された。これと並行して、大蔵省の経済政策に関する公式見解も、五月には「景気は徐々に自律回復に向かう。産業界には不況感が根強いが、参院選対策のための景気刺激策はとらない」となっていたが、六月には「景気は底入れ段階にあるが、自律回復を助成するために金融財政面から弾力的対策をとる」というふうに変化した。[31]

そして、経済政策会議が開かれるたびに景気対策が打ち出され、公共事業の執行促進が決定された。また、六月二十六日には公定歩合の引下げが行なわれた。[32] しかし、六月段階の不況対策は金融面での操作や財政支出の繰上げにとどまるもので、財政そのものの規模を拡大して積極的に景気補整を行なうものではなかった。福田自身もこの段階では、当面の不況対策と公債発行を明確に区別していた。「本格的な(公債の)実施は四十二年度からだが、四十一年度中には見当をつける。当面の景気対策を片づけてある程度反応を見たうえできっかけをつかみたい[33]」という発言にも見られるように、福田は公債発行について慎重な姿勢をとったのである。

福田の優柔不断な態度が転換するにはそれからさらに一ヵ月の時間が必要であった。七月二十七日の第四回経済政策会議において、支出一割留保の解除などと並んで「公債発行を準備すること」が公式に表明された。事前にはこの第四回経済政策会議では当面の景気対策の仕上げとして、大蔵省証券の年度越しと財投の拡大のための政府保証債の増額を打ち出すことが予想されていた。[34] 首相と蔵相の政治的判断に対し、大蔵省が公債発行よりも抵抗の小さい大蔵省証券の年度越しまで譲歩したと見られたのである。したがって、「公債発行を準備」という声明は完全に福田の個人的決断であった。[35] こうした決断の背後には、参院東京地方区における自民党の全滅、東京都議会選挙における自民党の完敗などの政治的要因があったといわれている。ただし、この声明は一歩前進には違いないが、公債発行とは四十一年度を目指したものであり、声明自体は心理的効果の方をねらったものであった。

こうして、福田の政治的決断によって公債問題は新しい局面に入ったのであるが、福田の登場後の六月、七月段階には官僚はどのように対応していたのであろうか。

三　主計局官僚の苦悩

五月末に支出一割留保措置を検討した際、四十年度はそれでしのげるとしても、四十一年度予算の編成は極めて困難になるという認識は、主計局に一般的であったということができる。事実、四十年五月二十六日の主計局の会議では、公債発行が現実的問題として検討されていた。以下、その記録から幹部の発言を引用してみよう。

「(谷村主計局長)　公債発行論が強く主張されており、結局発行に踏み切ることになるかもしれない。その際、世論におされて止むを得ず発行することにしたという形にすると財政当局に対する世間の信頼が失なわれるおそれがある。したがって発行するならば積極的な形で発行するようにしたい。そこで公債発行の理由と規模について考えてもらいたい。

(中尾次長)　出す時が来たようだ。ただ、積極的に出すという姿勢はあぶないのではないか。

時期が時期だけに、公債発行と景気刺激策とが結びつくという形になり、今後、不況になると公債を発行するという先例になりかねない。むしろ、金がなくてせっぱつまって出したという形にする方がよい。あと、金融正常化とかなんとか金融面での理由をくっつければよい。」(「公債発行に関する論議(メモ)」『資料集一』一七一―一七三頁)

この二人の言葉に公債をめぐる主計局官僚のジレンマが集約されて表現されている。一方でいつまでも均衡財政主義に固執しつづけると頑迷固陋という非難を浴び、他方で掌を返すように公債発行に踏み切ったのでは、財政需要の増加に拍車をかけることになる。主計局官僚の憂慮する点は特に後者にあった。この点に関連して中尾次長の次の言葉は、主計局官僚の不安、悩みを象徴している。

「今までは民間がよくて、政府全体としてインフレにならないよう財政規模をおさえることを考えればよかった。民間の景気が悪いときに安定成長のための政府支出の規模を考えるというのは今度がはじめてであるだけにこの問題はむずかしい。」(『資料集一』一七二頁)

このようにして、公債という選択肢が現実的考慮の対象となったのであるが、それはあくまで四十一年度予算の編成に関する限りであった。そのことは、六月二十八日に主計局長から指示された「当面の検討事項」(『資料集一』一八四頁以下)という文書にも現われている。四十年度予算の執行という項目では、財政措置の選択肢として予算の繰上げ支出、財投計画の追加、予算一割留保の繰戻しなどが先にあげられている。これに対し四十一年度予算の編成という項目では、公債発行の方式が主要な検討対象となっている。また、大蔵大臣向けの説明資料「財政の当面の問題点」(四十年七月十四日、『資料集一』一九七―二〇一頁)では、補正要因(米価、災害復旧等)に基づく追加の財政需要を、長期的、総合的な構想を立てないまま安易に公債発行によって賄うことは絶対に避けるべきであるとしている。そして、四十年度当初の予算規模一定という枠内で、税収欠陥に対しては過去の蓄積を可及的に取り崩す等によって新規財源を捻出する、追加需要に対しては留保等による支出項目の振替えを行なうことを提案している。

七月中旬までの主計局のこうした方針を反映して、福田蔵相も六月下旬には、支出一割留保のとりやめはむずかしいと述べて、世論の不満を買っていた。[36] 主計局官僚がこの時最も恐れていたのは、四十年度途中に十分な準備や検討もないまま歳入補塡のために公債を発行し、それが前例となり、ドッジ・ライン以来守ってきた財政の基本的な枠組がなしくずしに破壊されることであった。公債を組みこんだ新しい財政の枠組を確立するまでは、決して公債を発行するわけにはいかなかった。

そのことの裏返しとして、均衡財政の放棄が不可避になると、予算要求を抑えこむことへの不安の表明や要求する側の国民を牽制する発言が相次ぐこととなった。たとえば、「公債発行問題について」という文書の中でも、公債発行の前提条件として、「近時、国民全体が財政に安易に依存する風潮が強いが、このような傾向を是正することが前提条件として重要である」と述べられている

（『資料集一』一九一頁）。

しかしながら、主計局としても不安や警戒の言葉を述べるばかりというわけにもいかず、四十一年度予算編成に合わせて、早急に公債発行を含んだ新しい財政の枠組、ルールを確立しなければならなかった。そこで新たに財政制度審議会を発足させ、この問題を検討させることにした。委員の人選は七月中旬に進み、七月二十二日に初会合が開かれた。そして、初回の議事において、谷村局長は均衡財政の放棄をはっきり認め、公債発行を含んだ新しい財政運営の方式を考えてほしいと述べた(37)。

こうして、均衡財政の放棄に向けて、主計局内部でも準備が進められていった。したがって、七月二十七日の福田蔵相による公債準備声明も、主計局官僚にとっては青天の霹靂ではなく、ついに来るべきものが来たと受けとめられたのである(38)。

第三節　特例公債による危機突破

前節では、政治家、主計局の両側で公債発行に向けて準備が開始されたことを述べた。しかし、政治家の側はもとより、主計局内での検討作業も四十一年度予算における公債発行に備えるものであった。四十年度において税収欠陥が発生することはもはや明らかであったが、それをどのようにして処理するかは七月段階では十分検討されていなかった。そこでこの節では、四十年度の減収補填債がいかにして発行されるに至ったかを検討しよう。

一　模索の時期

七月段階で四十年度途中における追加財政需要は、災害復旧、生産者米価引上げ、公務員給与改定などで一六〇〇～二一三〇億円と見込まれ、他方税収欠陥は一六五〇～二〇〇〇億円と見込まれた。したがって、歳入不足は三二五〇～四一三〇億円と巨額に上ることが予想された。これに対しては、主計局では四十年度当初予算の規模を変えない、四十年度内の公債発行をなるべく避けるという原則を明示している。そして、財源対策としては消費者米価の値上げ、地方交付税の減額、外為インベントリーの取崩しなどの案をあげている。[39] また同じ時期に谷村主計局長は、「四十年度財源対策についてのメモ」(『資料集一』二〇二頁以下)において、均衡財政の「揚棄」という結論をはっきりと打ち出し、様々な財源対策を工夫し、支出一割留保を継続することで公債(または借入金)をなるべく少なくするよう提案している。

この時期において、四十年度における税収欠陥を埋めるためには何らかの形での借入れを行なうことが不可避、という認識は主計局内で一般的であった。具体的な調達形式についてはいくつかの選択肢があった。第一の問題はどのような形の公債あるいは借入金とするかという点で、選択肢は、㈠財政法第四条但書に基づく建設公債、㈡赤字公債、㈢短期または中期の借入金、㈣大蔵省証券の年度越し、という四つであった。第二の問題はどこに引受けてもらうかという点で、選択肢は、㈠運用部引受け、㈡日銀引受け、㈢市中消化、の三つであった。前記谷村メモでは運用部引受けによる建設公債が適切であろうと述べられている。

この点について、福田蔵相は七月二十七日の経済政策会議のあとの記者会見で、公債発行は四十一年度から開始することとし、四十年度の不足財源は日銀その他から借入金で賄うという見通しを明らかにし、四十年度における公債発行には消極的な姿勢をとった。こうした姿勢の背後には、自分の年来の主張である本格的公債政策を四十年度途中から中途半端な形で始めたくない、四十年度の財源補塡のための応急措置と自らの本格的公債政策とをはっきり区別したいという政治的意図が存在していたということができる。また、主計局でも福田蔵相の公債に対する考え方を二段構えのものと理解していた。前段とは当面の不況を乗り切るための臨時、特別措置としての公債、後段とは不況克服後の積極的な意味をもった公債である。(40)

このような福田の論理に立ち、四十年度の財源補塡をあくまで異例の特別措置ということに徹するのであれば、その調達方法は市中消化余力がない場合、日銀引受けによってもかまわないのであった。これに対して、主計局では当初からあくまで日銀引受けについては否定的であった。その理由は、財政法の改正を必要とし、また多年にわたる財政運営の基本的な態度を全面的に放棄することになり、好ましくないという点にあった。そして財源調達先としては資金運用部を最も重視し、市中消化には期待を抱いていなかった。市中消化の場合、政府保証債の増発と競合し、引受け余力が小さいこと、金利の調整などの実施上の難問があること等の問題点があるのに対し、資金運用部の場合、最も問題が少ないと考えたからであった。(41)

これに対して、理財局、銀行局は運用部引受けについて反対であった。その理由は、運用部引受けが一回限りの措置であること、運用部資金の限度を越えていることにあった。そして、財政法第五条但書による日銀引受けを支持していたのである。(42)これには次のような事情があった。そもそも当初から大規模な財投計画があり、その上、年度途中に財投事業の追加、政保債の増額が決まったため、運用部資金は非常に窮屈な状態となった。したがって財投を担当する理財局としては、財投原資となる運用部資金を国債消化にもっていかれることを嫌ったのである。また、運用部資金で国債を消化するとすれば、資金ぐりのために運用部保有の金融債を放出せざるをえず、これは長期信用銀行にとって好ましくないことであった。したがって銀行局も運用部引受けに反対したのである。このように主計局の意見は他局のセクショナル・インタレストに対立していた。

二　主計局の建設公債論

八月段階から四十年度の財源補塡方法について、主計局の案というべきものがまとめられていく。主計局では、福田蔵相の考え方を次のように理解していた。

「四十年度は、一般財源の赤字補塡の臨時、特別措置としての公債(オペのことを考えて借入金は消極的になっている)で日銀に引受けさせるという考え方(五日の午前中の大臣の頭の中)、運用部、市中にだかせるが、なにがしかの尻は日銀へいくという考え方(午後の大臣の頭の中)がある。」(「幹部会討議メモ」四十年八月五日、『資料集一』三二一頁)

この段階では、流通性、金融政策上の利便から借入金よりも公債の方が有力な選択肢となっている。また、引受け先については若干の見解の変化が見られる。この変化の背後には次のような事情があった。

「大臣は、四十年度は赤字公債で日銀引受けをかなりはっきり考えていたようであるが、現段階ではそうきめつけてしまうことは適当でないという御進講の結果、『公債を出すかぎり極力日銀引受けを避けて市場で消化したい、いずれにしても借金政策に頼らざるをえないが、その方法は今後決める』という考え方に移った。」(『資料集一』三二二頁)

また、主計局では福田は赤字公債の発行に当って財政法の改正を考えていると理解されていた。これに対し、主計局では引受けに関しては事実上日銀引受けは不可避ではないかという意見も少数ながらあったが、大勢としては、上に引用した文章にも見られるように、日銀引受けは避けるべきだという意見であった。そして福田蔵相をも日銀引受けについて慎重にさせた。(43) こうして八月段階において、歳入不足の補塡は公債発行によって行なうこと、日銀引受けをなるべく避けることで、

福田蔵相と主計局の間に基本的な一致ができたのである。(44)

以後の争点は、公債の形式を財政法第四条但書に基づく建設公債とするか、特別立法あるいは財政法改正による赤字公債とするかという点に絞られていく。この点は財政法の解釈をめぐる問題であったので、主計局法規課において素案が検討された。この争点は、政治的な意味としては、福田のいうように、四十年度の緊急臨時の措置と四十一年度からの本格的公債政策とを区別するかどうかという点にあった。また、法技術的意味において、公務員給与改定などを盛りこんだ補正予算において、財源として建設公債を出すことが可能かどうかという点にあった。

法規課の最初の見解は次のようなものであった。一般論として、財政法第四条は財政法の中でも財政通則にあたる部分であり、そのような基本法的性格を十分尊重すべきで軽々にその特別立法を行なうことは妥当でないこと、軽々にその特例を設けることは将来第四条の趣旨を有名無実化する途を開くことになるので好ましくない、という二つの理由で特例立法を避けるべきであると述べる。また、実体論としても、当初予算と補正予算とは一体として考えるべきで、公債による収入額が年度を通じて公共事業費等の歳出額の範囲内にとどまっていて、かつ公債発行の目的が公共事業費等の財源に充てられることが明らかにされていれば、年度途中の発行でも第四条の趣旨に合致するものと解すべきとして、四十年度の公債発行の場合第四条但書に規定する公債発行と異なる実体があると積極的に認めることはできないと結論している。このように、一般論、実体論の両面で、また

法改正に伴う国会審議など戦術的な面で特例立法を行なうことは適当でないと考えられていた。(45)

法規課が局長会議に提出した文書「四十年度補正予算における公債発行に関する特別立法論と現行法論の利害得失について」(『資料集一』三二六頁以下)においても、同様の論拠で現行法論が推されている。この中では上記の法技術的な論点以外に別の論拠も加えられている。まず、政治姿勢の観点からいって「長期的な財政運営の基本的姿勢として健全財政堅持の方針が不変であることを確認強調することが絶対に必要である」として、現行法論を推す一つの根拠としている。また、公債の性質について端的に「公債発行は常に一面において歳入不足補塡という性格をもっているのであって、(歳入不足の原因が何であれ)四十年度補正予算で発行する公債と四十一年度以降に発行する公債とは本質的性格においては変りなく、四十年度補正分のみを特別立法による積極的理由は見出し難い」として、現行法論を推している。また、公債発行額の増加に対する歯止めについても、特例公債では歯止めがないのに対し、建設公債の方には歯止めがあるとして、現行法論を推している。また、特例法によった場合、国会審議の成行きによっては特例法と予算とが不一致をきたすおそれがあることも理由にあげている。

以上のような論拠による現行法論――財政法第四条但書に基づく建設公債論は、八月二十三日の省議資料「四十年度財源対策について」(『資料集一』三三〇頁以下)でも繰り返されており、八月段階で主計局内は建設公債論でまとまったとみなすことができる。

公債の法形式、根拠法規という論点を考慮する際に、主計局が最も重視したのは財政の健全性をいかにして確保するかという点であった。この点で、ひとたび年度途中における税収欠陥を特例法による赤字公債によって処理すればそれが前例となり、財源補塡のために安易に繰り返されることになる。このような危惧を主計局は強く抱いていた。現役の官僚のみならず、大蔵省ＯＢの二人の財政制度審議会委員、河野一之、石原周夫もこの点を憂慮し、審議会の席上、四十年度の財源補塡は建設公債によるべきことを強く主張した。(46) 主計局としては、政治的配慮によって財政の根本原則たる財政法に例外を認めることは到底承服しがたいことであった。また、日銀引受けを避けるという主張も、同様の理由に基づいていたのである。

主計局のこうした見解に対して、もちろん局内外からの異論もあり、九月段階では現行法論は正式の原案としてはまだ確定されていなかった。局内には依然として、小細工を弄せず四十年度の税収補塡に限り、素直に特例法を制定し、特例公債の形をとる方がよいという意見もあった。九月上旬における自民党臨時財政経済懇談会での説明資料においても、四十年度の不足財源の調達方法として、日銀引受けまたは借入れは避けたいと明確に述べているのに対し、財政法上の取扱いについては、

「財政法第四条の規定により公共事業費等の財源については、公債を発行し、又は借入金をなすことができるが四十一年度以降の本格的な公債発行と区別する意味で特別の制度ということ

も考えられる。[47]」

として、建設公債として処理することを第一にあげているが、特例法制定についても可能性を残している。

そして、九月後半の段階になると、建設公債か特例公債かが再び対等の地位で比較検討されるようになるのである。四十年度補正予算について、公債発行に伴い予算総則をどう取り扱うか検討する際、準拠法をどうするかは全く未確定であった。建設公債とする場合に備えて、財政法第四条の要求する公共事業費の範囲の確定についても検討準備が進められている。[48]

三　減収補塡特例債

九月段階では、特例公債を発行する際の特例法の論拠についても、一応主計局で想定問答が作られた。[49]そこでは三通りの説明が考えられた。A案では、今回補正予算で発行する公債はその目的が一般的な財源補塡であるから四条適格とならず、特例立法を必要とすると説明された。B案では、今回の補正予算では公債発行と同額以上の公共事業費の追加計上がないため四条適格とならず、特例法を必要とすると説明されていた。両説ともに一長一短があった。A案では当初予算と補正予算とを一体として扱うという長所があったが、公債発行の目的をわざわざ一般的経費の補塡とする点の説得力が弱かった。B案ではその反対に特例法の必要性についての説得力はあったが、当初予算と補正予算とを切り離している点に難点があった。主計局としては将来、年度途中の歳入欠陥という同様の問題が生じたとき、特例法を濫発することなく、建設公債で処理したいという意図をもっていた。その点でB案に従えば、補正予算において公債発行と同額以上の公共事業費の追加を建設公債の要件とする以上、以後、補正予算において建設公債を発行することは事実上極めて困難となるのであった。

そこで苦肉の策としてC案を準備する。

「C案　財政法第四条第一項但書に該当するというのは、財政法の精神に反し、強弁にすぎないのではないかと考える。

即ち、財政法第四条の公債を発行するには当初予算のときから公債発行の意思を明示しその財政政策上の必要性を十分に説明しうることが必要であると考えている。従って今回発行する公債については、特例立法を行なう必要がある。[50]」

特例法の必要な理由は、結局、財政法の精神、当初から公債発行を予定したか否かという極めて形式的な論拠、あるいは極めて曖昧な精神論に求めざるをえなかったのである。

そして、十月に入ると特例公債論がしだいに優勢になってくる。十月十二日に出た「補正予算の取扱いについて早急に決定を要する事項」(『資料集一』三四一頁)という文書の中では、公債の根拠法の問題は早急に決定すべき事項とされていたが、翌日に出た「四十年度補正予算と公債発行について」(『資料集一』三五一頁)という文書では、検討項目の第一に「四十年度の国債発行は特例法によるべしとする理由」があげられている。そして、十月十九日に作成された、大蔵大臣と経済企画庁長官との会見用の資料では、「本年度の公債発行の法的根拠としては、今のところ財政法の特例としての特別立法によりたいと思う」(『資料集一』三四四頁)と明記されている。

一応省内ではこうして結論が形成されつつあったが、大臣に対しては大臣記者会見用メモで、「公債発行については特例法によるという考え方が有力であるが、なお検討中である」(『資料集一』三四四頁)として断言を避けている。しかし福田蔵相は十月二十四日の記者会見において、

「本年度の国債発行は、あくまで税収不足という臨時異常の事態に対処するものと観念しており、したがって現行財政法第四条の規定に基づく国債ではない。これから考えると、財政法の特例をもうけ、これを本年度国債発行の根拠法とするのが常識的であり、また、大蔵省内の大勢でもある。」(『日本経済新聞』一九六五年十月二十五日)

と述べて、特例公債の発行を決定づけた。大臣がこのように述べることによって、省内での議論の余地はなくなったのである。

このように公債の根拠法について建設公債論から特例公債論への逆転があったのは、局内の特例公債論者と蔵相とが結びついて、しだいに優勢に転じたことによると解釈することができる。

福田蔵相が特例公債論に執着したのは、前述のごとく、年来の持論である本格的な公債政策を付

け焼刃のように四十年度中途から始めることは何としても避けたい、四十一年度から念願の公債政策に基づく福田財政をスタートさせたい、という政治的配慮に基づくものであった。さらに深読みすれば、四十年度特例公債に、池田高度成長政策の破綻に対する後始末という意味を持たせたかったのである。そして主計局内で特例公債論を主張したのは、先に引用した四十年五月の主計局幹部会議における中尾次長の発言に代表されるような、金がなくてせっぱつまって出すという形にした方がよいと考えた人々であった。公債を建設公債として発行することは、主計局自身が公債を積極的に是認することになり、「あぶない」と判断されたのである。この立場においては、財政法第四条がより厳格に解釈され、本来公債そのものが臨時緊急の際の例外的手段であるという認識が基本にある。したがってそのことを直截に表現した特例公債の方が支持されたのである。

その際、特例公債という結論を支持した二つのアクターの動機は異なっていたことに注意する必要がある。福田蔵相は四十一年度以降の本格的公債政策の導入を前提とした特例公債論を唱えていたのに対して、主計局の側ではあくまで例外としての性質を明らかにするための特例公債であった。したがって、主計局内では建設公債論も公債累増に対してどのようにして歯止めをかけるかという共通の問題意識から出発していたのであり、それら二つは戦術の違いであった。

主計局内におけるこのような紆余曲折を経て、公債の法形式の問題は決着がついた。(51) もう一つの問題点である公債発行額については、省内の対立はほとんどなかった。即ち、基本的に税収の落込みの範囲を特例公債でカバーし、追加的財政需要は日銀納付金の繰上げや外為インベントリーの取崩しなどで賄うという方針であった。もちろん、経済界からは大規模な公債発行による積極的な景気対策を実施せよという要求が強かったが、これを拒絶するという点では蔵相も主計局も一致していた。これは、年度途中で生じた新規の財政需要を公債によって賄うという前例を残さないためであった。公債の根拠法を特例法とした以上、それに対する歯止めは、税収の落ちこんだ範囲内という枠しかありえなかったのである。(52)

十一月に入り発行の段階になると利害関係者が錯綜し、それまでの主計局主導の政策作成とは様相を異にする。(53)

具体的な条件について詰めるために、金融界、銀行局は意見調整、事前協議の場を設けることを要求していた。(54)主計局もこれに動かされ、接触の場をもつことには合意したが、その性格づけについては極めて閉鎖的、消極的である。即ち、懇談会の性格については、「民間関係者との意見調整の場ではなく、大蔵大臣が国債、政保債等の発行規模等に関し、参考として民間の意見を聞くためのもの」とされる。また懇談事項については、「先方の意見を聞くことを中心とするが、概ねの発行規模程度は言わざるを得ない。発行条件については、できるだけぼんやりした表現をする」となっている。また、「懇談会を『意見調整』の場としないことにつき、山際金融制度調査会会長及び堀越証券取引審議会会長等の了解をとりつける」(55)として、銀行局の申し入れを完全に無視している。

このように主計局は、発行の段階に入っても自らのイニシアティヴを通そうとして、外部のアクターの参入の排除、情報の秘匿に努めていた。

しかし、公債発行には引受け先の金融界の協力が不可欠であり、発行条件の設定に当っては譲歩も必要であった。こうした交渉の中から、期間七年、表面利率六・五%、応募者利回り六・七九五%となったのである。公債発行の基本的なスタイルはこの時に確立されたということができる。

このようにして、四十年度の歳入欠陥は一応解決されたのである。これと並行して四十一年度以降の公債政策のデザインが進められていた。次章以下でこれを扱うこととする。

第五章　主計局の長期戦略

第一節　均衡財政主義の総括と四十年代財政の方向づけ

前章で見たように、四十年度の特例公債の発行は、ある主計局幹部が言った通りまさに「せっぱつまって」行なわれたものであった。したがって、主計局官僚は四十年代の新しい財政の枠組、長期的視野に立った財政運営の原則を早急に確立する必要に迫られたのである。第五章では、主計局官僚の意図、財政制度審議会における審議の過程に注目することによって、財政の枠組のデザインの過程を明らかにしていこう。

一　均衡財政主義の総括

まず、永年維持してきた均衡財政主義を放棄し、公債発行に踏み切ったときに、過去の均衡財政主義をどのように評価、総括したかを考えてみたい。

四十年七月の段階で初めて公債発行に踏み切ることを表明した谷村主計局長のメモにおいては、

「公債・借入金への依存も敢て辞さないという新たな方針のもとに」「従来の方針を揚棄（放棄ではない）する」と説明されている。そして、均衡財政主義について、「先験的な或いは信仰的な命題ではない」、「何らの郷愁や未練もこれに残すべき性質のものではない」と説明している。(1) 谷村局長があえてこのような説明をしたのは、逆に主計局の多くの官僚が公債発行をつじつまの合わぬところを尻拭いするものであると考え、均衡財政主義に郷愁をもっていたことの表明であると解釈することもできる。

これを裏書きするかのように、ある中堅官僚は次のように述べている。

「つい一年前までは『均衡財政主義』こそ戦後のわが国財政を貫く基本的な指導理念であった。大蔵省に職を奉じて以来、この指導理念の下に育てられた私にとって、たとえ財政理論の上での批判はなしえたとしても、純粋に第三者的な立場には到底たてそうもない。均衡財政についての評価はやはり後世の史家の判断にまつべきものと思われる。(2)」

第四章で述べたように、均衡財政主義はインフレの防止、国際収支の安定という財政運営の第一目標を達成するための手段であった。しかし、それは他の代替的選択肢によってとりかえることのできないものとされ、財政の指導原理となったのである。したがって、実際の予算編成においては目標の転位によって、均衡財政主義の維持が目標となったということができる。この場合、均衡財政主義とは、実体における財政収支の均衡と同じではなく、予算編成、執行、決算の際に歳出を税収の範囲内に抑えこむべきであるという理念であった。この理念は主計局官僚にとってアイデンティティにも等しいものであった。谷村局長が均衡財政の放棄をわざわざ揚棄と言い換えている点にもそのことが現われている。

均衡財政主義からの訣別に当って、主計局官僚は、三十年代の均衡財政主義は経済の安定に貢献したと肯定している。そして、財政の景気調整機能が不十分であったという批判に対しては、財政本来の目的は経済安定が第一ではなく、公共的必要の充足、所得再分配にあると反論している。また、社会資本、社会保障への財政支出が少ないという批判に対しては、公債を発行してまで施策を積極的に進めることは到底できない相談であったと弁明している(3)。

過去の均衡財政主義についてこのような肯定的姿勢をとり続ける限り、四十年夏に均衡財政主義を放棄し、公債発行に転換することの積極的な理由づけは困難となる。従来の誤っていない均衡財政主義を変更するには、外在的な動機、即ちそれでは対応できない新しい状況がまさにこの時期に出現したという説明が必要となる。そこで、主計局官僚の経済状況に対する認識と政策転換との関係を次に考えてみたい。

二　経済状況に対する展望

昭和四十年六月まで主計局が公債発行を拒み続けてきた理由は、公債発行により対症療法的に景気刺激を行なえば、たちまち国際収支の悪化を招き、開放体制の中で日本経済が危機にさらされることになるという危機感が働いたことにある。六月の悪名高い支出一割留保措置の理由も、赤字公債が許されない現行財政法の下ではやむをえないという、消極的なものだけではなかったはずである。むしろ、行き過ぎた経済成長を重ねてきた日本経済の体質を是正し、企業のビヘイヴィアを正すことによって開放体制に適応させるという、積極的な意図に基づいたものであったと見ることができる。(4)

では、七月に公債政策が正式に表明されてから、公債政策の具体的検討過程における経済状況の認識、見通しはどのような点で変化し、どのような点で継続したのだろうか。

主計局の一般的見解によれば、当面の不況は確かに深刻だが、それはあくまで三十年代の高度成長――佐藤一郎事務次官の言葉でいえば過度成長(5)――から、望ましい安定成長へ移行する際の調整期であった。そして、その間に不況対策のための景気刺激が行き過ぎれば、再び過去のような過剰な設備投資競争がおこると警戒されるのである。たとえば、村上孝太郎官房長は次のように述べている。

「今後の経済運営に当っては基本的には適度の有効需要水準を確保することに重点をおきつつも、一度でも景気過熱の兆候が生じた場合には、間髪をいれず予防的景気対策を弾力的に発動することが必要とされよう。(6)」

また、主計局調査課の若手官僚の共同執筆になる論文では、循環的な景気後退に対して、財政政策はタイム・ラグを伴うため不安定化機能をもつとして、財政運営の基調の変更には慎重である方がよいと結論している。(7)

これらの見解にうかがえるように、財政の姿勢を根本的に転換し、ケインズ主義的フィスカル・ポリシーを前面に掲げるべきであるという意識は、主計局の主流には全くなかったといってよい。(8)なぜならば、一般に多くの主計局官僚は財政の硬直性に関して悲観的であり、一度不況対策という名目で公債を発行し、財政規模を膨張させてしまうと、好況に転じた時にそれを縮減することは困難であると考えていたからである。したがって、財政政策による景気補整には懐疑的であり、昭和三十年代の経験に照らして、財政の基本的役割を景気過熱に対するブレーキと見る点では全く変化はなかった。また、それゆえ当然に、公債発行が不可避になれば、いかにして有効、弾力的に景気引締めを行なうかが最大の関心事となるのである。(9)

その場合、公債とは経済情勢との関連ではなく、財政そのものの理由で出されるのである。(10)景気への効果は派生的なものであり、谷村主計局長の言葉を借りれば、「税収は減ったけれども仕事はちゃんとやりますという形で歳入の補塡のための公債を出すところに、景気に対する財政政策がある」(11)のである。即ち、税収が不足すれば歳出を減額して均衡を保つということもありうるが、歳入補塡のために公債を発行して、当初の予定通り歳出を行なうことによって、景気刺激の機能は十分果たされる。そして、当初の予定以上に歳出規模を広げ、公債を発行することは、財政の節度を踏みはずす行き過ぎである、と考えられていたのである。

以上に述べたように、基本的な経済状況の見通し、ねらいやそれに対応した財政政策のあり方に関する認識は、公債発行の前後で変化しなかったのである。

これに対して、公債発行の決定後、微妙に変化した部分もあった。その一つは、当面の不況に対する評価、意義づけである。公債発行決定後は、四十年不況はこれまでに経験したことのない新しい事態とみなされ、当面の不況の克服が重要な問題として認知される。それは財政制度審議会の中間報告にも現われている。その部分は経済界代表の要求で入れられたものではなく、主計局官僚が自主的に用意したものである。(12)

実際に景気は四十年十月に底を打ち、それから五十七ヵ月にも及ぶ戦後最長のブーム、いざなぎ景気が始まった。公債発行以前には、経済界からどんなに不況を訴えられようとも、あえて景気回復の兆候を示してこれを無視した大蔵省であるから、秋からの景気上昇がわからなかったはずはない。問題は景気上昇の兆候の解釈にある。公債発行決定前は、どんなに弱いその兆候であっても、それは財政による不況対策の不必要性を示す根拠であった。公債発行決定後は、弱々しい兆候であるがゆえに、不況対策の必要性を示す信号となった。

公債政策が不可避の現実として主計局官僚につきつけられたとき、彼らはこれを単なる「赤字の尻拭い」ではなく、少なくとも対外的にはより積極的な理由によって正当化する必要に迫られたのである。不況対策はそのための一つの論拠であった。しかし、事後的な正当化の論理に自己の認識を同一化しすぎると、逆に、本来もっていた経済情勢に対する見通しや政策を判断する際の価値観と矛盾をひきおこす危険もあった。

もう一つの変化は、国民経済における財政の比重の拡大に対する積極的な姿勢である。即ち、公債発行の決定後、今後の財政の展望として、民間設備投資主導の経済成長から転換し、総需要における財政のウェイトを高めていくことが主張されるようになった。ただし、ここでいう財政のシェアの拡大は構造的なものであり、短期的、機動的な景気補整政策とは区別しておく必要がある。この認識は、三十年代の高度成長に対する批判、安定成長への移行の主張と結びつけられていた。また、社会資本の不足を批判する従来からの高度成長のひずみ論に呼応するものであった。

以上、公債発行の決定の前後における経済情勢の見通しや財政に対する展望について見てきた。ここで明らかにした認識をもとにして、「公債を抱いた財政」のデザインが進められていく。次に、財政制度審議会におけるそのようなデザインの過程を見ていきたい。

三　財政制度審議会における検討過程

財政制度審議会(以下、財政審と略す)は、四十年七月に改組、発足した。会長は小林中で、委員の構成は、経済界代表八人、マスコミ代表六人、大蔵ＯＢ二人、学者五人、日銀代表一人、の計二十二人であった。これに法制部会で審議に加わる特別委員が六人いた。審議会の中に、今後の財政運営の基本的方向について審議する第一小委員会、歳出の合理化について審議する第二小委員会、公債発行に伴う法制度的問題について審議する法制部会が設けられた。

審議会の機能は一般に、行政官庁の政治的権威の回復、補完にあるとされてきたが、(13)財政審もその例にもれず、新しい財政運営の指針を権威づけるためのものであったということができる。委員の人選、会の構成、議題や議事進行に関しては、すべて主計局官僚が用意した筋書き通りに進められた。(14)

財政審において検討された課題を要約すれば、均衡財政を放棄したのちの「健全財政」の枠組をいかにして作るかということになる。(15)ここで永年同義語として用いられてきた健全財政と均衡財政とは切り離されている。公債を抱いた財政においても、財政運営の指針――具体的にいえば予算要求を抑えこむためのタガ――が必要とされ、従来の均衡財政主義という明快な指針に代わって健全財政という指針を立てて、その中味をどうするかが模索されたのである。それらに関する具体的問題の検討過程は節を改めて検討していくこととして、ここでは財政運営の基本的方針や経済情勢に関する見通しがどのように立てられ、どのような問題設定が行なわれたかを見ておきたい。

こうした問題に関する見解は、四十年十一月一日に出された「財政制度審議会中間報告」(『財政制度審議会資料集』昭和四十年度、五一―一八頁)にまとめられている。その中の前半部分では財政運営の基本的方向について論じられている。まず、経済動向の見通しについては、安定成長への移行が予想されているが、景気過熱への警戒も明記している。また、経済の安定成長を図る際、国際収支の均衡と物価の安定を最優先しなければならないとしている。これらの点では前に紹介した主計局の経済情勢に対する考え方と全く同じである。財政の規模と運営の項では、まず健全財政を「その規模、内容において国民経済とバランスがとれた財政」と定義している。そして政府支出の増加率は経済成長率をやや上回る程度とするのが適当としている。今後の経済の姿が民間投資主導型から輸出、政府支出の比重が高まっていくことが認められている一方で、有効需要の過不足をすべて財政で調整するという考え方はとるべきでないとされている。(16) そして、財政の本来の機能は景気調整よりも、むしろ公共投資、社会保障等各般の財政需要の充足にあると結ばれている。この結論部分は、それ以前の財政運営の指針と強い連続性を有している。

さらに、財政運営の基本的方向の最後に公債政策の項目が設けてある。まず、その意義について、安定成長下における税収の伸び悩み、公共投資の必要性の高まり、国民の税負担の低減の必要性という理由からこれを是認している。そして、建設公債の原則、市中消化の原則、公債発行の歯止め、という三点を掲げ、財政の節度を厳守することを強く求めている。ここでは、公債政策を企画するに当って、公債発行の歯止めが最も重要な課題として捉えられたのである。

中間報告の後半部分では、歳出の合理化がとりあげられている。これは公債発行を契機に各省庁の予算要求が一層膨張することを予想し、健全財政の堅持のために歳出削減への布石を打ったものとみることができる。しかも、この報告は四十一年度予算の編成の時期に合わせて発表されている。予算編成における各省庁のセクショナリズムを指弾したこの報告は、予算査定を援護するためのものだったのである。主計局官僚にとって、公債発行を始める限り、歳出削減は必然的に随伴する課題であり、両者は不可分の関係にあった。

これらの点から見て、財政制度審議会の出す結論は大筋において主計局の意向を表現したものということができる。したがって、そこから主計局の考え方を読みとることもできるのである。

以上に明らかにされた公債を抱いた財政における財政運営のあり方に関する展望や意図をもとに、具体的にどのような枠組がデザインされ、運用されていったのかを、減債制度、公債発行の歯止めという二つの項目に関して見ていくことにしたい。

第二節　財政法第四条と公債発行の歯止め

この節では、四十一年度以降の本格的公債政策に関する法律的制度的側面における検討の過程、特にその際に最も重視された公債発行の歯止めの問題に関する検討過程を明らかにし、公債を抱いた財政の基本的枠組の特色について考察したい。

一　様々な歯止め策の検討

主計局では、六月段階から公債発行の歯止め策について検討が開始されていた。この段階では一応の理論的可能性として、日銀引受けや買オペの制限、数年後の増税と抱き合せにして公債を発行する、公債発行額をＧＮＰの一定比率以内に抑える、などの方法が考案されている。また、景気調節という名目を公債発行の歯止めに使うという発想もあった。即ち、公債発行を不況時のみに限定し、好況時には行なわないようなルールを作るというのである。そこには目的―手段関係の倒錯が見られ、この点は主計局の公債に対する見方を暗示していて興味深い。しかし、これらの歯止め策は理論上の仮説にとどまり、その実効性については極めて悲観的であった。[17]

公債発行がより具体化してくる秋ごろには、歯止め策についても現実的な検討が加えられるようになる。十月五日に理財局国債発行準備室から出された「国債発行の歯止めについて」（『資料集二』七頁以下）という文書では、歯止めをめぐる議論について一応の結論が出されている。それによれば、発行会計や発行目的の特定化、特定の償還財源との結合は、現実の制度として運用することは困難として退けられる。また、国債発行の絶対額あるいは他の指標に対する比率を一定範囲内に抑えるという計数的な限定は、その計数が人為的に定められたものである以上、必要に応じて変更することが可能であり、かつ限度的なものである以上決定時には数量的には余裕があると思われるので現実感がなく、歯止め策としての効果は少ないものと考えられるとして、退けられている。結局のところ、国債発行の効果的な歯止め策としては、究極的には政治姿勢の問題ということになるのである。しかし、これだけに頼ることにも問題があるので、現実には市中消化原則が有力な歯止めとして期待される。また、新規発行に対する抑制の仕組みとして減債基金制度の確立が提案されている。

こうした結論は、歯止め策に関する省内のほぼ一致した見解ということができる。

二　財政法第四条但書による建設公債原則

以上に紹介したように、実効的な歯止め策の考案が断念されると、法律的歯止めとして、財政法第四条に基づく建設公債原則の意義がクローズアップされることになる。

財政法第四条の規定は、「呼び水理論と特殊日本的配慮が結婚して生まれた産物[18]」であった。即ち、そこには戦時インフレへの痛切な反省と景気補整政策への積極的な姿勢の両方の要素が混在している。ただし制定以来、公債政策を導入して景気補整を行なうことは当面ないであろうと考えられ続けて、昭和四十年に至ったということができる。その「当面」が終った時、主計局はそれまで十分には考えられていなかった公債の制度的位置づけを慌しく検討する必要に迫られたのである。

財政法第四条但書を公債発行の歯止めにしようとする場合、まず第一に問題となるのは「公共事業費」の意味である。公債発行に反対する社会党もその点の曖昧さを第一の攻撃目標としていた。

まず歴史的経緯から検討されたが、過去においても統一見解は出されていなかった。そこから公共事業の定義として次の三要素があげられた。㈠国が直接の支出を行なうかまたは補助金を支出すること。㈡公共事業の対象は官有公有の土地または構造物に限る必要はない。㈢一定期間を越えて継続する一連の利益、サービスを供与する施設に対する投資であること。また、建設公債を正当化する根拠として、耐用年数の長い公共施設の費用負担について世代間の公平を確保する必要があることをあげている。(19)

これらの基準は曖昧なものであり、公債発行の歯止めとして期待できるほどのものではなかった。そこで実際には、公共事業費の範囲の確定が、経費の性格とは別に、公債発行額との関連からも検討された。即ち、公共事業費の範囲を、四十一年度の公債発行予定額に間に合う程度にとどめるかどうかという問題があったのである。(20)このように公共事業費の定義が両面から検討されたのは、次のような背景によっていた。即ち、本質論だけから演繹的に公共事業の範囲(=公債発行対象額)が決定されて、それと実際の公債発行予定額との差額(主計局ではこれをスキマという)が大きくなった場合、公共事業担当官庁の予算要求に拍車をかけるおそれがあったのである。

検討過程を順次紹介すれば、まず個別の公債発行対象経費を積み上げた結果、対象経費の総額は七八七七億円と公債財源所要額を大幅に上回ることが明らかになった。(21)そこで再び公債発行対象経費の本質論に戻り、経費の公債適合性、将来への影響、説明論理の一貫性の確保等の見地から、公債発行対象経費についての三つの案が作られ、比較検討された(22)。

最広義の案は範囲が広いから説明が楽であり、かつ四十二年度以降に対象経費を追加せざるをえない場合手間が省ける、発行枠に余裕がある方が市中消化の面から公債額を決定したという説明がつきやすい、という長所があった。その反面、四十一年度の公債財源に関係のないものまで列挙する必要があるか、四十二年度以降において公債対象経費の予算要求圧力が強まるおそれがある、という短所をもっていた。逆に最狭義の案では、審議の際の説明が簡明なこと、公債の対象範囲と発行額とが一致していらざる論議を招かない、という長所をもっている一方で、四十二年度以降対象経費を追加する場合、理由、根拠の説明を求められる、という短所をもっていた。これらの中間に折衷案があった。

このような原案をもとに局議を行なった結果、最広義案と中間案をさらに折衷することで最終案が作られた(23)。ただし、四十一年度予算の査定作業の進行とともに、大方の関心は公債発行額そのものに移って、公共事業の範囲は争点とならなかったのである。

以上の紹介からもわかるように、公債発行の歯止めとしての建設公債原則はかなり応急的に仕立て上げられたもので、歯止めとしてはいささか心もとないものであった。財政法第四条を公債発行の歯止めとして利用しようという主計局の問題意識から当然に帰結されるところであるが、そこに本来内在していた一つの問題点、即ち、景気補整政策への積極的関心と公債政策とをどのように関連づけるかという問題は、ここでも解決が与えられなかったのである。

三　市中消化の原則

もう一つの歯止め、市中消化の原則は財政法第五条に基づくものであった。この歯止めは単純明快な基準であり、これについては意見対立はなかったといってよい。主計局官僚はその職業倫理から当然、市中消化の原則を主張した。また、財政制度審議会にも、市中引受け余力がない場合は日銀引受けも必要になると主張するような論客はいなかった。また、市中消化の原則がある限り、金融市場メカニズムによって無茶苦茶な公債発行はできないという主計局の歯止め論は、金融業界の利益にもかなうものであった。金融業界は、主計局から金融市場メカニズムの尊重という言質をとったということもできるのである。(24)

四　公債発行の歯止めと四十一年度予算編成

以上に紹介した公債発行の歯止めとしての有効性は、直ちに四十一年度予算の編成の際に問われることとなった。公債発行が正式に表明されて以来、公共事業担当官庁およびそれと結びついた自民党政治家からの予算要求圧力は高まる一方で、その圧力は容易に公債増発への圧力へと転化した。

特に自民党の前尾派（旧池田派）、藤山派、三木派などは、大規模な公共事業と減税を掲げ、そのための財源として大規模な公債発行を主張した。したがって、四十年度については減収補塡の枠を越えて特例公債を発行すること、四十一年度については建設公債の枠にとらわれることなく、大規模な特例公債を発行することを主張したのである（一兆円公債五千億円減税論）。[25]

主計局はこうした椀飯振舞の要求をはねのけ、四十一年度から建設公債原則を断固として守りぬく必要に迫られた。そして、四十年度補正予算の編成と並行して、四十一年度予算の編成についてもイニシアティヴをとろうと努力した。自民党に対する対策も早くから準備されていた。

九月には、自民党臨時財政経済懇談会に対して、四十一年度の税収の伸びは四十年度当初予算に比べ一千億円の増加に止まること、前年度剰余金の受入れが四十年度当初予算に比べ約四五〇億円の減収となることなどをあげて、四十一年度予算について厳しい姿勢を明らかにしている。[26]十一月にも同じ懇談会に対して、四十一年度の普通歳入の伸びは六〇〇億円程度に止まることを明らかにし、恩給・福祉年金改善の平年度化、日韓無償協力などの経費増に備えて、既定経費の洗い直し、新規政策の抑制に厳しい態度で臨むことを示した。[27]

このように主計局が四十一年度予算の拡大に対し強硬に拒否したのは、公債発行額をなるべく抑え、建設公債原則を貫くためであった。[28]その方針の正当性は次のように説明される。

「現在の不況には構造的な要因があり、またひずみを是正しながら安定成長を図っていく必要があり、景気対策をあまり急激に実施することには問題がある。また、公債は建設公債に限るという財政運営の基本原則は、一時の必要から軽々に変更すべきではないこと、さらに、財政による景気対策は一般会計に限らず、財政投融資にもまつべきものがあること等を総合的に勘案し、あくまでも財政法第四条の原則を厳守する考えである。」(29)

ここからもうかがえるように、主計局は建設公債原則をかつての均衡財政主義に代わる新しい財政運営の基本原則として、これを景気対策に対して優先させたのである。そして、このようにして編成された四十一年度予算を主計局は「景気回復の主導力たらんとする積極性と同時に、安定成長の中核たらんとする健全性を盛った予算である」(30)と自画自賛している。

確かに主計局にとって、四十一年度予算は来るべき安定成長と、そこにおける財政の重要な役割を先取りする極めて大きな意義をもったものであった。四十一年度予算の編成においてイニシアティヴを確保できるかどうかは、安定成長下、公債を抱いた財政の下で自律的な財政運営を行なうための最初の試金石だったのである。結果においても、四十一年度の建設公債発行額七三〇〇億円は、当初の省内での見積り七八七七億円よりも少なく(31)、公債発行については他からの主張に関係なく、主計局のペースで決められたということができる。他の諸官庁や自民党からの要求は、スローガンやシンボルの上ではともかく、実際の予算決定の上では無力であった。

五　小　括

以上に論じてきた公債発行の歯止めに関する議論を要約すれば、次の結論を得ることができる。

第一に、主計局にとって公債とはあくまで財源補塡のためのものであって、景気補整政策とは無縁のものであった。そのことはまず、機動的景気補整政策にとっての足かせともいうべき財政法第四条但書を公債に関する一般規定としたという点に現われる。加藤芳太郎教授の言葉を借りれば、インフレへの反省という特殊日本的配慮の方を優先させたということができる。公債は財政法の体系の中ではあくまで例外として位置づけられており、主計局は例外をある程度恒常化させることで公債を処理しようとしたのである。公債を抱いた財政に変化しても、財政運営の基調は変化せず、公債政策を経済政策、財政政策の中にどのように位置づけるかということよりも、いかにして公債発行の累積をくい止めるかということが問われるのである。

第二に、そうした公債発行の歯止めをさがす努力にもかかわらず、主計局官僚は歯止めの現実的有効性について極めて悲観的であったということができる。形式的、技術的歯止めは結局頼りにならず、最後の鍵は政治の姿勢にあることは何度も強調されていた。しかし、主計局は政治の姿勢に対しても全く信頼をもっていなかった。そこで主計局は、建設公債原則や市中消化原則という財政技術的な問題をシンボル化し、世論の注目と期待とを集めて一つの原則を作ろうとしたのである。それが健全財政主義というシンボルであった。

第三節　儀礼としての減債制度

この節では、公債発行と並行して再編成された減債制度の成立過程について検討してみたい。昭和四十年以前にも一応減債基金は存在しており、国債整理基金に各年度の剰余金の二分の一が繰入れられるという仕組みであった。ところが前述の通り、昭和四十年度予算の編成過程における歳入難に対処するために、時限立法により四十年度から剰余金の繰入れ率は五分の一に引き下げられた。これに対しては世論の反対もあり、減債制度をどのように再編成するかは当時の財政当局に課せられた宿題となっていたのである。

一　検討の経緯

四十年夏から公債発行論議が具体化するのと同時に、減債制度についても検討が加えられていたが、最初から減債制度の確立で一致があったわけではない。当初は理財局が積極的で主計局が消極的であった。

理財局は、一、公債の信用確保、二、公債発行の歯止め、三、公債管理政策、四、公債の価格支持のためのオペレーション・ファンド、という四つの理由から減債制度の必要性を主張した。(32) 理財局は公債の発行、管理を担当する立場にあり、そのために自由に運用することのできる資金を必要としていたのである。

これに対して主計局は、次のような論拠から減債制度について否定的な見解を示した。第一に、年々相当額の公債発行を継続する一方で、かなりの金額を一般会計から減債基金に繰入れることは両建てとなり、不合理である。しかも減債基金への繰入れ額が実際に償還に充てられるまでの間、何らかの形でこれを運用するとしても、公債利子に対しては逆ざやとなり、無用の損失をこうむることにもなる。第二に、公債発行そのものに節度をもち、公債の償還期限を多様化すれば、公債償還も自ずから平準化される。第三に、公債の市場価格維持のためのオペレーションは金融政策の課題であり、減債基金によって調整すべき筋合いのものではない。第四に、公債の実質的な消化先は金融機関あるいは機関投資家であり、これらについては借換えが可能であり、現金償還を必要とする範囲はかなり限定されてくる。以上のような理由から、主計局は減債制度が不必要であるという結論を下す(33)。主計局がこのような見解をとった背景には、減債基金への繰入れのために一般会計から相当の金額をとられ、予算編成が制約されることを警戒していたという事情があった。

減債制度の問題は、四十年秋から財政制度審議会においても、特にその中の法制部会において検討された。主計局は、減債制度に対しては否定的であったが、検討すること自体は必要と考えて、財政審にこの問題を提起したのである。その間の事情を議事録から引用してみる。

「河野部会長　今度また総会でもって減債基金のことをやるとかいっていましたね。

谷村主計局長　うんまあそういっていますね。
河野　意味がないって僕はいっているんだがなあ。
谷村　意味はないかもしれませんが一応ご議論をしていただいた方がいいと思うんです。私はいろんなあれを読んでみてどうも減債基金っていうものはあんまり意味がないと思うんですけれども、大蔵省の中でもいろいろな立場から、やっぱり何らかの形で信用を確立する意味で何か公債償還についての、一つのきちっとした建前というか、制度があった方がいいんじゃないかという意見もあるわけです。理財局あたりはどうかな、減債基金というか。
大谷国債発行準備室長　やっぱりあった方がいいという意見の方が強いようですね。
谷村　うん、どういうものがあった方がいいと思っているかなんですよね。[34]」
第二回法制部会で委員から出された意見は、否定的なものが多かった。その論拠は、先に紹介した主計局の反対論に加えて、長期的な財政計画もないのに、減債についてだけ長期的な計画を作ることはできないという点などであった。[35]そして、第二回法制部会の審議の要約でも、「この際新たに、特別な減債制度を設ける必要がある、という意見は出なかった」とまとめられた。[36]
第三回法制部会でも引き続きこの問題は議論された。冒頭、理財局長は、現行の剰余金繰入れ制度では剰余金の発生は偶然的なものであり、金額的には何らの担保もないこと、国債整理基金の年度末残高は四十一年度見込みで一〇〇億円と早晩底をつきそうであること、などを理由に、減債制度の必要性を主張した。(37) 委員の中では消極論が多数を占めていたが、ここで主計局長の態度が微妙に変化したことは注目に値する。主計局長の発言を要約すれば、次のようになる。

(一)信用がないから、何かつくらないといけないということだろう。政府が公債残高を減らすために努力しているということを示すものであって、満期に満額になるように機械的に積み立てるようなものではありえない。(二)公債残高の一定率を繰入れるとすれば、公債は増えて租税は増えないような場合には、繰入れも増え、使途特定として、租税から先取りされていくことになり苦しい。そこで、税収増の一定率を繰入れることも考えられる。(38)

これは主計局の立場からする、相対的に消極的な減債制度必要論である。主計局官僚にとって第一義的には政府の借金に他ならない公債の償還に関しては、彼らも大きな関心をもっていた。しかし、理財局の主張するような厳格な減債制度を作ることによって、一般会計歳出の相当額を拘束されることは主計局官僚にとって耐え難いことであった。減債制度の問題をめぐって主計局はジレンマに陥っていたのである。

そこで上に紹介したような消極的必要論が生まれてきたのである。これは、減債制度を具体的な公債の償還計画と切り離し、公債償還に対する財政当局の前向きの姿勢、ひいては財政の節度を対外的に表明するための象徴的手段として減債制度を利用しようという趣旨に基づくのである。したがって、主計局のいう減債制度のねらいは、谷村局長のいう通り、公債の信用保持、さらには財政の信用保持にあったということができる。この点で、同じ減債制度必要論でも、主計局のそれと理財局のそれとの間には食い違いがあった。(39)

主計局の態度がこのように微妙に変化したことの背景には、公債償還計画をめぐる国会論戦が契機となっていたということができる。財政法第四条第二項によって、政府は公債の償還計画を国会に提出することを義務づけられていた。大蔵省は一応次のような償還計画表を提出した。

昭和四十年度に発行を予定する公債の償還計画表

区分	発行額（円）	償還額（円）
昭和四十年度	二五九、〇〇〇、〇〇〇、〇〇〇	
昭和四十七年度		二五九、〇〇〇、〇〇〇、〇〇〇

補足説明

昭和四十年度一般会計補正予算（第三号）に添付されている「昭和四十年度に発行を予定する公債の償還計画表」に記載されている昭和四十七年度の償還額二五九〇億円の財源については、現在、財政法第六条により剰余金の二分の一（昭和三十八年度及び三十九年度の剰余金については五分の一）を下らない金額を国債整理基金に繰り入れなければならないとされているほか、「国債整理基金に充てるべき資金の繰入れの特例に関する法律」第二項の規定により、国債の償還に支障を生じないよう、繰入金額の総額を決定すべきものとされており、これらの繰入れによる財源によって上記償還を行なう予定である。[40]

公債発行に反対する社会党は当然これに満足せず、償還計画の不備を主要な攻撃目標として、厳しく追及した。しかし、主計局も当初は別の形式の、いわばより計画らしい償還計画を考えていた。公債の償還計画としては、産業投資特別会計、特定土地改良特別会計などで発行された公債の償還に関して作成、提出された前例があった。これらの前例に準じて、主計局法規課では、「財政法第四条第二項の償還計画については、公債の総額、償還期間及び償還年割額(年賦償還の場合は、年賦償還期間分を一括表示してもよい)を記載すべきであろう」[41]と考えていた。また、四十年度の特例公債についても、同様の計画表を作成、提出する必要があるとされていた。法規課では、償還計画は単なる参考資料で国会議決の対象とはならず、拘束力をもたないという見解に立って償還計画に関する検討を行なっていたのである。

当初、償還年割額まで記載した償還計画が考えられていたのが、上に紹介したような単純なものに変化した理由としては次のようなことが考えられる。第一に、法規課が償還計画は拘束力をもたないという見解を示しても、具体的な償還計画が国会に提出されれば、それによって将来の財政政策、予算編成がある程度拘束されることは不可避であった。計画を大幅に変更することは、野党に攻撃の口実を与えることに他ならなかった。第二に、昭和三十年代までの公債発行は小規模なものであり、国債整理基金の積立て残高などによる償還も容易であったのに対して、四十年代に多額の公債発行が恒常化すると予想されるなかで、償還についても従来の方式を全面的に再検討する必要に迫られた。即ち、四十年代の財政状況には不確定要素が大きいため、仮に具体的な償還計画を作成しても、それを達成できるかどうか、主計局には自信がなかったのである。

このようにして、上に紹介した単純な償還計画が作成されたのであるが、これが計画として不十分であることは、おそらく主計局官僚によっても認識されていたに違いない。したがって、野党側がこの点を衝いて、返済の目処もなく借金をするものという批判を加えるであろうことも容易に想像されていた。また、主計局官僚自身にとっても、健全財政主義の証しとして、公債の償還についての展望を明示する必要に迫られたのである。こうして、財政法第四条第二項の公債償還計画表の形式とは別に、公債償還に関する制度的検討が当面の重要な課題として浮上することとなった。財政審第三回法制部会において谷村主計局長が消極的な減債制度必要論をとったことの背景には、このような事情があったのである。

こうして主計局においては、何らかの形の減債制度を作るという意思が四十年秋の段階で明確に形成された。しかし、現に法制部会では反対が強かったため、主計局としては先走った結論を出すわけにはいかなかった。そこで、一つの戦術として、法制部会の審議の総括として「減債制度は不必要」ではなく、「減債制度については結論が出ない」という報告を財政審総会に出し、減債制度に関する結論を総会での審議に委ねてしまったのである。[42] これをうけて、四十一年度から財政審を中心に減債制度の構成について議論が開始されることになる。

二　減債基金制度の形成過程

四十一年度の財政審の活動が始まると、減債制度が第一の検討課題となった。それに関する論議の方向は、主計局によって準備されていたのである。

まず、減債制度の検討の際の論点としては、減債制度の目的、公債償還についての考え方、政府債務残高の限界、いわゆる減債基金の運営、という四項目に絞られた。[43] そして、これらの論点に関する方向づけが、財政審委員に対する主計局長の書簡[44]の中で示された。それは単なる説明文書ではなく、主計局の考え方が明確に示されているものである。

減債制度の目的に関しては、財政負担の平準化を第一にあげ、公債の市価維持、公債残高の歯止めについても言及されている。これに対し、公債の信用維持に関しては、個々の公債についてのシンキング・ファンドとして減債基金を設けることには、明確に反対している。また、累積公債の整理についても、否定的見解を示している。

公債償還についての考え方の項目では、財政法第四条第二項の償還計画の規定そのものがナンセンスであるとして、その改正を示唆している。また、一般財源からの繰入れの具体的な方法、それを法定するかどうかについて問題を提起している。

政府債務残高の限界の項では、公債残高の限度についての指標をどのようにたてるかという問題を提起している。

減債基金の運営の項では、現存する国債整理基金を発展拡充して減債基金として活用するという基本的姿勢を明らかにし、公債の市場操作を行なう場合、買入消却にするのか、保有したままにするのかという問題を提起している。

四十一年夏ごろから、主計局では財政審に対して示す減債制度の原案が検討されていた。そこにおいては、財政法第六条に基づく剰余金の二分の一の繰入れと一般会計からの繰入れという二つの方式を、いかにして組み合せるかという点が問題になっていたのである。一応考えられる選択肢としては、剰余金の一定率の繰入れと一般会計からの適宜の繰入れとを組み合せる案、剰余金の一定率繰入れと一般会計からの定率または定額繰入れとを組み合せる案、一般会計からの適宜の繰入れだけによる案、一般会計からの定率繰入れだけによる案、という四つがありえた。主計局にとっては、一般会計に対する拘束度、法律改正の要否、公債償還に対する信頼の得やすさなど、互いにトレード・オフの関係にある要素が多く存在していた。したがって、現実的な減債制度案は容易には決まらなかった。

六月二十三日の財政審第三回総会で減債制度小委員会を設置することとなった。小委員会は八月から十二月までの間、四回開かれたが、議論の基調はすでに七月から主計局によって準備されていた。小委員会の報告の原案となる「減債制度について（未定稿）」（『資料集二』三二五頁以下）という文書が総務課において作成されていたのである。

そこにおいては、先に紹介した「主計局長書簡」の考え方が基本的に踏襲されている。まず減債制度の検討の際の基本的考え方として、一般財源による公債償還の考え方およびルールを明確にし、これに基づいて償還を確実に行なうという観点が打ち出されている。より具体的には、減債制度の存在理由について、一般会計による公債償還のルール作り、財政負担の平準化、公債残高累増に対する歯止め、という三つがあげられている。後二者の理由づけは、「主計局長書簡」を踏襲したものであるが、第一の理由が付加されたことは注目される。その点については次のように説明されている。

「公債の一般財源による償還は、相当長期にわたるものであって、わが国の財政をめぐる政治的社会的環境を考慮すれば、これを政府の判断に委ねることによっては一般財源による公債償還のルールが崩されるおそれなしとしない。」（『資料集二』三二七頁）

このように、主計局が減債制度を必要と考えたことの背景には、政治に対する不信感と健全財政の守護者としての責任感があったのである。(45)

そして具体的な制度改善の方向として、公債残高または公債発行額の一定割合の額の繰入れと、財政法第六条に基づく剰余金の繰入れの二つの方式を併用すべきことを述べている。

減債制度小委員会の審議も主計局の意図した路線に沿って進められたと見ることができる。第三回の会合(四十一年十月八日)が終わった後、主計局では減債制度の目的、意義づけに関して、先に示した三つの点で合意が形成されたと判断された。(46)問題は、具体的な定率繰入れの方法——繰入れの基準を、発行累積額にするか残高にするかという点にあった。

これは主計局と理財局との対立であった。理財局は、年々発行した公債のそれぞれについて、その償還計画に見合った期間に、発行額に等しい償還財源が繰入れられなければならないという理由をもとに、過去の発行額を累積し、その一定割合に相当する額を繰入れることを主張した。理財局の案においては、具体的な公債の償還計画を実行するための手段として減債基金が位置づけられていた。これに対し、主計局は、先に示した減債制度の目的に照らして、定率繰入れだけで償還を行なう必要はないことを理由に、減債制度を償還計画の達成のための一つの目安とすることを主張した。そして、具体的な方法としては、一定時点における公債残高を基準として、定率繰入れを行なうことを主張した。

財政審の中では主計局の考え方が大多数の支持を集めた。そして、財政審の報告「減債制度について」(47)の中には、主計局の見解がほぼそのまま具体化されている。そこでは、減債制度の目的は「公債政策に関する政府の節度ある姿勢を明示するところにある」とされ、意義、効果として、公債累増への間接的な歯止め、償還負担の平準化、市場操作のためのファンド、という三つがあげられている。償還財源の繰入れ方法としては、残高に対する一定率の繰入れ、財政法第六条による剰余金の繰入れ、一般会計からの適宜の繰入れ、の三つを併用することが勧められている。[48] このようにして、減債制度の骨格が形成されたのである。

三　小　括

この節では減債制度の検討過程を見てきた。主計局が当初の消極的な姿勢を転換し、減債制度の改革に取り組んだことの背景には、減債制度によって公債償還に対する財政当局の確固たる姿勢を示し、財政の健全化を訴えるという意図があった。自民党の利益政治、予算要求圧力に対して強い不信感をもっていた主計局は、償還財源の繰入れを法定化することによって、政治の側を牽制することもねらっていたということもできる。[49]

したがって、主計局にとって減債制度は健全財政を象徴するシンボルであった。それゆえ、理財局の主張するような具体的な公債償還と結びつくものではなかったのである。ただしシンボルとはいえ、減債制度を作ることによって一般財源をある程度拘束されることは避けられない。主計局はそのような犠牲を払うことによって、健全財政という新しい指導原理を確立しようとしたのである。

第六章　財政新時代

第一節　公債政策の正当化

公債政策の導入は財政政策の根本的転換であるだけに、法律的、制度的側面における細かい検討が必要なだけでなく、広く国民に対してその政策転換の必要性、妥当性を訴えかけ、財政当局に対する信頼をつなぎとめる必要に迫られていた。即ち、均衡財政主義の放棄が朝令暮改でないことを一般国民に理解させることが大蔵省にとって大きな課題となったのである。また、第四章第二節で述べたように、公債政策は福田財政の新機軸であった。したがって、公債は政治家の打ち出す公約とも密接にかかわってこざるをえなくなる。この節では、そうした社会に対する公債政策の正当化の過程、主計局官僚と政治家がこれにどのように関わっていったかを見ていくことにしよう。

一　福田財政の演出

佐藤政権の発足と福田財政の出発の経緯は、第四章第一節で説明した通りである。四十年六月に蔵相に就任すると、福田は新しい自己の政策プログラムを積極的に打ち出そうとする。この段階から公債問題は二つの相貌をおびることとなる。一つは、福田財政の新機軸、社会開発のための主要な政策手段――公共投資のための財源や減税のための振替え財源――という側面である。もう一つは、税収不足が不可避となることが明らかになり、これを補塡するための公債という側面である。後者の面については、蔵相就任以前から主計局内で検討作業が進められ、歳入補塡という客観的必要から蔵相の意図とは無関係に、公債発行やむなしという決断が行なわれたことはすでに第四章第三節で述べた。こうした二つの面は、四十年不況の深刻化と内閣改造とが時を同じくすることによって、時期的にも全く重なり合うこととなり、公債問題を構成する二つの主要な要素となったのである。

福田蔵相の財政政策に対する展望は、まず七月三十日の第四九国会における財政演説の中で明らかにされた。この財政演説の原稿は大臣官房調査課のスタッフによって作られ、福田が手を加えて完成されたものである。(1) その中で福田は、財政政策の目標として、ゆとりある家庭と蓄積ある企業を柱として豊かな福祉社会を築き上げることをあげ、そのための手段として健全な公債政策の導入を提唱した。(2)

この中のゆとりある家庭、蓄積ある企業というスローガンは、官房調査課のスタッフが文案を練るなかから生まれたものであった。当時の吉田調査課長はその間の事情を次のように説明している。

「それは、スローガンをつくれといわれたんですよ。福田さんは安定、均衡といわれたんです。しかし、それじゃあまり堅すぎるんで福田さんには明るさをもってもらわないといけないと思ったんですよ。だから、あまりむずかしいのよりもソフトなタッチのほうがいいじゃないかということで、ゆとりある家計、蓄積ある企業、均衡ある発展ということになった。(3)」

財政演説の中で福田は、公債の発行とそれによる減税を明確に公約し、財政政策の大きな変化を一般に印象づけた。演説の原稿自体は官僚の手になるにせよ、その内容は蔵相の思想を忠実に反映したものである。福田は公債に関連したスローガンを作り、一般に訴えかけ、期待を形成することによって、公債発行という政策転換のきっかけを作り、主導権をとることに成功したのである。以後、ここに示されたような福田財政の構想やスローガンがどのように具体化されるかという点に関心が移る。

十二月二十日の第五一国会における大臣演説では、公債政策を基軸とする財政政策がさらに具体化されている。その中で、今後の財政政策の課題として、第一に社会保障の充実と生活関連の社会資本の充実、第二に企業と家庭に蓄積を取り戻し、その安定の基礎を固めるための大幅な減税、第三に財政運営の弾力化を図り、景気調整機能を高めること、という三項目をあげている。そして、福田蔵相は「私は、この際、財政政策の基調を転換し、公債政策を導入することにより、わが国の財政に新しい政策手段を装備し、これを健全に活用していくことこそ、この三つの要請に応える道であると確信いたします(4)」と述べて、公債政策の意義を明確にした。
政治家の演説としては当然であるが、そこでは公債政策の利点だけが強調され、公債は経済問題を一挙に解決する特効薬とされたのである。

二　官僚による正当化の論理

次に、官僚自身が外部に対して、どのような論理によって公債発行を正当化したかを見ていきたい。

元来、大蔵省は自己の宣伝には熱心ではないといわれ、当時までは予算、財投計画についての統計資料の解説書以外の広報誌を発行していなかった。予算査定という役割の性質上、大蔵省はつねに受け身の立場にあり、積極的に自己の立場を宣伝する必要もなかったということもできる(5)。ところが、公債発行を契機に財政政策の基本原理を大きく転換することとなり、大蔵省としてもそれまでの受け身の姿勢を変更し、政策転換の必要性、妥当性を積極的に訴えかけていく必要に迫られた。そこで従来の実務的な資料、解説書に加えて、福田の命を受けた当時の橋口文書課長を中心に一般向けの広報誌を創刊することとなった。それは『ファイナンス』と名づけられ、四十年十二月に発刊された(6)。

これらの資料において展開された公債正当化の論理は次のように集約することができる(7)。

まず、三十年代の均衡財政主義は、家計部門と財政部門の両部門における需要の拡大に対して抑止的に働き、国民経済の資源を企業部門に集中的に配分する役割を演じたと評価される。これに対して、公債発行への転換は、日本経済の基調が需要超過から供給超過へと転じた状況で、総需要を拡大するための手段として正当化される。さらに公債政策の利点として、社会資本と社会保障の充実、企業部門偏重から家計部門、政府部門への資源の再分配などがあげられている。このように、公債によって調達した資金の使途については、大蔵官僚は福田の唱えた社会開発という政策プログラムを敷衍し、減税、社会資本、社会保障など国民の歓心を買うような議論を展開した。

また、財政の近未来像については、社会開発のために財政需要が増加することが予想され、それを充足するために財政規模が拡大していくことが肯定されている。また、当分供給超過の経済基調が続くことが予想され、需給の均衡を保つために公債発行がある程度恒常化することが認められている。ただし、経済の基調が需給の均衡に達したときには、公債の発行と償還とをそれぞれ景気変動の谷と山にぶつけることによって景気調節を図るべきことが述べられている。

このような公債発行に対する正当化の論法は、政策プログラムの変化が余儀なくおこり、それに伴って政策作成者の認識枠組が変化した結果生まれた、ということができる。有効需要創出のための公債発行は、四十年不況の際に、あるいはそれ以前から様々な論者によって主張されていた。主計局は四十年六月まではこのような主張に対して様々な理由をあげて否定的立場をとっていた。ところが、公債発行に踏み切るという決断が行なわれると、上に紹介したような「転向」がおこったのである。仮に、経済の需給バランスを財政政策の変化のための重要な必要条件とするという上述の見解を大蔵省が一貫してもっていたとすれば、四十年六月の支出一割留保措置は説明がつかない。

むしろ、この場合には均衡財政主義の放棄、公債発行が不可避となり、三十年代の財政政策の破綻を余儀なくされた状況で、公債政策を含む新しい財政政策プログラムを再構築する必要に迫られて、適切な論理が模索されていたということができる。その際、政策の発動を根拠づける状況認識の枠組も、当然、公債発行に整合するよう変化する。公債発行以前の段階では、当面の需給ギャップは金融政策や財投計画による対応で十分対処できる問題であり、あえて公債を発行して景気刺激を行なうまでの重要性はないと捉えられていた。しかし、公債発行が決断されると、現実には景気が上向きに転じていても、それに対する認識のしかたは変化する。景気回復の兆候が弱いものであるほど、それは財政政策による介入の必要性を示すサインとなる。大蔵官僚の意識の中では通常想定されている因果関係の逆転が見られる。即ち、不況が深刻だから公債を発行して景気刺激を行なうのではなく、公債発行を行なうから不況が深刻なものと捉えられ、景気刺激の必要性が認知されるのである。また、社会資本の充実についても同様のことがいえる。社会資本の整備のために公債を発行するのではなく、公債発行が不可避であり、それが建設公債という形式によらざるをえないからこそ、社会資本の整備の必要性が認識されるようになったのである。

これと関連して第四章第二節では、四十年五月末の主計局幹部会議において、公債発行を行なう際に何らかの積極的な理由づけを行なうか、単に税収が大きく不足しやむを得ず公債を出すという形にするかという点で意見対立があったことを紹介した。当時の中尾次長は後者の側であり、谷村局長は公債発行がある程度恒常化するのは必至であるとして、何らかの積極的理由づけが必要となるという意見であった。結局のところ谷村局長の立場が通ったのである。

やむをえず例外的に公債を発行するという姿勢は、一時的に公債発行量を抑えるのには役立つかもしれないが、公債発行がある程度恒常化するときには、有効な論理ではありえない。なぜならば、行政官僚制は本来、行動の計算可能性、法規の安定的な執行などを最も重要な属性としている。したがって、官僚制の行動を規律する準則、原理を変更することには非常に大きな抵抗が伴うものである。また、組織原理そのものに対する例外を濫発し、基本的規則を事実上恣意的に変更することは、官僚制において望ましくないことである。仮に、基本的規則を変更する場合、それについて十分論理的な根拠を示して、組織成員および組織の存立にとって重要な関係者(顧客など)の納得や了解を得る必要がある。

このような点からして、特例法に基づきやむをえず公債を出すという説明が繰り返されれば、均衡財政主義という基本原理を安易に放棄することになり、規範と現実との背反が恒常化することになる。そのことは、大蔵省という官僚組織の安定性について組織の内外から不信を招くのである。

特に、予算作成という役割の性質上、行政府の中で最も大きな威信をもち大きな注目を浴びている大蔵省としては、国民の信頼をつなぎとめておくためにも、たとえ付け焼刃であっても積極的な理由をさがす必要に迫られたのである。(8)

したがって、この場合積極的理由づけといっても、公債を発行するという結論が先にあるわけで、様々な理由づけは事後的に付加したものにすぎない。また、公債発行によるプラス面を打ち出そうとする限り、政策転換以前に大蔵省に対して公債発行を要求していた人々の主張をそのまままとり入れる形にならざるをえない。こうして、公債発行にも、企業減税にもあのように反対していた大蔵省が、ひとたび公債発行の方針が決まると、少なくとも表向きには公債発行によってもたらされるバラ色の経済社会像を描くのである。

第二節　主計局のジレンマ

第一節では、公債発行への転換に際して大蔵官僚自身によって、福田蔵相の公約に沿うような形で公債政策の正当化の論理が展開されたことを見てきた。それは主として、大蔵省の対外的な情報の窓口となっている大臣官房の官僚によって行なわれた。しかし、それは省内の一致した見解ではなかった。第二節では、本格的な公債政策のスタートに伴う官僚の不安や危機感がどのようなものであり、それがどのような行動として現われたかを追ってみたい。

一　主計局の危機感

谷村主計局長(当時)は四十年六月、公債発行に踏み切る直前に次のようなことを述べている。

「私がいつも思うのは、何でも財政や国庫におんぶするというような考え方が国民全体に広がっているのではないかということです。……減税公債だとかみんなが自分の得になることばかり要求して損になることはいやだといっていますから妙な形になってくるのです。それをもし公債という形で突破口というか道をつくって、しかもそれは国家経済のために必要なことであり、いろいろな面で大事なことなんだということになってきますと、みんながそれに藉口してくるおそれがある。」(『金融財政事情』一九六五年六月十四日)

これは公債発行不可避という認識ができた時点における発言だけに、実際に公債発行を開始した段階に入っても、こうした基本認識は変化するはずはない。

しかし、前節で紹介した通り、公債政策の正当化の論理においては、上記谷村発言とは正反対に、減税や社会保障の拡充によってみんなにそれぞれの得になることを財政が行なっていくということが公約されざるをえなかったのである。谷村発言に代表されるような基本認識をもつ主計局官僚にとって、財政活動の拡大によって個人や企業への財・サービスの付与を一層手厚くすることを財政政策の至上目的であると宣伝することは、実に不本意なことだったに違いない。

谷村局長は苦渋をこめて、さらに次のように語る。

「今のように何でもただにしてくれ、私は払うのはいやだ、値上げするのはいやだという声ばかり出ているような社会で公債発行をやり出したらきりがないのではないかという気がするのですよ。……もう一つ底に流れている日本人全体がおんぶばかりしようという気持ちをもうちょっと整理してくれないと、かろうじて支えておった支えがなくなるのです。……全体としてのもっとおちついた気持ちが出てきていなければ非常にあぶないという感じがする。といってそれができないうちは放っておいていいかといっても、そういかない状況にあると思うのですよ。」(『金融財政事情』一九六五年六月十四日)

四十年度途中からの公債発行は、まさに放っておけない状況に追いこまれて、主計局官僚から見て望ましい環境条件が整わないままに行なわれた。したがって、主計局官僚にとっては公債政策の論理的正当化よりも、公債という突破口を開いた後、「みんながそれに藉口して」財政へ過大な要求をしてくるのをいかにして抑えこむかという点が、最も切迫した、かつ最も重大な課題となるのである。

制度面においては、公債発行の歯止めなどいくつかの点からその問題への対応が試みられた。しかし、制度の面における抑制装置だけでは、増長する財政需要、予算配分の要求を抑えこむことができないことは、主計局官僚によっても認識されていた。公式には家計部門と政府部門への資源配分の増加と国民の欲求に応えた財政活動の質的量的拡大とを是認して、財政政策の一大転換を謳いつつも、主計局官僚は、財政規模が膨張し、国際収支が悪化したときにも財政による引締めができなくなることを恐れていた。(9) そこで、こうした危機感から出発して、主計局内では主として二つの側面から財政の引締め機能を確保し、財政の健全性を保持するための方策が検討されるのである。第一の側面は、財政政策の実施方法の問題である。そこでは、政策実施の場面で主計局に広い裁量を与え、主計局の自主的な判断に基づく財政運営を可能にすることが検討された。第二の側面は、減税や社会開発という政策内容そのものに対する批判的検討であった。以下、これら二つの側面について詳しく見ていこう。

二　財政運営に関する諸問題

公債発行の話が具体化する四十年夏ごろから、財政運営の制度全般に関する改革への関心が現われ、主計局や官房の内部で検討作業が始められていた。検討の方向づけは、四十年八月頃に作成された村上孝太郎官房長のメモから読みとることができる。そこではまず、四十年代の経済動向について、基本的には需要圧力が逓減し安定成長に移行するであろうが、そこに至るまでに景気過熱と不況とが交互に繰り返されるだろうという認識が表明されている。そうであれば、公債発行を契機に求められているところの、低圧型の経済状況を前提とした財政金融政策は、一定期間後には激しい批判に曝されるであろうことは必至とみなされる。そこで今後の経済運営に当っては、過熱に対する予防的景気対策を早目にとること、制度上の歯止めを十二分に用意しておくこと以外に対策はないとされる。(10)

典型的な主計局官僚である村上は、不況時に積極的財政政策をとることは容易であっても、均衡財政主義というタガがはずれてしまった以上、景気が過熱し、国際収支が悪化した際に引締め政策をとることは極めて困難になるということを承知していた。したがって、国際収支の安定という上位の目的を達成するために、引締めの方に大きな関心が払われることは当然であった。

こうした村上官房長の関心に応えて、具体的論点についての検討が行なわれた。当初、具体的に検討されたのは、補正予算、経費の硬直性、財政の弾力的運営、の三項目であった。

補正予算に関しては次のような問題があった。年度の途中で米価引上げ、公務員給与や恩給の改定、災害復旧などの要因で追加的財政需要が生じ、補正予算が組まれることが恒例化していた。三十年代には税の自然増収が潤沢に入ったため補正予算の編成も容易であったが、四十年代に予想される安定成長の下で、そのような安易な補正予算の編成が可能かどうか危ぶまれていた。そこで、当初予算の編成の段階から確実に予想される追加的財政需要をどう処理するかが問題となったのである。(11)

経費の硬直性とは、人件費、社会保障費、恩給費など、法律によって規定された義務的経費が予算に占める比重が高まり、政策的にコントロールすることができなくなることをいう。このような問題に対する関心が、公債発行の決定を契機に現われ始めたのである。[12] ただしこの段階では硬直的経費をいかに切り込むかという問題には踏みこまれていない。この点は、後に検討する財政硬直化キャンペーンにおいて論議される。

財政の弾力的運営とは、経済情勢に即応して財政政策を柔軟に運用するということを意味する。具体的には、単年度主義や国会の審議などの束縛をはずし、主計局に広い裁量を与えるために、予備費制度、繰越し制度などを再検討する作業が行なわれた。この点は、四十一年度の財政制度審議会の主要な検討事項となった。

四十一年度の財政審の活動は秋から始まるが、それ以前に、主計局長メモによって検討項目が整理され、[13] さらに主計局法規課がそれを具体的に検討した資料を作成した。[14] それを紹介しつつ、制度的問題点に関する主計局の考え方をさぐってみよう。

その中でまず、財政運営の弾力化に対する制約として、憲法上の国会の予算審議権、単年度主義による制約および、財政本来の目的、役割に基づく制約——景気のいかんにかかわらず財政需要を充足しなければならない——という二つをあげている。

具体的な問題点として、予算全体の問題の中で支出繰延べと支出促進の二つがあげられている。

前者に関しては、内閣法制局の見解によって、やむをえざる事由に基づく年度越の支出繰延べは適法とされたこと、これに対し、経済の状況を勘案して適当と認められる場合に限り使用することとした条件付歳出の制度は単年度主義に反するとして改正が見送られた、という過去の事例が紹介されている。後者に関しては、弾力的支出を行なうために予備費等で歳出権をとっておき、必要に応じて支出することが提唱されている。

個別の問題として、継続費の対象と年限との拡張、国庫債務負担行為の要件の緩和、繰越し制度の手続の簡易化、予備費を区分し、公共事業のための予備費を設けることが提起されている。

ここで検討されているのは、積極的な景気拡大策のための手段としての継続費の拡大、国庫債務負担行為の容易化、公共事業費向け予備費の創設と、景気引締め策のための手段としての繰越し制度の簡易化で、拡大と引締めの両方に向けられたものであった。しかし、検討の力点のおき方から考えて、主計局の問題意識においては、積極面における弾力性よりも引締めにおける弾力性をいかにして制度的に担保するか、という関心の方が大きなウェイトを占めていたということができる。

その関心は、四十一年度の財政審に提出された「予算制度の弾力化等に関する問題点、補足資料」(『資料集二』五六七頁以下)に、より明確に現われている。その中では、引締めの手段として、公債発行対象経費の一部を留保に指定すること、年度越の繰越しをすっきりと正当化するために、財政法第一四条の三(繰越し明許費)を改正して、「景気調整の必要上、年度内に支出を終わらない見込のあるものについては」、あらかじめ国会の議決を経て翌年度に繰越して使用することができる旨を明文化することが検討されている。主計局は、現在の繰越し制度が客観的事由による支障に基づく繰越しを原則としているため、政策的、意図的に留保、繰越しを行なうための法律的根拠を準備しようとして、このような改正を考えたのである。これに対しては、内閣法制局から憲法第八六条の会計年度独立の原則に違反する疑いがあるという見解が出され、法改正は結局実現しなかった。また、このほかの引締めの手段として節約が検討されているが、節約された金額が補正予算による減額修正によらないで不用に立てられることは、国会の予算審議権との関連で問題があるとされている。

以上に紹介したように、財政審に提出されたこの資料では、既存の予算執行制度の見直しによる引締めの面における弾力性の確保、およびそれに対する国会の関与などの制約を、どのようにして除去するかという点に主たる関心があったとみなすことができる。主計局官僚のねらいが引締めを弾力的、容易に行なえるよう制度改革をめざすという点にあったことから、彼らのいう「予算の弾力化」とは、引締めに偏った片面的、跛行的な弾力化を意味していたということもできる。

この点で、同じ財政の弾力化といっても、主計局の考えていたことと、世論で要求された弾力的景気補整政策とは大きくくい違っていたのである。主計局が引締めの方に主眼をおいて制度改革を検討した際の意図は、先に引用した村上官房長のメモにも現われている。それを敷衍すれば、次のようにいうことができよう。経済状況に対する基本的認識として、日本の経済力は依然として低い水準にあると考えられ、国内の景気が過熱すると国際収支の天井にぶつかるという昭和三十年代の経済の構図は不変であると考えられていた。そして、四十年代に入って安定成長に移行する過程でも、一時的に三十年代のような急激な経済成長が再発し、日本経済の対外的均衡の維持を脅かすことが最も憂慮されたのである。その際、公債は二重の意味において不安定要因であった。一方で、公債を発行することで国内の景気を刺激すれば、産業界がこれに対して過剰に反応し、不況脱出からさらに行き過ぎて三十年代のような投資競争、過度成長を再現することが恐れられていた。他方、そのような景気過熱状態が出現した場合、財政面から引締め政策をとることは極めて困難になることが予想された。それは、均衡財政というタガがはずれてしまった以上、一度膨張した公共事業費、公債発行額を削減することには極めて大きな政治的抵抗が伴うことは明白だったからである。特に、建設公債の発行による公共事業の拡充は、社会開発というスローガンの下で政治的公約となりつつあったので、削減の困難さはより著しいものとなったであろう。したがって、繰越し、歳出留保、条件付歳出など、予算の執行面でのテクニックの工夫によって主計局の自律的な財政運営、自主的な裁量を確保しようと試みたわけである。

しかし、こうした様々な検討にもかかわらず、また財政審の報告で「景気調整に対する財政の役割は今後ますます増大するものと考えられるので、財政の景気調整機能を強化する方向で財政関係法規の改正を検討することが望ましい」と述べられているにもかかわらず、具体的な制度改正は行なわれなかった。

この間の事情については資料がないために推測する他ないのであるが、主計局が制度改革を内部検討段階にとどめていたことの背景には、次のような理由があったのではないかと思われる。(15)

第一に、制度改革の政治的困難さが考えられる。財政の弾力的運営のための制度改革は、財政法の改正という形をとらざるをえない。そして、主計局の意図した制度改革は主計局の広い裁量を確保するためのものであり、国会の予算審議権、単年度主義といった財政上の基本原則、憲法上の財政民主主義の規定に抵触するものであった。したがって、法律改正案という形で新しい制度の案を国会に提出すれば、与野党を問わず強い抵抗に会うことが予想されたのである。

第二に、制度改革による実効性が保証されていなかったという点が考えられる。対処すべき状況が今までに経験したことのないものであっただけに、政策の実施に関する制度的枠組の改革だけで処理しきれるかどうか、主計局の不安は大きかった。そこで、政策実施に関する制度的改革だけでなく、政策の内容そのもの――経費の詳細や予算の構造――についても改革していく必要があるという認識が強まったのではなかろうか。このような経緯から、社会開発に伴う歳出の増加、減税構想が批判的検討の対象となるのである。

三　減税をめぐる検討

次に、財政新時代の中の目玉となった二つの政策のうち、まず減税をめぐる検討作業から見ていこう。

所得減税、法人減税は福田財政のスローガンの中の二つ「ゆとりある家計」「蓄積ある企業」を実現するための最も重要な手段であった。福田蔵相のこうした公約に沿って、大臣官房では減税についての理論的説明が準備された。以下、その中の主要な論点を、一般向けのパンフレット『公債のはなし』(金融財政事情研究会、一九六五年)に依りつつ紹介してみたい。

まず、公債発行と関連して減税構想が打ち出されることの意義として、公債発行を契機に税制全体の根本的改革を行ない、毎年の減税を計画的に行なうという点をあげている。また、欧米諸国に比べて日本では租税負担率が一〇%近く低いのに、さらに公債を発行してまで減税を行なう根拠として、一人当りの実質所得、公共サービスの水準において欧米諸国との間に大きな格差があるために、租税負担率だけで減税の必要性を判断することは適当ではないという主張が述べられる。この論旨を敷衍すれば、減税政策は社会開発という政治的に重要な政策プログラムの一翼を担うものであるから、租税政策という狭い枠の中だけで当否を論ずるのは誤りであるということになろう。極論すれば、減税政策は政治的公約の中の最も重要な目玉なので、租税政策としての当否にかかわらずこれを実行せざるをえない、という論理が基底にあるということができる。(16)

こうした表向きの説明のかげに、主計局を中心とする官僚の中には、大幅な減税に対する疑念があった。たとえば、佐藤事務次官(当時)は座談会で次のように述べている。

「国民の租税負担率が二割というのは国際的に低いということを非常にいっているわけですね。……率直にいうと、一体われわれが扱っている数字自体が正確なのかと疑問をもつくらいですよ。ですから税務当局としては、こんなに軽い税金はないのだという感じをはっきりと持ち続けていたのですね。減税にしても日本みたいに毎年減税をやっている国はないのでは。」(『昭和四十一年の経済展望』三二頁)

ここに税に関する主計局官僚の偽らざる本音が表明されている。したがって、先に引用したパンフレットの中で減税の必要性をどんなに力説しようと、それは事後的に苦しまぎれに付け加えた正当化なのである。

では、減税の公約が官僚によって、実のところどのように意義づけられたのであろうか。上記の佐藤次官の発言からもうかがえるように、公債を発行して財源を振替えて減税を行なうなどということは、昭和三十年代までの均衡財政主義からすれば、およそ考えられないことであった。それにもかかわらず、公債と減税の二本立政策が大蔵官僚に受け容れられる所以は、「こうした思いきった施策による経済体質の改善(特に個人と企業とに蓄積確保の必要)のみが、今後の日本経済の安定的な拡大を可能にし、ひいては財政を再び健全な形に戻しうる基盤が形成されるという期待があるから」(17)であった。換言すれば、高度成長から安定成長への体質順応が可能となるまで、二本立政策もやむなしと判断されたのである。

本来、大蔵官僚にとって公債発行と減税とは何らの論理的連関もないものであった。その二つが結びつけられ、一つのセットとして打ち出されたのは、政治家福田の主張によるものであった。官僚にとって減税はあくまで、経済構造の転換の際の摩擦を緩和するための緊急避難という意義しかもっていなかったということができる。国民の税負担の軽減そのものが目的ではなく、当面それによって、蓄積を高めることによって再び財政を健全な形に戻す基盤——深く読みこめば十分な担税力——を涵養することが目的だったのである。

具体的な減税の方法に関する検討において、所得税に関しては負担感の大きさを少なくするような工夫が必要とされた。また企業減税に関しては、企業に還流してきた資金が旧態依然たる設備投資競争に向けられることを防ぎ、減税分が内部留保として財務内容の改善に確実に役立つよう誘導するための工夫をする必要があることが指摘されている(18)。

こうした官僚の問題意識をうけて、税制調査会では具体的な減税の方法に加えて、財政体質の問題がとりあげられた。即ち、安定成長下で巨額の自然増収が期待できない一方、社会資本の充実、社会保障の拡充などで歳出が増加することが見こまれ、その上に減税が行なわれれば公債への財源依存が一層高まることになるが、それは財政の健全性の見地からどの程度許されるかという問題が提起された(19)。

また、同時に歳出の合理化の必要性が指摘され、長期減税構想により税負担が軽減されることをあてこんで、消費者米価、社会保険等に関して使用者負担、受益者負担の考え方をより徹底し、歳出の削減について検討する必要が提起された。このように、減税構想を審議するかたわらで、減税にブレーキをかける必要が指摘され、租税以外の形で政府収入を確保し、国民の負担水準を維持し、さらに歳出の縮小を図ることが提唱されたのである。(20)

こうした動きと並行して、主計局では、公共料金の決定において、国の独占に属する事業の料金を法律または国会の議決に基づいて決定すべきことを定めた財政法第三条が桎梏に感じられてきた。そこで、この条文の適用を大幅に緩和し、公共料金の改定を弾力的にして、受益者負担の原則を強化することをねらっていたことにも注目する必要がある。(21) 公共料金の値上げによって減税の効果が減殺されるという批判に対しては、一般会計からの拠出によって公共料金を低く抑えても、結局国民全体の負担になること、税金によって負担するよりも価格という合理的な手段によって負担する方が適当であること、などをあげて反論している。(22)

当時からすでに、食管会計、国民健康保険などの分野における赤字が問題化しており、四十年度の財政審第二小委員会における歳出の合理化の審議で重点的にとりあげられていた。主計局の意図としては、公債発行を契機としてある程度の減税を行なうのはやむをえないが、それと引換えに政府事業や政府関係機関の赤字を一般会計によって補塡するという不健全な状態を是正し、一般会計では主計局の考える財政本来の任務だけを行なうという合理的な姿に移ることを目指していたのである。

四　社会開発をめぐる検討

主計局官僚の立場からも、設備投資主導型の高度成長から安定成長に移行する必要、さらにそのために政府部門の比重を高めていく必要があることは当然肯定されていた。しかし、政治家のように減税により家計の負担を軽減し、国民生活を豊かにするために財政による財・サービスの給付を増加させる、しかもその財源は公債に求めるなどと国民の歓心を買うような公約をすることは、主計局官僚には絶対に容認されないことであった。したがって、先に引用した諸々のパンフレット、論文における社会開発賛美とは裏腹に、社会開発の別の意義づけが行なわれていたのである。

そのことは、先にも引用した村上官房長のメモにも明確に現われている。そこでは、安定成長の一つのメルクマールとして、経済開発と調和のとれた社会開発、後者への資源配分の相対的比重の増加などがあげられている。そして、それは財政中心型の経済構造への移行によって可能であると考えられている。ここでいう経済開発とは、企業部門に資源を集中し、設備投資主導によって経済成長を図る政策のこと、社会開発とは、政府部門に多くの資源を集め、政府のイニシアティヴで社会的必要を充足する政策のことと解するのが妥当であろう。利用しうる資源が有限である限り、社会開発と経済開発とはトレード・オフの関係にある。

そして、村上は経済開発重視の従来の方針について次のように説明している。

「戦後の窮乏期には、所得の総額自体が小さかったが故に、パイを公平に配分するよりはより大きなパイを焼くことが先決であり、且つ又パイを大きくすることによって国民に高い賃金の雇用の機会を増大することが可能となった。従って経済規模の拡大に最優先的に資源が配分されたのである。(23)」

これに対して主張されている社会開発の理念について、村上は次のように考察している。

「国民の消費水準がある程度上昇してくるにつれ、或は完全雇用に近づくにつれてこの条件は変化してくる。社会開発という課題が独立して採り上げられるにはこうした背景が前提となるが、経済開発と社会開発にイーヴンの地位を与えるべきか否かについては尚問題がある。……社会進歩のソースが結局経済開発の成果に依存していることから考えても、世界の極く恵まれた国を除いては依然優先順位は経済開発に与えられるべきものと考えるべきではないか。ただ社会開発の比重が従来よりも増してくるという程度と考えるべきである。(24)」

ここに述べられているように、それまでの経済開発一辺倒への反省のあまり、社会開発一辺倒に陥ることは、主計局官僚としては容認しがたいことであった。確かに主計局官僚は高度成長、過度成長に対しては批判的であったが、もちろん経済成長そのものを否定したわけではなく、適度な経済成長があって初めて社会開発が可能になると考えていたのである。[25]

つまり、村上の意図においては、安定成長のもとでは企業の設備投資の占める比重が低下し、企業部門への資源配分が減少する分だけ、相対的に政府部門、家計部門の占めるシェアが増加するだけのことであった。家計部門への資源配分の増加は確かに原則的には肯定されていたが、その増加分は日本独特の高い貯蓄率によって再び還流してくることが予想されたうえで肯定されたのである。[26]また、企業部門のシェアの低下した分は、福祉向上という美名のもとで個人に撒布されるべきではなく、政府の管理のもとで合理的に使用されるべきものと考えられていた。公債はそうした資源を政府資金として吸収するための手段として考えられたのである。

主計局官僚は、社会開発の理念が浸透し、福祉国家の建設という大義名分ができることによって、財政に対する様々な利益集団による配分要求の圧力が一層苛烈になることを何よりも恐れていた。その当時、ちょうど日本において公債を抱いた財政のあり方が模索されていたのと並行するかのごとく、一九六六年から西ドイツは深刻な財政危機に陥り、六六年末に政権交代にまで至ったことは、主計局官僚に大きな衝撃を与えた。西ドイツは、かつて奇跡の復興をなしとげ、ユリウスの塔とよばれた巨額の財政剰余を蓄積していた。しかし、福祉制度の整備とともに予算規模は膨張し、ユリウスの塔をしだいに取り崩し、ついには六六年の財政危機に至ったのである。[27]社会開発や福祉国家の実現などという政治的スローガンに安易に同調することは、西ドイツの轍を踏むことになるという強い危機感を主計局官僚が抱いたのは当然のことである。

このような主計局官僚の問題意識を反映して、四十年不況から景気が立ち直り、経済成長が順調な軌道に回復するにつれて、また公債に関する法制度的枠組が整備されたのちは、財政政策の根本的大転換という熱気はしだいに薄れていき、社会開発のプラス面に関する積極的な宣伝も行なわれなくなる。

公債発行を契機に以後の財政運営のあり方が模索された四十年後半から四十一年前半の時期には、四十年不況は相当長期間続き、少なくとも二、三年は低圧経済が続くだろうというのが大蔵省の公式見解であった。この前提に立って、財政政策の積極化が承認されたのである。また、この当面の低圧経済の期間――即ち高度成長から安定成長への過渡期――をうまく乗りきるという目的があったからこそ、主計局官僚は減税や社会開発を緊急避難措置として容認したのである。

しかし、実際には景気の回復は予想外に順調で、四十一年九月には日銀が景気中立的金融政策をとることを発表し、十一月には大蔵省から、これ以上の景気刺激は悪影響をもたらすという見解が出されたほどである。(28) したがって、主計局官僚が減税や社会開発を積極的に支持する理由は、もはや失われた。そして、現実の財政・金融政策でも引締めが課題となり、財政運営の課題として、いかにして財政規模の膨張を防ぎ、健全性を確保するかが問われるようになる。

四十年夏の時期から、すでにそのような問題意識は存在していた。村上メモでは次のように書かれている。

「(減税と公債の二本立政策の)質的な危険性とは公債政策自体の持つ無制禦的性格である。福祉国家における財政の特色を『膨張的』性格と表現する学者もあるが、そうした財政需要圧力(特にわが国の場合、政治の体質の悪さをそのまま反映しがちである)に当面して、如何なる歯止めを用意すべきかが問題である。[29]」(傍点引用者)

四十年不況を脱出するまでは、主計局官僚も「体質の悪い政治」に付き合って、公債政策を正当化するために危険な政治的スローガンに少なくとも表向きは同調せざるをえなかった。しかし、景気が回復し、むしろ引締めが必要とされるような局面に入ると、上述の意味における財政膨張に対する歯止めの可能性、歳出構造の合理化の方途が本格的に検討され始めるのである。

第三節　財政政策の方向転換

この節では、公債発行に踏み切ったあとの昭和四十年代前半において、どのような方針のもとにどのような財政政策が作られたのかを検討し、それと三十年代の財政政策との異同について考えてみたい。そして、財政政策の課題としてどのような問題が設定されたのかを検討することによって、主計局官僚の意識の変化と連続性とを考えてみたい。

一　社会開発の展開と『経済社会発展計画』

まず、華々しく謳いあげられた社会開発がどのように実現されていったのかを見ていくことにしよう。社会開発の中の目玉となった社会保障、社会資本（とりわけ住宅、生活環境施設）に対する予算の変化を、昭和三十年代後半から四十年代前半にかけての期間をとって示したのが表6－1である。

まず注意しておくべきことは、生活環境施設整備費という項目が昭和四十一年になって初めて現われたということである。生活環境施設とは、下水道、公園などをさすが、それらは昭和四十年までは環境衛生対策費とよばれていたのである。社会開発という政治的スローガンをうけて、予算編成において、言葉の上でも「生活重視」の姿勢がとられたということができる。

金額を見ると、社会保障関係費は四十年度に大きく伸び、総予算に占める割合が一四％を越えてからはコンスタントに増加していることがわかる。この当時の社会保障政策の動きを見ると、昭和四十年に厚生年金法が改正され、老齢年金が月額三五〇〇円から一万円に大幅に引き上げられ、それと並行して障害年金、遺族年金も引き上げられた。また、四十一年には国民年金法が改正され、給付水準が改善された。この二つの年金制度改善は「夫婦で一万円年金」というスローガンで表現され、社会保障の水準が欧米先進国の水準に近づいてきたことが、厚生省によって宣伝された。また、この時期にはまだ具体化してはいなかったが、年金の物価スライド制の導入も本格的に検討さ

表 6-1　社会保障関係費，住宅対策費，生活環境施設費の変化*

（補正後予算）

年　　度	36	37	38	39	40
社会保障	257,657 12.2 34.0	311,585 12.7 20.9	388,011 12.7 24.5	444,032 13.3 14.4	543,881 14.5 22.5
住　　宅	16,738 0.8 28.9	20,608 0.8 23.1	24,632 0.8 19.5	29,065 0.9 18.0	37,092 1.0 27.6
生活環境	3,042 0.1 10.4	3,828 0.1 25.8	5,719 0.2 49.2	8,541 0.3 49.3	10,732 0.3 25.7
公共事業	390,672 18.5 27.4	453,866 17.7 16.2	542,314 17.7 19.5	609,032 18.2 12.3	694,420 18.5 14.0
予算の伸び率	19.4	21.6	19.3	9.3	12.1

年　　度	41	42	43	44	45
社会保障	631,091 14.1 16.0	737,499 14.2 16.9	826,769 14.0 12.1	974,288 14.1 17.8	1,153,077 14.0 18.4
住　　宅	48,666 1.1 31.2	64,797 1.2 33.1	69,748 1.2 7.6	79,431 1.1 13.9	95,933 1.2 20.1
生活環境	26,217 0.6 144.2	34,265 0.7 30.7	39,082 0.7 14.1	47,989 0.7 22.8	62,829 0.8 30.1
公共事業	812,958 18.2 17.1	918,919 17.7 13.0	956,710 16.2 4.1	1,075,374 15.5 12.4	1,251,119 15.2 16.3
予算の伸び率	19.6	16.2	13.7	17.1	18.5

上段　金額(百万円)
中段　予算中のシェア(%)
下段　対前年度比伸び率(%)

資料：大蔵省主計局調査課編『財政統計』46 年度版 189-195 頁.

(*)　生活環境施設費は昭和 40 年まで環境衛生対策費とよばれていた.

れ始めた。四十年を境とする社会保障関係費の伸びは、これらの施策を反映したものである。社会保障制度の整備のための準備作業は三十年代末から進められていたのであるが、佐藤政権の発足により社会開発のスローガンが掲げられることによって、実質的な改善が急激に加速されたということができる(30)。

次に、住宅対策費と生活環境施設費について見ると、これらの経費は三十年代後半から着実に増加し、四十年代前半に一気に急増したことがわかる。三十年代末からの住宅政策、都市政策の変化の背景には、この時期から事業ごとに中期的な計画が打ち出されたという事情があった。住宅政策については、三十九年に「住宅建設七ヵ年計画」が発足し、「一世帯一住宅」というスローガンが打ち出された。そして、四十年には「住宅建設計画法」が制定され、それをうけて先の七ヵ年計画に代わる「第一期住宅建設五ヵ年計画」が策定された(31)。また、都市政策については、厚生省関係では三十八年十二月に「生活環境施設緊急措置法」が制定され、それをうけて三十八年度を初年度とする「生活環境施設整備緊急五ヵ年計画」が策定された。その内容は、し尿処理場、ゴミ処理場、下水道の整備が中心であった(32)。また四十二年度には「清掃施設整備新五ヵ年計画」が発足した。建設省関係では、四十年度に、三十八年度から発足した「下水道整備五ヵ年計画」が改訂され、「都市公園整備五ヵ年計画」が新たに策定された(33)。このように、三十年代末から生活関連社会資本の整備が本格的に開始されたのである。

住宅対策費、生活環境施設費の三十年代末の着実な増加は、これらの諸計画がスタートしたことを反映していると解することができる。そして、四十一・四十二の両年度には、社会開発の目玉としてこれら二つの項目に重点的に予算配分が行なわれたのである。当時、公共事業担当の主計官であった長岡実はその間の事情を次のように語っている。

「私が主計官として公共事業を三年間担当した時代というのは、日本の公共投資が産業基盤整備のための社会資本投資から、生活基盤整備のための社会資本の投資にかじ取りが大きく変わっていく時期であったと思います。(34)」

当時は、道路や農業基盤整備といった事業には国会議員の応援団がいたが、住宅や生活関連施設については応援団がおらず、公共事業費の総枠が決定したのち、個々の事業についてプレッシャーがかかる前に生活環境施設の整備に必要な財源を確保することが、主計局に課せられた大きな課題であったという。そして、公共事業の予算の組み方について、「一つ一つ細かい経費の問題よりも、全体の予算のあり方なり規模なり流れなりにウエイトをおいていたように思います」と回想している。(35)具体的な事業の実施計画のようなものは主査レベルに任され、主計官以上のレベルではマクロの観点から主として経済全体に対して与える影響を考慮して決定されたというのである。

以上に述べたことから、昭和三十年代末から、産業基盤優先から生活基盤重視へという傾向が予算の中に存在していたということができる。この傾向は、表6-2に示すように、財投計画にも同

表 6-2　昭和 36 年度以降財政投融資使途別分類*

（単位　億円）

	昭和36年度		37		38		39		40		41	
	金　額	構成比	金　額	構成比	金　額	構成比	金　額	構成比	金　額	構成比	金　額	構成比
(1)住　宅	962	% 11.6	1,219	% 12.8	1,521	% 12.6	1,801	% 12.6	2,552	% 14.4	3,223	% 15.4
(2)生活環境整備	847	10.2	984	10.3	1,229	10.2	1,619	11.3	2,036	11.5	2,418	11.6
(3)厚生福祉施設	245	3.0	288	3.0	352	2.9	442	3.1	585	3.3	685	3.3
(4)文教施設	212	2.6	240	2.5	305	2.5	403	2.8	472	2.7	625	3.0
(5)中小企業	1,137	13.7	1,311	13.8	1,499	12.4	1,882	13.2	2,285	12.8	2,769	13.3
(6)農林漁業	532	6.4	531	5.6	695	5.8	878	6.1	1,035	5.8	1,273	6.1
(1)～(6)小　計	**3,935**	**47.4**	**4,573**	**48.1**	**5,601**	**46.4**	**7,025**	**49.1**	**8,965**	**50.5**	**10,993**	**52.7**
(7)国土保全・災害復旧	462	5.6	474	5.0	454	3.8	573	4.0	686	3.8	733	3.5
(8)道　路	474	5.7	616	6.5	964	8.0	1,115	7.8	1,415	8.0	1,868	9.0
(9)運輸通信	1,111	13.4	1,350	14.2	1,929	16.0	2,053	14.4	2,467	13.9	2,654	12.7
(10)地域開発	667	8.0	736	7.7	928	7.6	1,166	8.1	1,138	6.4	1,074	5.2
(7)～(10)小　計	**2,714**	**32.7**	**3,176**	**33.4**	**4,275**	**35.4**	**4,907**	**34.3**	**5,706**	**32.1**	**6,329**	**30.4**
(11)基幹産業	884	10.6	1,204	12.6	1,286	10.7	1,211	8.5	1,575	8.9	1,637	7.8
(12)輸出振興	770	9.3	560	5.9	910	7.5	1,162	8.1	1,519	8.5	1,895	9.1
合　計	**8,303**	**100.0**	**9,513**	**100.0**	**12,072**	**100.0**	**14,305**	**100.0**	**17,765**	**100.0**	**20,854**	**100.0**

	42		43		44		45		46	
	金　額	構成比	金　額	構成比	金　額	構成比	金　額	構成比	金　額	構成比
(1)住　宅	3,771	% 15.1	4,354	% 15.6	5,321	% 16.6	6,896	% 19.3	8,654	% 20.2
(2)生活環境整備	2,691	10.8	3,137	11.3	3,503	10.9	4,168	11.6	5,199	12.1
(3)厚生福祉施設	786	3.1	865	3.1	958	3.0	1,017	2.8	1,183	2.7
(4)文教施設	719	2.9	626	2.2	733	2.3	790	2.2	964	2.3
(5)中小企業	3,890	15.6	4,591	16.5	5,518	17.2	5,523	15.4	6,584	15.4
(6)農林漁業	1,407	5.6	1,538	5.5	1,705	5.3	1,785	5.0	2,164	5.1
(1)〜(6)小　計	**13,264**	**53.1**	**15,111**	**54.3**	**17,738**	**55.3**	**20,179**	**56.3**	**24,748**	**57.8**
(7)国土保全・災害復旧	599	2.4	569	2.0	672	2.1	560	1.6	617	1.4
(8)道　路	2,358	9.4	2,637	9.5	2,689	8.4	3,078	8.6	3,508	8.2
(9)運輸通信	3,287	13.1	3,538	12.7	3,914	12.2	4,723	13.2	5,651	13.2
(10)地域開発	1,181	4.7	1,275	4.6	1,327	4.1	1,431	4.0	1,791	4.2
(7)〜(10)小　計	**7,425**	**29.7**	**8,019**	**28.8**	**8,602**	**26.8**	**9,792**	**27.4**	**11,567**	**27.0**
(11)基幹産業	1,679	6.7	1,886	6.8	2,009	6.3	2,028	5.7	2,299	5.4
(12)輸出振興	2,620	10.5	2,830	10.2	3,731	11.6	3,800	10.6	4,190	9.8
合　計	**24,988**	**100.0**	**27,846**	**100.0**	**32,080**	**100.0**	**35,799**	**100.0**	**42,804**	**100.0**

＊昭和43年度までは実績，44年度は改訂計画，45，46年度は当初計画の計数である．
出典　『財政統計』昭和46年度版

様に当てはまる。四十一・四十二の両年度における住宅、生活環境施設整備費の急増あるいは突出は、このような傾向の延長線上に位置づけられるものである。しかし、他方、公共事業費の中でも特に生活関連のこれら二つの経費が優遇されたということは、主計局の自律的判断によるものであるということができる。生活関連経費の急増は一つには景気刺激策という面があろうが、先の長岡の言葉にも示されるように、生活関連施設の整備が社会的に必要であるという認識に基づいていたのである。

社会保障にせよ住宅、生活環境施設にせよ、これらに対する社会的要求は昭和三十年代後半から著しく高まり、これに応えるように三十年代末から、これらの生活関連分野への資源配分は高まり始めた。主計局官僚もその必要性は理解できたであろうが、四十年度当初予算編成までは均衡財政主義の確保が優先され、それらの施策が急速に拡充されるということは不可能であった。しかし、四十年に均衡財政主義が放棄されることによって、社会に対して公債政策を正当化する必要性が生じ、生活基盤整備という政策の優先順位が変化したということができるのである。

生活基盤重視の姿勢は、国の経済計画の作成においても反映されることになる。昭和四十年一月に閣議決定された『中期経済計画』においては均衡財政主義の継続が大前提とされ、計画期間中(四十三年まで)は公債発行を行なうのは適当ではないという文言を含んでいたため、四十年度途中に公債が発行されてから、計画としての指針性を全く失った形となっていた。そこで四十一年一月の閣議で『中期経済計画』の廃止が決定された。経済計画の廃止が閣議で決定されたのはこの時だけであり、この異例な措置は、経済政策の転換に対する政府の強い意志を表現するものと解釈することができる。そして、四十年における財政政策の転換、経済状態の変化をふまえて、佐藤内閣の看板政策である社会開発の理念を反映した独自の経済計画の策定が求められ、四十一年五月、経済審議会に対して新しい経済計画が諮問された。半年間の審議の後、四十二年二月二十七日、同審議会から『経済社会発展計画』が答申された。

ここでまず注目されるのは、国の経済計画の名称の中に初めて「社会」という言葉が入れられたということである。これはむろん、佐藤内閣の経済政策において「経済」よりも社会の方が重視されていたから可能になったのである。他方、企画庁で計画作成に携わった計画官の多くは、経済成長の歪みを強く意識し、社会資本の整備、国民生活の向上を経済発展よりも重視すべきだという意見をもっていたことにもよる。[36]経済成長の歪み是正の使命感は『中期経済計画』の策定時から計画官の間に強かったが[37]、その『中期経済計画』が四十年不況から公債発行に至る状況の中で、いわば高度成長の歪みの噴出に巻きこまれて廃棄されただけに、そうした使命感は一層強かった。特に、厚生省から出向した計画官は社会開発の推進を強く主張していた。[38]

この計画では、経済成長と物価安定の両立、効率のよい経済への再編、社会開発の推進、が三大政策課題とされ、その目的を達成するために財政・金融政策のあるべき基本的な姿が示されている。[39]

特に、財政、金融の緊密な協調の下に予防的機動的に景気調整機能を発揮すること、財政の健全性を保持すること、財政支出の重点化効率化と租税制度の合理化を図ることなどが、財政・金融政策の重要な柱として掲げられている。

また、この計画では社会資本の充実のため、計画期間中約二七兆五〇〇〇億円にのぼる公共投資を行なうこととされている。これにより公共投資の伸び率は実質一〇・七％に達し、経済成長率八・二％より高くなっており、この点からも社会資本の充実が計画の重点課題の一つであることがわかる。

以上紹介したように、『経済社会発展計画』においては、具体的な政策のプログラムの中で第一に社会開発の構想が展開され、財政運営の基本原則の面では、公債発行を異端視せず、景気調整機能を高め、積極的、構造政策的な立場に立った財政論が展開されていたのである。エコノミストが作った計画にふさわしく、そこでは、適度な成長の上に福祉社会を築き、財政がつねに積極的、弾力的に需要を調節し、経済成長の安定化を図るという理想像が描かれている。(40)

二　財政運営の基調の連続性

主計局としては、安定成長の達成という目標は共有していたが、計画で描かれているような財政、経済の将来像には同調できなかった。当時、大蔵省から企画庁へ出向していた高橋計画官（財政金融担当)は次のように語っている。

「税金が取れただけ使っていいという従来の均衡財政観とは違った積極的、構造政策的な立場に立った財政規模論が期待されていた。それに対して私は行き過ぎたら戻ってこられないのが財政だと思っていました。それが企画小委員長を初めとして『中枢部』の皆さんの気持ちにはいたく相反していたということだったように覚えています。[41]」

「第一部(総論)の非常に深刻な問題意識と思い詰めた気持のあとに、第二部(各論)として現実の行政を広げていきたいという趣旨の文章が出てきて、このまま第一部と第二部とをつなげると、とてもじゃないが、政策手段としての財政金融はオーバーコミットメントを強いられることになりバランスのとれた財政の健全な規模というのは成り立たなくなってしまうという危惧を抱いたのでした。構造的にも循環的にも財政はかく機能せよという財政の現実を無視した話ばかりに取り巻かれていたので、第三部は非常に神経質にきつく書いた。[42]」

ここで示されたような財政への過大な期待に対する反発が、実際に主計局においてどのような政策に結実するか、さらに詳しく見ていこう。

四十一年度予算は、先に述べた公共投資を中心にして、景気刺激のための大型予算となった。景気は四十年十月に底を打って以来、再び上昇に転じ、五十七ヵ月にも及ぶ戦後最長のブーム、いざなぎ景気が始まったのである。ブームの初期には景気の先行きに対する不安感があって、財政・金融による景気刺激を求める声が強かった。しかし、四十年末以来の様々な刺激措置が奏功して、大蔵省、企画庁、日銀などの見解によれば、四十一年度の第一、第二・四半期には、景気は着実に回復しているとみなされ、第三・四半期(予算編成期)には、これ以上の景気刺激は経済の各方面に悪影響をもたらすという見解が出され、景気過熱に対する警戒感が現われ始めた。第四・四半期に入ると、国際収支の悪化の兆候が現われ始め、そうした警戒感は一層強いものとなる。(43)

こうした経済情勢を反映し、四十一年度予算の執行においては、税収が補正予算での見込みを上回ることが確実と予想されたので、公債発行額が二月、三月の二度にわたり、合計六五〇億円減額された。また四十二年度予算の編成においては、景気刺激を避けることに最も留意され、予算規模の圧縮に努力が払われた。十二月の内閣改造で蔵相に就任した水田三喜男は、四十二年度を財政の将来の方向を決める真に重要な年であると述べ、公債規模の圧縮に強い決意を示した。(44) 主計局も今こそ予防的景気政策発動の時機であると勇み立ったのである。閣議決定された「昭和四十二年度予算編成方針」では、「国際収支の均衡と物価の安定を主眼として、景気に刺激を与えないよう、財政規模および公債、政府保証債の発行額を適正な限度に抑えるとともに、限られた財源を重点的に配分して、財政に課せられた役割を着実に遂行すること(45)」が基本とされている。実際にも、一般会計当初予算の規模は前年度のそれに対して一四・八%の伸びに抑えられ、四十一年度の伸び率一七・九%から比べるとかなり低いものといえる。特に公共事業費の伸び率は四十一年度の約一九%から四十二年度は一四・三％に低下している。この結果、国民経済に対して需要として働く財政支出は国、地方を合わせて約八兆三五〇〇億円程度となり、その伸びは前年度実績見込みに対して、一二・六％にとどまっており、経済成長率(名目)の政府見通し一三・四％を下回ることとなった。今後の財政運営に関する財政審の報告では、財政支出の規模は経済成長率をやや上回る程度で増加していくのが適当であるとされていたが、この報告を先取りするように、主計局は早くも四十二年度から、財政規模の抑制に向けて対応を始めたのである。

こうした中で、前にも示したように住宅対策費、生活環境施設費が四十二年度も大幅に伸びたのは、これらの項目に対する特別の優遇ということができる。しかし主計局官僚のこうした支持も条件付きのものであり、いずれにせよ公債を発行することが不可避で公共事業を増加させるのなら、なるべく社会的必要の大きい分野に重点をおく方がよいという理由づけに基づくものであった。公債を生活基盤充実のための単なる手段と見るという意識ではなかった。

そして、四十一年末に蔵相が福田から水田に交代し、景気が完全に回復し、むしろ過熱が心配されるようになり、財政・金融政策の基調が引締めに転換するにつれて、社会開発への熱気もしだいに衰えてくる。その目玉である住宅対策費、生活環境施設整備費も四十三年度からは他の公共事業費と同じ扱いになり、伸びは著しく鈍化することとなる。

結局、四十年不況を一応脱出したのちの四十一年から四十年代前半の財政・金融政策は、基本的には昭和三十年代のそれと同一の性格のものであったと総括することができる。(46) 四十二年一月から国際収支が悪化する兆候が見え始め、三月には経常収支が七〇〇万ドル、総合収支が六八〇〇万ドルの赤字であった。これを機会に大蔵省、日銀は景気の過熱に警戒感を強め、九月には公定歩合の一厘引上げと財政支出の繰延べが行なわれ、財政、金融両面において引締めが実施された。四十三年一月には第二次の公定歩合の引上げが実施された。これは、国際収支の悪化をシグナルとして、財政・金融政策による引締めが行なわれるという昭和三十年代のパターンがそのまま繰り返されたものということができる。ただ、引締めの後、景気後退がおきない点が三十年代と異なる点である。即ち、この時期を境に、日本経済が輸出主導型の構造に変化し、好況にもかかわらず外貨準備が増加したのである。これは極めて重要な経済構造の変化である。

こうした短期的、具体的な政策面での引締めと並行して、四十二年ごろから中期的、長期的視野に立って、財政の経済、社会に対するオーバーコミットメントをいかにして防ぐか、公債を抱きつつ財政の健全性をいかにして確保するかという課題が、構造面、制度面において追究されることとなる。これには、四十二年一月の人事異動によって谷村主計局長が次官に昇進し、村上官房長が主計局長に就任したことが一つの契機となったといえるであろう。村上孝太郎は前に紹介したメモに如実に表われているように、健全財政を志向する典型的な主計局官僚であった。また、彼は日本経済の対外的均衡を重視する安定成長論者であった。前節の最後でも述べた通り、公債と減税の二本立政策などというものは健全財政とは相容れない政策であり、主計局官僚は、高度成長から安定成長へ移行する過渡期としての当面の不況を乗りきるための緊急避難として、これを容認したのである。しかし、不況からは早期に脱出し、逆に景気過熱が心配される状況に至ると、この二本立政策というものは極めて危険なものとなる。

そこで村上は主計局長に就任すると、「政治の体質の悪さをそのまま反映しがちな」財政需要圧力にいかに歯止めをかけるかという課題に精力的に取り組むのである。

以上この節で明らかにした主計局官僚の対応を要約すれば、次のようにまとめることができる。公債発行を契機とした財政政策の変化は、主計局官僚にとって経済環境に対処するための緊急避難としてとられた措置であって、彼らが抱いている財政に関する問題意識は公債発行の前後で変化していないといえる。ただし具体的な行動への現われ方が異なっていた。三十年代においては、税収の伸びが鈍化してくると、第四章第三節で述べた様々な抜け道を通して、一般会計における収支均衡をあくまで守ろうという行動がとられた。これに対して、四十年代には、ある程度の公債発行はやむをえないという前提のもとで、財政規模の膨張、公債の累増にいかに歯止めをかけるかという問題が追究されたのである。それは、よりソフィスティケートされた対応ということができるであろう。四十年の公債発行を契機に、それ以後日本でもケインズ主義的フィスカル・ポリシーが定着したという理解が一般的であるが、実際には少なくとも主計局官僚の意識および財政制度の側面においては、そうした転換は存在せず、三十年代と四十年代との間に強い連続性があったというのが、本論の一つの結論である。

他方、公債発行は財政運営における一大転換であったことは間違いない。それは予算編成に大きな影響を与え、財政による資源再分配の基準原理の転換の契機となった。即ち、公債発行を契機に、家計部門の抑制の上に資本を蓄積し経済成長を図るという三十年代の経済成長の原理から、財政による資源再分配によって家計部門のシェアを高め国民生活を豊かにし、福祉社会を築くことが財政の使命として公式に認知されたのである。これが本論のもう一つの結論である。

第七章　財政硬直化キャンペーンの挫折

第一節　危機意識の背景

この章では、昭和四十二年から展開された財政硬直化キャンペーンを取り上げて、公債発行によってもたらされた財政構造の変化に対する主計局官僚の対応の過程を分析したい。

この節ではまず、財政硬直化問題が提起されるに至った財政状況の背景について、前の章までの行論を簡単に振り返って説明しておこう。

昭和四十年における国債の発行が、主計局に与えた衝撃は、二つの側面に分解することができる。

第一は、国債に本来的に内在する問題である。ドッジ・ライン以来、日本の財政は均衡財政主義を自明の前提として運営され、昭和三十年代までは少なくとも一般会計においては均衡予算が厳格に守られてきた。国債発行は戦後の財政政策の根本原理を放棄することを意味したが、それに代わる明確な財政の指導原理は容易には形成されなかった。それだけではなく、国債は主計局にとって大きな脅威であった。国債発行によって旺盛な国内需要を刺激すれば、たちまち輸入が増加し、国際収支は危機に直面する。そして、均衡財政が放棄された現在、景気を抑制し対外的均衡を回復する手段はもはや存在しない。これが主計局が描いた危機のシナリオであった。後で述べるように、昭和四十年代に入って、日本経済は国際経済との連動の度を急速に深めつつあり、主計局の描いたこのような危機のシナリオは、現実的な切迫感をもっていたのである。

公債発行以前まで、主計局は予算を通して社会的需要を充足するとともに、均衡予算を保つことによって脆弱な日本経済の安定に最終的に責任を負うという自負をもっていた。したがって、国債発行はそうした重要な使命を遂行するための手段を喪失させるものとして、深刻に受け止められたのである。主計局官僚の意識における均衡財政の意味づけと、均衡財政と景気引締め、あるいは国際収支の均衡との客観的な因果関係は別問題である。主計局官僚は、経済的な理論モデルに照らして均衡財政をとったのではなく、均衡財政はあくまで経験に基づく信条であった。

第二は、国債発行がもつ政治的意味に関する問題である。国債発行は高度成長のひずみが政治問題化するのと時期的に重なっている。また国債発行の社会に対する正当化は、池田内閣の高度成長路線の批判者であった福田大蔵大臣の主張に沿う形で展開されていった。その中で国債は、産業発展の陰で大きく立ち後れた生活基盤の整備や社会保障の充実、減税を実施するための財源として正当化された。これら一連の政策は社会開発と総称され、昭和四十二年に策定された『経済社会発展計画』においても基本的な理念として採用された。ここにおいて、産業発展優先から福祉国家の実現を目指すという方向へ、政策の重点が移されることが公約されたのである。また、主計局としても国債発行の正当化に関する限り、少なくとも表面上はこのような重点移動に同調せざるをえなかった。

ここにおいて主計局は大きなジレンマに直面した。当時の政治状況からいって、国債発行の必要性を弁証し、世論の支持をえるためには、国債を高度成長のひずみを是正するための手段として正当化するしか説明方法がなかった。こうした公式の説明論理は、社会保障や社会資本の整備を担当する省庁とその背後にいる利益集団にとって手形のようなものであり、必然的に予算要求圧力を刺激する。しかし、福祉国家へのコミットを深めることは、財政面での引締めを通して脆弱な日本経済の安定に最終的に責任を負うという主計局の使命に正面から矛盾する。しかも当時の状況認識として、四十年不況とよばれた一時的な不況を切り抜けるためには国債発行もやむをえないが、経済構造は変わっておらず、今後とも対外的均衡の保持を経済、財政運営の第一の原理とするという認識は変わっていなかった。したがって、経済が安定成長の軌道に回復し、税収が順調に回復した暁には国債依存度を可及的に引き下げることが中期的な目標となったのである。

この当時、公債発行に対する主計局の危機感を、より深刻なものとして受け止めさせるような文脈が存在していた。それが、経済の国際化の問題である。この文脈に当てはめれば、公債問題は単なる財政収支のギャップの問題ではなく、日本経済全体の自律、安定にかかわる重要問題として受け止められていたのである。主計局の危機意識の背景にあった国際経済の文脈がどのようなものであったか、簡単に説明しておこう。

昭和三十九年に日本はＩＭＦ八条国に移行し、ＯＥＣＤに加盟した。これにより日本は名実ともに先進国の一員となったのであるが、先進国への仲間入りは資本、貿易の自由化という大きな課題を伴うものであった。それ以前の日本経済は、内需中心、輸入誘発型経済成長をたどったと特徴づけることができる。財政・金融政策担当者にとって、国際収支の天井が経済成長を制約する要因として強く意識されていた。しかし、ＩＭＦ八条国移行によって国際収支の悪化を理由とする為替管理はできなくなり、またＯＥＣＤ加盟によって貿易外経常取引および資本移動に関する自由化義務を負わされた。

当時は、資本自由化が実施されれば、日本企業は外国企業に圧倒されると恐れられていた。日本の経済力、企業の競争力に対しては不安の方が圧倒的に強かったのである。したがってこの時期の経済政策の大きな課題は、国際化に対処するための対策であった。主計局では四十年の国債発行の過程から、積極財政による景気の刺激が企業の投資を煽り、過当競争を再発させることが憂慮されていた。「投資競争→輸入の増加→国際収支の悪化」という最悪の事態を回避するために、一方では企業において財務体質の改善などの努力が期待され、他方では財政当局の側で景気政策の慎重化と国際収支の改善、外貨準備の蓄積が求められるのであった。(1)

しかし、主計局の抱いていたこのような不安は現実のものになった。四十一年は好況が続いたが、四十二年には国際収支が悪化しはじめ、一―八月で総合収支の赤字は二億三千万ドルに達した。さらにこうした不安に拍車をかけるように、四十二年秋からポンド危機が露呈し、十一月十八日にポンドの切下げが行なわれた。また、アメリカに関してもヴェトナム戦争の悪影響からドル危機が表面化し、政府支出の削減や景気引締めを主とするドル防衛策が次々に打ち出されていった。これらの現象は世界金利の上昇を通して世界景気、貿易に悪影響を与えるものと解釈され、四十二年前半から国際収支の逆調にあえいでいた日本経済の先行きをさらに暗いものとした。したがって、財政・金融政策においては引締めの徹底が求められた。(2)

そもそも戦後の日本経済は、経済的な意味におけるパックス・アメリカーナの上に成り立っていたのであり、高度成長もアメリカからの直接、間接の資金援助がなければ不可能であった。外貨準備についても、金でもつのではなくドルでもつことによって、それを成長を賄うための運転資金にしたのである。このような意味でドルと円とは一蓮托生の関係にあった。したがって、ドルの価値が大幅に下落するということは、戦後の財政・金融政策の根本的な前提が崩壊することを意味していた。(3)

さらに当時は南北問題が世界的にクローズアップされ始めた時期で、途上国の側から特恵関税の供与が強く要求されていた。当時の日本の輸出の中では、繊維製品などの軽工業製品が一定部分を占め、インド等のアジア諸国の発展に脅かされはじめていた。これに特恵関税の供与が重なれば、日本の軽工業製品の輸出競争力は一層低下すると憂慮されていた。[4]

このように、昭和四十二年の後半から、日本は国際経済の様々な重圧を受け、財政当局も多くの難問に直面していたのである。公債発行に伴う社会開発の推進という、国内的な要因に基づく財政上の難問を抱えていた財政当局は、国内的な束縛を受けながら対外的経済問題に対処しなければならぬ苦境に立たされていた。

第二節　問題提起

一　財政硬直化論のねらい

当時議論されたような意味での財政硬直化に対する問題意識は、先に引用した村上孝太郎のメモに、その萌芽を見出すことができる。ここでそれをもう一度引用したい。

「福祉国家における財政の特色を『膨張的』性格と表現する学者もあるが、そうした財政需要圧力(特にわが国の場合、政治の体質の悪さをそのまま反映しがちである)に当面して、いかなる歯止めを用意すべきかが問題である。[5]」

四十年不況から脱出するまでは国債発行、減税などの危機打開策を採らねばならなかったし、その過程で、ある程度政治に妥協しなければならなかったが、それは主計局にとってあくまで緊急避難でしかなかった。したがって、不況を一応脱出すると、速やかに平常への復帰が行なわれなければならない。そのための道筋は国債発行と並行して検討されていた。

主計局が危機感を抱いたことの直接の契機は、義務的経費の膨張によって予算規模が自動的に押し上げられることが、四十三年度予算の編成過程の中から明らかになったという事実であった。(6) 財政制度審議会に提出された資料によれば、義務的経費の伸び率は、四十一年度六・六%、四十二年度八・六%、四十三年度一三・七%と計算されている。社会保障制度の拡充、国債費の増加などの要因によって、四十三年度予算においては当然増経費が急速に膨張することが見込まれたのである。そして、この傾向は以後数年にわたって継続することが確実であった。昭和四十二年に策定された『経済社会発展計画』においては、今後数年間の財政支出の伸びは一二—一三%が限度とされており、財政支出の伸びのほとんどを当然増経費が占めるということにならざるをえない。しかも、なんらかの事情で税収が落ち込んだ場合には、経常収入を以て経常支出さえ賄えないという最悪の事態さえおこりうる。このように財政収支のギャップが構造的に広がり、その穴埋めのために赤字国債の発行が常態化し、財政が景気の過熱の原因となることが真剣に憂慮されていた。

しかし、『経済社会発展計画』の策定当時においては、社会保障の拡充や、公共事業の計画的拡大によって、財政規模を膨張させて、福祉国家を建設することが自明の目標と考えられていた。厚生省から経済企画庁に出向してこの計画の策定に携わっていたある官僚は、策定過程を振り返って次のように語っている。

「当時はまだ社会保障のシェアというのは非常に低いというので、政策的にシェアを上げていこうと随分前から言っていた。しかし、実際問題としてみれば、もう止めようとしても止まらないような勢いで増え始めていた。つまり、社会保障というものは、あるところまでいっちゃうと、後は止めようがなく膨れあがるものです。だからあのころ鉦や太鼓をたたくこともなかったのではないかと思っているんです。(7)」

村上やそのもとに従った主計局官僚は、当時すでにこのような問題意識を先取りし、赤字国債の恒常化という財政状況に陥ることを真剣に恐れていたのである。

村上が本来目指したのは、当面の具体的な予算や税制に関する施策だけではなく、国民の間に一種の精神変革をおこすことであった。彼の言葉でいえば、「福祉社会は国民みんなの手で支えているのだ、モアーサービスをいうならモアーマネーを出さねばならない」という考え方を国民の間に定着させることを目指したのである。(8)こうした考え方は、村上に限らず、歴代の主計局官僚は等しく抱いてきたものである。しかし、過去において大蔵省は受け身の官庁とよばれ、官僚が外部に対してそのような意見を主張することはなかった。村上は、その危機感のゆえに、与党、マスコミ、財界に対して自己の考えを積極的に主張し、精神変革をおこすべく活動を開始した。

主計局のこうした態度変化によって、公債や社会開発に関する意義づけも、公債発行の時点からは当然異なってくる。公債はもはや、福田蔵相のいったような社会開発を促進し、ゆとりある家計、蓄積ある企業をもたらすための特効薬ではありえず、公債依存度の低下が財政運営の課題とされる。福田の後に蔵相に就任した水田三喜男は、四十二年七月十八日の衆議院予算委員会における答弁で、次のように述べている。

「私どもも本心は公債をそうやたらに出したくないという意向でございますので、経済情勢、財政需要、税のありかた、このようなものとからんでできるだけこれを減らそうという考えをもっております。[9]」

また、社会開発に関しても、公債による安易な財源調達は戒められ、その推進のためには、当事者の負担の増加も恐れてはならないと、暗に増税を求める動きも出てきたのである。[10]

二　標　的

このような危機感から出発して、硬直化打開についてどのような具体的な問題設定が行なわれたのかを、さらに追っていきたい。

まず、硬直化打開のムード作りに大きな役割を果たした宮沢構想について見ておこう。宮沢喜一経済企画庁長官(当時)は、四十三年度予算の編成を前に、四十二年十月十一日の自民党基本問題調査会において、「昭和四十三年度の財政経済運営の基本方針についての私案」を公表した。これは十一の項目から成っているが、消費者米価・生産者米価の据え置き、所得税減税のストップ、公共料金の凍結、の三項目を柱としていた。これは、直接的には企画庁の担当する物価問題に対する抜本的な対策として打ち出されたものであるが、四十三年度の財政状態が危機的なものであることを強調し、自民党とそれに結びつく各省庁に対し予算要求を自粛するように求めたものでもあった。この構想の立案の過程には大蔵省出身で宮沢とも親しかった岩尾一官房長(当時)が密接に関与していた。[11] したがって、この構想は主計局のいう財政硬直化打開を側面から支援するものであった。

この構想の実現可能性については当初から懐疑的な見方も多かったが、むしろこの構想は向こう一年間スタンドスティル・ポリシーをとるという思い切ったショック療法によって財政上の制度や慣行を全面的に再検討しようという提案だったのである。[12] これに対しては当然、賛成、反対の両方から大きな反響がおこった。その多くは国民の負担増を顧みない、財政当局の都合だけを考えたものという批判であった。[13] 他方、経済の先行きに不安をもつ財界は、賃金の上昇に歯止めをかけることを提唱した点を好意的に評価した。[14] 宮沢構想は、所得政策導入の足がかりとなるという期待が、財界には存在していたのである。

賛否いずれにせよ大きな波紋を与えたことにより宮沢構想の狙いはある程度達成され、四十二年秋には、財政硬直化が大きな政治問題となった。

次に主計局の動きについて見ていきたい。主計局の具体的な戦術は、財政制度審議会に提出された文書から読み取ることができる。四十二年十月十一日の財政制度審議会第一回総会に提出された「今後の財政問題検討の方向（メモ）」においては、義務的経費として、①新規政策の平年度化による歳出増及び国庫債務負担行為、継続費の歳出化、②国債費、③地方交付税、④人件費、⑤社会保障費、があげられている。また、義務的経費以外の増加要因として食管会計の赤字、経済協力、ビッグサイエンスへの研究開発投資、公共事業の長期計画、があげられている。次に、十月に三回にわたって開かれた研究懇談会に提出された「個別問題検討資料」を見ると、①食糧管理制度、②社会保障制度、③地方財政、④定員管理、⑤経済協力、⑥国鉄財政、⑦公共事業、の七項目について財政支出の現状が詳しく紹介され、問題点が細かく議論されている。さらに、十二月一日の財政制度審議会第三回総会に提出された「検討項目（案）」を見ると、歳出面の問題として、①食糧管理制度、②医療保障等社会保障制度、③公共事業費などの長期計画、④補助金制度（補助率決定の基準等）、⑤ビッグサイエンス、⑥経済協力、があげられている。[15]

財政硬直化の当初の問題提起においては、義務的経費の当然増によって予算の身動きがとれなくなることが最大の問題とされていた。そこでいう義務的経費とは、法律による裏づけをもった予算編成の与件のことで、国債の償還や利払いに充てる国債費、国税収入の一定率を地方に与える地方交付税交付金などが純粋な意味での義務的経費である。しかし、「個別問題検討資料」、「検討項目」で取り上げられた歳出費目の中では、米価、社会保障、公共事業、国鉄などそれ以外の費目のほうが主要な標的として取り上げられている。これらの費目は主計局にとって与件ではなく、ほんの数年前主計局自身が承認し、財源を配分したものである。特に社会保障費、公共事業費は、国債発行に伴う社会開発ブームの中で、主計局が少なくとも表向きには積極的に伸ばした費目である。またそれぞれの政策の作成の過程で、新規政策の平年度化や計画の遂行によって財政負担が近い将来増加することは、主計局も当然予期していたはずである。主計局は過去から継続している政策のための経費をすべて準義務的経費とよび、それに起因する歳出増をすべて当然増とよんでいる。このように自らも責任の一端を負っているほとんどあらゆる歳出増を当然増とみなす姿勢は、予算編成当局としての主体性を放棄するものという批判を招きうる。しかし主計局は、(準)義務的経費、当然増という言葉をこのように用いることによって、ほとんどすべての歳出増が過去からの惰性による、根拠のないものであるというイメージを作り出そうとしたのである。そして、そのようなムードを背景としてもっぱら歳出削減という土俵の上で財政硬直化の打開方法を論じようとした。このように具体的な標的を定めた上で、主計局は予算の編成、執行の過程でどのようにこれに取り組むのか、次の節で検討したい。

第三節　対　応

一　昭和四十二年秋の財政執行繰延べと四十三年度予算編成

昭和四十二年は、前年からの好況が続き、国際収支の赤字が次第に拡大していった。したがって、年度当初から財政・金融政策の基本方針として引締めの必要性が説かれていた。[16] 七月二十五日には国債、政府保証債合わせて一二〇〇億円が減額されたが、この措置は年度途中で自然増収の額がはっきりしない時期におけるものだけに、景気引締めに対する財政当局の強い意志を示すものと受け止められていた。さらに、九月一日に公定歩合が引き上げられたのをうけて、七日には総額三一一〇億円の財政支出繰延べが行なわれた。このような財政状況を背景に、主計局幹部からは四十三年度予算についても厳しい引締めの方針が明らかにされた。[17]

しかし、この時主計局は、四十二年度補正予算の編成という難問に苦慮していた。公務員給与改定の八月実施、生産者米価の引上げ等により追加的財政需要が生じ、大幅な補正予算を組むことが不可避となったからである。国債減額や財政支出の繰延べによって景気引締めに努めている一方で、大規模な補正予算を組むということは、引締めの効果を自ら相殺するようなものであった。補正予算の編成に当たっては既定経費の削減によって規模の圧縮が図られたが、結局、総額で二五二五億円という大規模なものとなった。補正予算が景気引締めの障害になったことは、主計局に補正予算そのものの再検討を促す契機となった。

このような事情を背景に、四十三年度予算については要求側よりも主計局の積極的な抑え込みの試みが目立った。まず、九月十四日に谷村事務次官と村上主計局長が首相官邸を訪れ、財政硬直化の危機を佐藤首相に説明した。この異例な直訴を皮切りに、村上らは与野党の有力政治家に対する働きかけを強め、財政硬直化に対する危機感を広めようとした。前節で紹介した宮沢構想ともあいまって、この主計局の激しい宣伝活動は、予算編成過程の変化を物語るものとして広く社会的な注目を集めた。(18)

このような予算編成における具体的な変化としては、次のようなものがあげられる。

まず、予算編成の前提として、各省庁からの概算要求の対前年度比伸び率(いわゆるシーリング)が、四十二年度までは二五%増であったのに対して、四十三年度から二〇%増に引き下げられた。このことは、主計局が一次的な予算査定を各省庁の官房会計課に委譲したことを意味する。シーリングを低くすることは、経費の削減、合理化に直接結びつくことではないが、予算要求の外枠を設定することによって予算要求を自制させることを狙ったものである。それは、主計局の予算査定の労力を節約すると同時に、予算の伸びを抑え込むことに対して、形の上で各省庁の「自発的な」協力を得るという両面の利点をもっていた。

予算編成の中では、前章で説明した(準)義務的経費の抑制と総合予算主義の確立とが求められた。このうち前者については、主計局自身も一回の予算編成で問題がすべて解決するとは思っていなかった。当然増の削減について幅広い世論の合意をとりつけることによって要求側の各省庁に逆の圧力をかけることが、この時の戦術であった。

当面の具体的かつ実効性のある改革のための戦術として、総合予算主義の確立が昭和四十三年度予算編成の目玉とされた。総合予算主義とは、生産者米価の引上げや公務員給与の改定を理由として、従来年中行事のように繰り返されてきた補正予算を改め、米価や給与の引上げ分を当初予算に見込んで予算を編成するという方針を意味していた。

総合予算主義の必要性は次のような理由から説明された。まず法律的に見て、財政法上、補正予算は災害復旧等の予見できない事由によって生じた財政需要を満たすために組まれるべきもので、米価引上げや給与改定などの予見できる事由によってこれを組むことは適当でないと説明された。

これは形式的な理由であり、主計局にとっての実質的な利点は次の点にあった。景気引締めを行なっている時に補正予算を組まざるをえない場合は、前述の通り補正予算が景気引締めの効果を相殺してしまい、財政当局は国際収支の悪化に対しても有効な措置をとれなくなる。

さらに補正予算は米価、給与改定など特定少数の政策の財源を手当するものであるから、他の支出項目との比較衡量をとりにくいという、査定する側にとって不利な事情があった。即ち、特定の項目だけについて、補正予算という形で別の時期に予算編成をすれば、「ほかでもみんな我慢しているのだから、おたくの省でも我慢して欲しい」という説得の論理が働かないのである。したがって、要求側の圧力に過大に譲歩することに陥りやすい。そこで、米価、給与改定などの補正要因を当初予算に織り込むことによって、それらの要求圧力をほかの数多くの予算要求の中の一つとすることによって、米価、給与の引上げを求める圧力を相対的に弱めることができるという期待を主計局はもっていたのである。[19]財政制度審議会の席上でも、村上主計局長はこのような観点から、総合予算主義の必要性を強く主張した。[20]

実際の予算編成の過程をみると、主計局の自民党に対する強い働きかけが特徴的であった。九月十四日の首相官邸直訴以来、主計局幹部は有力政治家との個別の折衝を続けたが、公式の予算編成過程にも自民党が組み込まれた。

その第一は、十二月二十八、二十九日に開催された総理、全閣僚と与党幹部との間の予算懇談会である。[21]それまでの予算編成においては、与党幹部はあくまでインフォーマルに影響を与えるという役割にとどまっていた。この時初めて、予算懇談会という場を通して政府の公式の予算編成過程に自民党の幹部がフォーマルなアクターとして参画したのである。主計局の側も、これは予算編成史上初めての試みであり、政府、与党間の突っ込んだ話合いによって予算編成の柱について関係者の意見が十分に調整され、予算編成方針に盛り込まれたことは、今後の予算編成作業がスムーズに進められる期待を十分抱かせるものであると高く評価している。[22]

第二は、復活折衝の変化である。それまでは復活折衝の財源は非公開であった。そのことの背景には、主計局官僚において、大蔵原案こそ最上の予算であり、復活折衝はそれを政治的に承認させるためにやむをえず行なう通過儀礼、あるいは必要悪であるという認識が存在していた。したがって、復活折衝は密室の中で行なわれなければならなかったのである。これに対し、四十三年度予算の編成においては、官房調整費という形で復活財源が公開されることによって、復活折衝が公式の予算編成過程の一部となった。各省庁や政治家の要求に対して主計局が恩恵的、例外的に財源を配分するという従来の予算編成の仕方では、もはや要求圧力を抑えられなくなったのであり、それぞれの要求圧力相互の間に働く抑制均衡作用を利用して予算をまとめる方が政治的にも容易である、と判断されたのである。そして、その方が、たとえ手続上政治に妥協するとしても、予算規模の抑制という究極的目標にも合致し、現実的合理性をもつと判断されたのである。(23)

自民党政治家の予算編成における位置づけに関する、以上に述べた二つの変化は、予算編成過程の合理化の前進を示すものとして、主計局自身にも肯定的に評価された。(24)

このようにして編成された四十三年度予算では、一般会計予算の前年度補正後予算に対する伸び率が、一一・八%に抑えられ、それまでの十年間のうちで最も低い伸びとなった。また国債発行額も六四〇〇億円に抑えられ、国債依存度は一〇・九%に低下した。さらに、公務員給与改善費、生産者米価引上げ分も当初予算の中に盛り込まれ、総合予算主義が実行された。主計局幹部はこの予算について、国際収支の均衡回復が急務となった経済状況の中で、予算規模を抑えることにより財政による景気抑制機能が十分に発揮されるとして、フィスカル・ポリシーの節度を貫いたものだと自賛した。また、総合予算主義を堅持したことにより、財政硬直化打開の第一歩となると期待して

いた。(25)

しかし主計局の自画自賛とは別に、四十三年度予算を客観的にみると、主計局が評価するほど抑制的であったかどうかは疑わしい。まず、従来補正予算で処理してきたものを当初予算に見込んだため、規模は大きく膨張した。また四十二年の秋に繰延べを行なった分(三二一〇億円)も四十三年度に支出されるため、実質的な予算規模はさらに大きくなった。また、従来一般会計で支出していた国立療養所の経費一四一億円を特別会計に移すという粉飾が行なわれた。これがなければ一般会計の伸び率は一二・一%になっていたはずであった。表向きの伸び率一一・八%は、四十三年度の経済成長率(政府見通しで一二・一%)を下回るべきという財政制度審議会の報告に一応沿っていたが、予算の側に操作があった一方で、経済成長率の見通しも意図的に高く読み込んだものであった。(26)

このように財政硬直化打開という主計局の意図は予算の実質的な中味には浸透しておらず、昭和四十三年度予算の編成に関する限り、財政硬直化打開は主計局の姿勢を示すかけ声として象徴的に使われたのである。そして、予算編成に続く予算の執行過程で、また関連する諸政策の形成過程の中で、財政硬直化打開をどのように実現していくかが、さらに重大な課題となった。

二　財政硬直化打開キャンペーン

一で述べた通り、昭和四十三年度予算においては、義務的経費の当然増を抑制するという実質的な硬直化打開はほとんど達成されなかったが、総合予算主義の実行という点で、主計局は名より実を採ったということができる。実質的な経費の削減はその後の課題として残されたのである。この問題にどのような取り組みが行なわれたのかを、さらに見ていくことにしよう。

財政硬直化の打開は、米価、社会保障などの既定経費の洗い直しと予算編成手法の科学的改革という二つの方向から検討された。

このうち前者については、財政制度審議会において細かい検討が続けられた。四十三年度には財政審に三つの部会が設けられ、各部会を主計局の三人の次長が担当した。第一部会は食糧管理制度、地方財政、公共事業を、第二部会は社会保障、文教、科学技術を、第三部会は経済協力、国鉄、給与制度、財政投融資をそれぞれ担当した。各部会は四月から十月まで十一―十七回にわたって開催され、財政支出の膨張の原因について検討が重ねられた[27]。社会保障、農業政策などのいわゆる給付政策の場合、財政支出の合理化は必然的にその政策全体の根本的再検討につながらざるをえない。実質的には、財政審において農林省、厚生省などの各省庁の政策全体の再検討が行なわれた。

このような財政審の活動は、「国の予算、決算、及び会計の制度に関する重要な事項」(財政法付則第八条)を調査審議するという本来の財政審の役割を逸脱するもので、各省庁や社会保障制度審議会、農政審議会などほかの審議会の権限を侵すものとして強い反発を招いた[28]。これに対し、主計局では「財政の硬直化をもたらしている制度、慣行の根は深いものがあるので、これらの検討に際し、それぞれの制度に立ち入って検討を行なうことが必要となるのは当然のことである」として正当化している。[29] 主計局自らが直接的に各省庁の政策の基本に関わる検討、方向づけを行なえば、強い反発を受けることは明らかであり、財政審という中立的なアクターを媒介とすることによって、財政面の合理化案に伴う摩擦を極小化したいという意図が主計局にはあった。

このような各部会の審議の結果、四十三年には「四十四年度予算の編成に関する建議」の他に、「社会保障についての費用負担並びに政府管掌健康保険および日雇い労働者健康保険の財政再建についての報告」、「食管制度の改善、国鉄財政の再建および昭和四十四年度における地方財政対策についての報告」、「専売納付金制度をたばこ消費税に改めることについての報告」の三つの報告が出され、各分野についての具体的な提言が行なわれた。これらの報告は、すべて受益者負担の徹底、市場原理を無視した財政の介入を廃止するという原則に貫かれている。[30] また、地方財政については、地方交付税の交付税率の修正(部会報告では引下げとなっていた)[31]、地方への補助金の合理化が強く求められている。前述の通り、これらの改革案は主計局の年来の主張であり、これらの財政審報告は財政硬直化打開のムードを背景に、一連の財政支出合理化策をセットにして打ち出したものである。これにより改革案は出尽くしたのであり、次にこれらを各省庁がいかに実行するかに焦点が移る。

こうした風潮を背景に、行政機構を整理、合理化し、人員の膨張を抑えるために、一連の行政改革が実行された。それは、中央の官庁における一省庁一局削減と国家公務員総定員法の施行である。これらは、この時の硬直化打開策のうちで、ある程度の効果をあげた数少ない政策である。

次に予算編成手法の科学的改革について概観しておきたい。この当時アメリカではマクナマラ国防長官のもとでＰＰＢＳ(Planning Programming Budgeting System)の導入による予算改革が注目を集めていた。ＰＰＢＳとは、代替的選択肢の科学的な分析、評価によって最適の政策を選択し、最適の資源配分を行なうための予算編成システムのことである。(32) 村上ら主計局の幹部もこれに対して強い関心をもち、主計局調査課を中心として理論的研究が進められた。(33) ＰＰＢＳの研究の意図について、村上は次のように説明している。

「自然科学と同様の人間の能力が社会科学の分野においても発揮されえぬはずはない。『われわれが宇宙問題に適用したのと同じ想像力を社会問題の分析と解決に適用するならば、われわれは偉大な社会への弾道に間違いなく乗ることができるであろう』というネルソン上院議員の演説は、明日の行政の扉を開く鍵として味わうべき言葉である。(34)」

そして、科学的行政から発見された資源配分理念について政治の側も尊重し、国民的合意の獲得に協力すべきと主張している。このようにＰＰＢＳは、予算編成において要求側を説得するための科学的根拠を提供することが期待されたのである。

宮沢経済企画庁長官もＰＰＢＳに関心をもち、経済企画庁経済研究所にシステム分析調査室が設けられ、大蔵省のみならず各省庁から担当者が集まって、PPBSに関する理論的研究と具体的施策に関する事例研究が続けられた。(35)

第四節　意義と限界

一　経済構造の転換

この節では前の節までに説明した硬直化打開の試みの意義と限界について考えたい。まずその前提として、その後の経済、財政状況の変化について概観しておこう。

昭和四十三年は、年頭からアメリカの「ドル防衛教書」が発表され、国内においても公定歩合が一厘引き上げられ、不況感が漂い、経済の先行きについては悲観的な見方が支配していた。三月には国際通貨情勢の不安定感を加速するかのように、アメリカがドル防衛策の一環として輸入課徴金を導入するのではないかという観測も強まった。(36)この頃イギリスでは円の切下げの噂さえ飛び出していた。(37)主計局はこうした厳しい経済環境を深刻に受け止め、財政運営において国際収支の均衡回復を最優先させて景気引締め策をとるという、強い決意をしばしば表明していた。(38)

しかしこうした危機感とは裏腹に、実際の景気、国際収支の動向は四十三年に入って大きく好転した。輸入の伸びは四十二年第四・四半期まで低迷していたが、四十三年に入って反転上昇に向かい、輸入増加率の低下ともあいまって国際収支の改善は大幅に進んだ。そして五月以降、毎月黒字の新記録を更新しつづけた。その理由としては、ドルとポンドの不安にもかかわらず世界貿易が順調に拡大していたことがあげられる。このような国際収支の改善をうけて、八月七日には公定歩合が一厘引き下げられ、金融面での引締めは解除された。その後の国内の景気上昇の中でも輸出は増え続け、国際収支の黒字、外貨準備高は拡大する一方であった。昭和四十三年度末には外貨準備は三十二億ドルに達する。この年、日本は国際収支の天井の中での経済成長という従来のパターンを抜け出して、国内の景気上昇と国際収支の黒字の両立という新しい局面に入ったのである。そして、以後オイル・ショックに至るまで、国際収支の黒字基調が定着するのである。またこの年、日本の国民総生産は西ドイツを抜いて自由世界第二位となった。このような点で、昭和四十三年は戦後日本の経済発展の歴史の中で、一つの大きな画期であった(39)。

二　財政硬直化論の意義と限界

前項で述べた経済構造の変化を視野に入れながら、主計局の唱えた財政硬直化論の意義と限界について考えてみたい。

まず、主計局の唱える「財政硬直化」の意味について検討してみよう。財政硬直化問題の提起の発端は、昭和四十三年度予算の編成過程において、義務的経費の増加分だけで予算規模を一〇%以上押し上げることが明らかになったことであった。財政硬直化論議の発端における義務的経費とは、国債費、社会保障費、地方交付税交付金などの、文字どおり法律によって支出を義務づけられている経費で、主計局の予算編成にとっての与件であった。しかし、後に硬直化対策を検討する際に主計局が掲げた硬直化要因のリストを見ると、公共事業、農業政策、文教政策など、ほとんどあらゆる政策が網羅されている。主計局の用語法に従えば、過去から継続的に実施している政策のための経費は、すべて準義務的経費とよばれ、それに起因する歳出増は、すべて当然増とみなされるのである。このような論理からは、すべての経費を与件とすることによって、それらが過去からの惰性に基づく非合理的なものであるというイメージを作り出そうという主計局の意図を読み取ることができる。

しかし、準義務的経費としてあげられているものを見ると、それぞれの政策の拡充の過程では主計局自身もその社会的必要性を承認し、財源の見通しを一応もったうえで推進したものばかりである。したがって、それらの政策が財政硬直化の原因となることについては、主計局もその責任の一端を負っているのである。この点について村上は次のように弁明している。

「いずれにしても、財政の硬直性をもたらした要因の一つとして、われわれ財政当局の反省すべき点があることは否定できないでしょうが、過去の恵まれた時代を通して、いつも渋いことをいう財政の主張がつねに孤立無援であったことはご理解いただけると思います。(40)」

村上に代表される主計局官僚の論理によれば、かつての高度成長のもとで、また国債発行に伴う財政政策の転換の中で、主計局は新しい財政需要を満たすことを不本意ながら認めてきた。しかし、それは高度成長の継続と税の自然増収の発生という極めて例外的な条件があったから可能だったのである。彼らの展望によれば、財政収支の面で、これからは高度成長や自然増収が期待できない以上、経費の当然増を賄うことは赤字国債によらない限り不可能になる。上に引用した村上の言葉からは、昭和三十年代の高度経済成長という偶発的な事件によって、主計局が本来目指していた正しい予算編成が歪曲されたというある種の被害者意識、あるいはフラストレーションを読み取ることができる。

このように、主計局官僚は高度成長の終焉という経済的環境条件の変化を、財政政策の決定における主体性を確立するための好機とみていた。彼らは、社会保障や公共的サービスの拡充を高度成長から派生する余得として性格づけた。このような論理に従うならば、高度成長が終われば公共的サービスの拡充も当然ストップするはずである。そして、高度成長の中で培われた、公共サービスの漸増的拡充に対する慢性的期待を断ち切るために、「当然増」、「(準)義務的経費」というシンボルを、ほとんどあらゆる分野の政策に適用し、自らを被害者の立場におきながら、様々な政策の正当性に疑問を投げかけようとしたのである。

このような主計局の論理に対しては、「それでは社会保障や公共事業や文教政策に優先する財政硬直化打開の正当性とは一体何か」という疑問が当然わいてくる。そこで次に、硬直化打開の目的に関する主計局の論理について検討してみたい。

硬直化打開の必要性が説かれた表向きの理由は、義務的経費の当然増によって歳入の伸びのほとんどを取られてしまい、新規政策を盛り込む余地がなくなってしまうという点にあった。村上はこの点について次のように説明している。

「われわれの主張の限界というものは、満員電車の中で、次の駅で老人が乗るだろうから空席をつくっておくというぐらいむずかしいのですね。電車の中にいっぱい人がいてもみあっているのに、この席をあけておけ、これだけの力が遺憾ながらわれわれになかったということです。(41)」

しかし、ここでいう次の駅で乗って来る乗客とは具体的には何かについて、村上は説明していない。硬直化キャンペーン全体の中でも、村上自身が嘆いている通り、既定経費＝悪、新規施策＝善、という印象すら与えてしまう結果になってしまったのである。先の村上のたとえは、本来の意図としては、将来何がおこるかわからないので、今のうちに財政に余裕を作っておこうという程度のことを主張するものであった。それは、何か積極的な目的のために財政資金を投入することによって施策を拡大することを必ずしも意味するわけではない。村上の意図に従えば、逆に、経済危機を乗り越えるために、既存の経費を削減するというマイナスの方向の変化の可能性の方を意味するという読み方も可能である。しかし、このたとえを聞く側からみれば、むしろ硬直的経費として槍玉にあげられていた社会保障費、公共事業費こそが、長らく順番を待たされたあげく、ごく最近になってようやく席を与えられた乗客ということになる。したがって、新規施策に充てるための財政硬直化打開という論理は説得力に乏しく、また主計局の意図からもずれていた。

硬直化打開の真の目的は、新規施策のための余裕財源を確保することではなく、経済の国際化という大きな試練に対応するための、財政の側の態勢作りという点にあったのである。具体的には、安定成長下での財政破綻を防ぐこと、そして国際収支改善のための財政上の引締め策をとりやすくすることが狙いであった。前者の目標は、西ドイツの財政危機とそれに起因する政権崩壊の教訓に基づくものである。後者の目標は、イギリスのポンド危機の教訓と、昭和四十二年の日本の国際収支悪化の際に補正予算が足かせとなって有効な引締め策がとれなかったという経験に基づいている。開放体制への移行という大きな流れの中で、財政当局が国際通貨情勢の動揺や外国における財政破綻の例に対して、いかに大きな危機感をもっていたかはすでに紹介した通りである。

主計局のこうした問題意識は、硬直化打開の手段をめぐる検討過程を見ることによってさらに明らかにすることができる。財政硬直化の打開と既定経費の削減とは論理必然的に結びつくものではない。硬直化打開には、歳入、歳出の両方からの解決策がありうる。しかし、硬直化キャンペーンの中では歳入の方からのアプローチはほとんど示されず、かつての一般消費税の時のような増税の主張も行なわれなかった。主税局をはじめとする他局が財政硬直化問題にどのような対応をとったかは不明であるが、少なくとも主計局を支援し、硬直化打開を側面から応援するような提案は出てこなかった。このことから、他局はこの問題に無関心、あるいは冷淡であったと解釈することができる。[42] 財政硬直化キャンペーンは主計局の独走で始められたのであり、そこには税の視点が欠落していたのである。加藤芳太郎教授は財政硬直化についてのこのような問題設定の仕方を「主計局バイアス」とよんでいるが、[43] このバイアスは主計局の問題意識の特色を表現していると言うことができよう。

新規施策を盛り込むための財政硬直化打開であれば、増税や公共事業費の範囲内での国債の増発による拡大均衡という手段もありえた。主計局が歳出削減による縮小均衡に固執したことは、彼らの危機感を反映している。彼らの認識においては、内需中心・輸入誘発型経済成長という日本経済の脆弱な体質は変わっておらず、財政規模を膨張させれば国内の景気を刺激することによって、輸入の増加を招き、対外的均衡の悪化を招くと憂慮されていた。特に経済の開放化が不可避という状況で、主計局では対外的均衡に対して極めて神経質になっていた。国際収支の均衡のために引締めが必要な場合に、財政が硬直化して身動きがとれなくなることが最も恐れられていた。したがって、財政規模の膨張に対する歯止めが最も重視されたのである。

次に、本項のまとめとして、このような主計局の問題意識、危機感の現実性、有効性を検討することにより、財政硬直化論の限界を明らかにしたい。経済状況を客観的にみると、一で述べたように、まさにこの時期に日本の経済構造は輸出主導型に転換をとげていたのであるが、主計局はそのことを的確に認識できなかった。昭和四十三年に初めて経験した国内における好況と国際収支の順調との両立という事態についても、主計局はその理由について国際収支の天井の上方シフト説を退け、もっぱら世界景気の拡大という偶発的な要因によると説明した。そして、一時的に引締めが緩むことはあっても、財政運営の基調は全く変化しないと強調していた。(44) 財政政策の形成の根底にある現状認識において、日本経済の後進性についての固定観念が、主計局官僚の思考過程の中に牢固として存在していた。

この時の財政硬直化に関する主計局の問題意識は、次のようなプロセスから形成されていた。彼らは均衡財政主義によって国際収支の均衡を維持してきたという過去の経験を未来に延長し、国際経済との連動の深まりや財政の硬直化という条件のもとで、対外的均衡の崩壊、国債累増による財政の破綻という危機のシナリオを描く。そして、そのような危機イメージを現在に逆投影することによって、当面の危機回避策を立てようとしたのである。

その後の経済状況をみれば、主計局の抱いたこのような危機意識がいかに的はずれであったかは明らかである。ここで硬直化していたのは財政構造よりも主計局官僚の危機意識の方であった。後進性イメージに基づく危機意識の硬直性こそが、財政硬直化キャンペーンに有効性が欠けていたことの最大の原因であった。当時、財政硬直化に関する議論の中で、安定成長を自明の前提とする主計局の問題設定に対し、一部の学者、財界人から財政硬直化は経済成長の鈍化の結果おきるのであり、外貨準備にとらわれず経済成長を推進すべきだという反論が行なわれた。(45) 実際にもその後の経済成長の継続という事実の前に、主計局の危機感はかすんでしまうのである。財政硬直化キャンペーンの失敗は、しばしば高度成長の継続による税収の伸びという理由によって説明されるが、そのような政策と現実との乖離をもたらしたのは、以上に述べた主計局の問題設定自体に内在する限界という要因だったのである。

ここに描いた主計局官僚の問題意識の硬直性という事実から、昭和四十年代の前半に至るまで、戦後財政のパラダイムが主計局を支配していたということができる。前章までに説明したように、主計局官僚による自律的な公債政策の立案の過程においては、あくまで公債を危険視して、財政政策全体の中でなるべく危険な公債を封じ込めるために、様々な制度の模索が行なわれた。均衡財政の持続は物理的に不可能になっても、精神としての均衡財政主義は、財政政策の準拠標として、主計局官僚の意識の中に残存していた。大前提としての日本経済の後進性のイメージ、脆弱な日本経済が経済的な外圧に持ちこたえていくための必須条件としての均衡財政主義という認識は、政策立案の際のパラダイムとして、主計局官僚を呪縛した。財政硬直化キャンペーンは、このパラダイムを現実の経済、財政状態に当てはめることから導き出された解法であった。経済状況は変化しても、パラダイムの妥当性に対する疑問は、まったく出されなかった。パラダイムの呪縛が解けるには、ドラスティックな突発的事件によって、パラダイム自体の破綻が露呈するのを待たなければならなかった。

主計局官僚の危機意識においては、対外的劣等感と対内的優越感とが組み合わされており、それぞれが互いの成立根拠を提供していた。[46] 即ち、対外的後進性の意識が強く、危機の到来を敏感に察知するからこそ、それを回避するために政策決定における彼らのイニシアティヴが必要とされるのであった。国内の政策形成においては予定調和は存在せず、それゆえに彼らの主導がなければ財政の破綻が生じると考えられていたのである。他方、対内的優越感は他のアクターに対する蔑視と一体であり、予算要求に奔走する国内の他のアクターは、自己の利益だけを追求して正しい状況認識を持たないために、政策形成において予定調和が働かないのであった。したがって、いつまでも後進性を克服することができないと考えられた。主計局官僚の危機意識の中にはこのような循環が存在していたのである。

三　硬直化対策の意義と限界

次に、財政硬直化打開のための具体的対策について検討を進めよう。その中でもまず、昭和四十三年度予算編成の最大の目玉とされた総合予算主義について、その意義と限界とを検討したい。総合予算主義の主計局にとっての意義は、従来補正予算で処理されてきた米価、公務員給与などの経費を当初予算に組み込むことによって、他の多くの経費と競合関係に陥れ、それによって米価等の経費の要求圧力を相対的に弱めることが期待された点にあった。それぞれの集団が強力に要求活動を展開するために、それぞれの相対的な影響力の差は小さくなる。しかも一定の財源をめぐって競争するために、要求者相互の間には、他者の利益は自己の損失という牽制関係が生じる。つまり、個々の具体的経費に直接切り込むよりも、予算要求の政治的競争に内在する抑制均衡の働きを利用して、経費の増加を抑え込むという点で、総合予算主義の方が、政治的実行可能性が高いと評価されたのである。逆にいえば、財政硬直化打開という総論のレベルでは広い支持が得られても、各論のレベルで関係者の合意を得ることは極めて困難である、と主計局自身も考えていたのである。

予算編成過程に自民党政治家を巻き込んだことも、このような政治的可能性を重視した現実的戦術の一環である。大蔵原案の作成の過程から大蔵省、各閣僚、自民党首脳による懇談会が設けられたことや、復活折衝に当たって財源が公開されたことは、政治的圧力を競合状態に陥れることによって抑制、均衡のために利用する、という意図に基づくものである。主計局は、いわば漁夫の利を占めることを狙ったのである。これらの変化は、自民党政治家による圧力活動が予算編成の公式の手続の中に組み込まれ、従来主計局では必要悪として考えられてきた政治家との妥協が、現実的な戦術の観点から公式に認知されたことを意味するのである。

多元的競争によるコントロールという点では、シーリングの引下げも同様である。シーリングの引下げは、予算要求活動の余地を狭めるために、各省庁の要求活動を外枠から締めつけるという狙いをもっていたが、同時に予算要求競争の前提となる公平な条件(equal condition)を設定するという意味ももっていた。また、一省庁一局削減も極めて公平な政策であった。このように、主計局は、一見当事者を公平に扱った条件を設定することで、各省庁の予算要求の余地を外枠から狭めていった。そして、これを競争のための公平な条件の設定として正当化した。そこには受け身であるがゆえのイニシアティヴが働いたのである。

従来の財政硬直化キャンペーンについての理解では、このキャンペーンは、予算過程の合理化、科学化によって、政策決定に対する政治の介入をシャットアウトし、主計局の優位性を確保しようとした運動として解釈されている。そして、そのような解釈においては、PPBSなどの一連の予算改革の試みに関心が集中されている。たとえば、伊藤大一教授はこのキャンペーンの失敗の原因について、「政治レベルの問題を行政技術の問題に還元して解決――実は回避――しようと企図したところにあった」(47)と評価している。しかし、財政硬直化を打開するための現実的な戦術としては、むしろ予算過程をより深く政治化することによって、政治的競争原理を予算過程に取り入れることによって財政規模を抑制するという方法が最も重視されたのである。

このような政治過程における多元的競争の中の抑制均衡作用を利用した経費削減の戦術は、予算の外枠から規模の膨張を抑制するということを狙ったもので、既存の政策内容の適否を問うものではない。この戦術にはリソースの余裕の大きい時には有効ではないという問題点があった。(48) 特に四十三年度においては経済成長も順調で、自然増収も大きくなることが期待された。四十四年度予算についても大きな税収の伸びが期待されただけに、このような戦術の有効性は低下したのである。

自民党政治家との関係づけの変化についても同様の問題がある。年々強まる政治的圧力に対して、従来のように政策決定のブラックボックスの中で個々に対処するのではなく、オープンの場で様々な政治的要求を競争させることによってそれらを一定の枠の中に収めるという狙いのもとに、予算編成の公式の手続の中に自民党政治家を組み込んだのであった。配分すべき資源が一定和の状況ではこの方式も有効であるが、政治的圧力によって資源の枠そのものが押し広げられる場合には、この方式は無力であり、むしろ主計局の自律性が損なわれた。

そして実際にこのような政治的実行可能性を重視する戦術は、昭和四十三年から再発した高度経済成長の前に有効性を失っていく。四十三年七月の米価審議会においては、大蔵省、経済企画庁の据え置き方針にもかかわらず、自民党の強い圧力活動の結果、約六%の生産者米価の引上げが決定された。それによって食管会計の赤字を補塡するために補正予算が組まれ、総合予算主義は初年度から挫折した。

次に、PPBSの問題について言及しよう。日本におけるPPBSの挫折の過程を詳細に論じることは本書の主題からはずれるので、ここではPPBSの研究の際の問題意識の限界について述べておきたい。現実の予算編成における政治的実行可能性に大きな考慮を払ったのとは対照的に、主計局は一面においてＰＰＢＳに政策内容の吟味のための科学的根拠を提供する役割を期待していた。当時はコンピューター技術の進歩や未来学の隆盛に刺激されて、政策決定手法の科学化、合理化に対する関心が世界的に高まったのである。本来保守的な主計局官僚までが合理的計画の有効性に大きな期待をもつに至った。しかし、ＰＰＢＳの中の主要な手法である費用便益分析やプログラム分析は、特定の分野の中で積極的な政策を実行するという前提の上で、たとえば、都市間を結ぶ交通システムの建設などといった具体的な政策の選択には有効でありうる。しかしそれ以上のものではなかった。「大砲かバターか」という資源分配上の大問題は、すぐれて政治的な問題であって、科学的分析になじむものではなかった。ＰＰＢＳの導入によって予算編成から政治的要素を払拭し、予算編成過程全体を合理化することは不可能であった。(49) 主計局におけるＰＰＢＳの検討過程でも、このような問題についての懐疑と期待とが混在していたが、期待の方が幻滅に転化するのも当然の帰結であった。

硬直化打開の根本対策である政策内容の吟味は、政治的競争に伴う抑制均衡や社会工学的方法という、合理性の尺度における両極端の方法によっては行なうことはできない。それは、社会的衆知を集め、広範な議論を重ねていくことによってのみ可能となるのである。この点で、主計局が財政審に諸政策の吟味を独占させたことは、他省庁の反発を招くだけで、有効な戦術ではなかった。このように、主計局は一大キャンペーンを提起したものの、当面の経費抑制策以外には根本的な対策を打ち出すことができなかったのである。(50)

小括　転機としての昭和四十年代前半期

この章では、昭和四十二―四十三年の財政硬直化問題を中心に、その時期の主計局の動きを検討してきた。財政硬直化キャンペーンにおいては、国内では均衡財政の放棄=国債の発行、対外的には国際経済との連動の深まりという、それまでの財政政策にとっての自明の前提であった諸条件の変化に対応して、財政破綻、国際収支の悪化という危機を回避するための政策が提起された。主計局の問題意識の根底には、対外的な劣等感(日本経済の後進性のイメージ)と対内的な優越感(予定調和が存在しない政策決定過程の総覧者としての自負)という二つの軸があり、それぞれが密接に結びついていた。キャンペーンの中における主計局の対応には、従来にない特徴が見られた。それは、主計局が合理的政策作成者であり、自民党と各省庁から出るノイズによって合理的政策が歪められるという予算編成過程の意味づけから転換して、自民党、各省庁という要求側を公式の予算編成手続の中に組み込んだという点である。そのことは、予算編成、財政政策の決定がもはや自民党政治家や各省庁という多元的アクターを無視しては不可能になったということを主計局自身が認めたことを意味している。そして、そのことを認めたうえで、多元的競争に内在する抑制均衡作用を利用することによって財政支出の伸びを抑え込むという、現実的な戦術がとられたのである。

しかし、そのような戦術はリソースの制約の厳しい時には有効であるが、四十年代前半のような高度成長期には有効ではなかった。また、財政硬直化の問題設定の根本にある危機意識の硬直性ゆえに、彼らは経済状況の変化を予測しえず、これに適切に対応することができなかった。この点に、財政硬直化キャンペーンがその後の高度成長という現実の前に迫力を失った一つの原因がある。また、一方において主計局官僚は、国内の他の政治的アクターに対する蔑視から、政策決定過程の政治的競争において予定調和は存在しないと考えていたにもかかわらず、他方で、現実的な財政支出削減のための戦術として、政治的競争に内在する抑制均衡作用に頼らざるをえなかった。この点こそは、主計局の提示した財政硬直化論における大きなパラドクスであった。

注

《第三章》

（1）当時の主計局法規課長であった石原周夫は次のように述べている。

「(財政法)四条、五条、一方では赤字公債を出さないというような政策と、他方では景気政策的にある通貨操作というものを公債政策を通じてやるという両面を持っていた。両方に動きうるような書き方をとっておるわけです。」　高橋誠「財政制度」大蔵省財政史室編『昭和財政史　終戦から講和まで　4』東洋経済新報社、一九七七年、一七四頁。この論文で引用されている石原の談話は、『昭和財政史』の編纂のために収集された資料である。

また、当時、主計局内において、ダブル・バジェットの研究も進められていた。財政法制定過程については、次の論文を参照のこと。林健久「健全財政主義——成立、展開、崩壊」東京大学社会科学研究所編『戦後改革8　改革後の日本経済』東京大学出版会、一九七五年。

（2）　林、前掲、二〇二頁。

（3）　法案作成に携わったスタッフの一員は、財政法コメンタールの中で次のように述べている。

「第四条は健全財政を堅持していくと同時に財政を通じて戦争危険の防止を狙いとしている規定である。……公債のないところに戦争はないと断言しうるのである。従って本条は又、憲法の戦争放棄の規定を裏書保証せんとするものであるともいいうる。」平井平治『逐条財政法解説』一洋社、一九四七年、三七頁以下。

また財政法第四条と憲法第九条の戦争放棄との関係は、後に公債発行が現実の問題となるとき、社会党、マルクス主義経済学者の反対の論拠として援用される。

（4）　石原周夫はこの間の事情について、次のように語っている。

「この条文をつくって以後、インフレーション、安定経済という時期においてはまだまだこの条文のところまで行っていない。当時はむしろこんな条文が議論されるような時期はそう近い将来に日本には来ないだろうと考えたのですが、われわれは多少近視眼だったのかもしれません。」林、前掲、二〇二頁より引用。

また、各年度の『国の予算』を見れば、予算の公式な説明の中でも公債政策の発動の可能性は昭和二十三年度以降、論じられていない。

（5）　渡辺武「ドッジライン」安藤良雄編『昭和経済史への証言』毎日新聞社、一九六六年、三一八頁。

（6）　中村隆英『戦後日本経済』筑摩書房、一九六八年、六〇頁。

（7）　大蔵官僚の一部が当時すでにケインズ主義的フィスカル・ポリシーに関心をもっていたことも事実である。そうした関心の行方については、ケインジアンである石橋湛山蔵相が昭和二十二年に現職のまま追放されたことによって、ケインズ主義的財政政策の芽が完全に摘み取られたという解釈がある。その見解に従えば、古典的財政政策とケインズ主義との対決の一応の決着は、終戦直後の昭和二十二年についていたということになる。参照、野口悠紀雄＝榊原英資「大蔵省、日銀王朝の分析」『中央公論』一九七七年八月、一〇三頁。

これに対して、フィスカル・ポリシーへの積極的な姿勢は財政投融資において展開され、一般会計の均衡と併存して、戦後財政を構成する二本の柱となったという見解もある。参照、江見康一「日本の財政構造の戦前・戦後比較」林＝貝塚編『日本の財政』東京大学出版会、一九七三年所収。

いずれにせよ、一般会計については、収支均衡が自明の前提となったことは確かである。

(8) 野口悠紀雄「日本でケインズ政策は行なわれたか」『季刊現代経済 No. 52』一九八三年、一六六頁。

(9) この点を捉えて伊藤大一教授は、高度経済成長政策の成功は、大蔵官僚の立場からは、「所得倍増計画」にもかかわらずもたらされたものと解釈されることになると述べている。伊藤「経済官僚の行動様式」前掲、一〇〇頁。

(10) 「シンポジウム　公債発行をめぐって」『経済学論集』三一巻四号所収、における遠藤湘吉の発言、特に八一頁。

(11) 林、前掲、二三七頁。

(12) 剰余金については一三五頁の表を参照のこと。

(13) 鈴木幸夫「大蔵官僚の思想」『中央公論』一九六六年二月、一〇九—一一〇頁。John C. Campbell, Contemporary Japanese Budgetary Politics, University of California Press, 1977, p. 76.

(14) 実際に昭和三十七年ごろから経済成長率が鈍化し、このことの解釈をめぐって転型期論争が行なわれた。参照、金森久雄「四〇年不況前後」(証言高度成長期の日本第八三回)『エコノミスト』一九八二年十二月二十一日。

(15) この点については、次表を参照のこと。

公共的事業に対する財政投融資による資金供給の内訳（31～40年度）

（単位：億円）

内訳＼年度	31	32	33	34	35	36	37	38	39	40
日本道路公団	80	45	85	134	165	291	405	619	732	831
愛知用水公団		24	39	83	62	48	12	18	29	42
特定土地改良事業特別会計		8	17	23	34	48	58	70	85	97
農地開発機械公団		3	11	4	2	—	—	—	—	3
首都高速道路公団					37	119	201	288	277	260
阪神高速道路公団							10	57	108	180
産炭地振興事業団							5	19	30	38
水資源開発公団							11	29	58	69
国鉄	295	294	285	505	716	851	1,068	1,526	1,535	1,600
鉄道建設公団								10	20	50
電電公社	40	94	35	50	80	122	125	190	198	222

資料　『財政統計』昭和46年度版

財投原資の構成

（単位：億円）

年度	産業投資特別会計	資金運用部	簡保資金	公募債借入金	合計
30	180 (6)	1,529(51)	482(16)	516(17)	2,998
31	132 (4)	1,597(49)	564(17)	858(26)	3,268
32	378(10)	2,358(59)	780(20)	452(11)	3,968
33	277 (7)	2,548(60)	891(21)	536(13)	4,252
34	382 (7)	3,182(57)	1,098(20)	959(17)	5,621
35	398 (6)	3,471(56)	1,199(19)	1,183(19)	6,251
36	478 (6)	4,754(57)	1,430(17)	1,641(20)	8,303
37	532 (6)	5,563(58)	1,496(16)	1,922(20)	9,513
38	694 (6)	7,206(60)	1,580(13)	2,592(21)	12,072
39	812 (6)	9,049(63)	1,500(10)	3,036(21)	14,397
40	557 (3)	10,639(67)	1,100 (7)	3,910(24)	16,206

（　）内パーセント

新たに財投対象機関となったもの

年度	名　　　　称
37	石炭鉱業合理化事業団，雇用促進事業団，阪神高速道路公団，産炭地振興事業団，水資源開発公団
38	金属鉱物採鉱事業団
39	社会福祉事業振興会，鉱害賠償基金
40	海外経済協力基金，農地管理事業団，八郎潟新農村建設事業団，公害防止事業団，森林開発公団，農地開発機械公団

出典：遠藤湘吉『財政投融資』岩波書店　1966年，133頁，159頁

(16)　財投原資の内訳の推移は右表の通り。

(17)　参照、林栄夫「昨日の財政、明日の財政」『エコノミスト』一九六五年八月十七日。水野正一「経済成長と財政収支」『経済学全集18　財政論』別冊、筑摩書房、一九六八年。

《**第四章**》

(1)　民間経済界、官庁エコノミスト、近代経済学者の見解については、大蔵省大臣官房調査企画課編『昭和三〇年代以降の財政金融政策の足どり』財経詳報社、一九八二年、に要領よく紹介されている。

(2)　独立後、IMFに加盟した日本は、IMF協定第一四条の適用を受け、政府による厳しい為替管理が可能であった。そこで、外貨予算、外貨資金割当という制度によって為替管理が行なわれ、国際収支の悪化を理由とした為替管理が行なわれた。しかし、IMF八条国への移行によりそうした為替管理ができなくなり、国際収支のバランスを図るためには一般的な財政金融政策によらざるをえなくなった。また、OECD加盟に当って、日本は貿易外経常取引および資本移動についての自由化義務を負った。(以上の説明は、『昭和経済史　下』二七〇―二七一頁による。)

(3)　財界では経済同友会がこのような主張を強力に展開していた。また、藤山愛一郎は、公共事業のための用地買収のさいに、交付公債を発行することを提唱した。また、水田三喜男(元蔵相)は、

いち早く三十六年度予算について、道路整備特別会計において公債を発行することを検討したが、主計局の猛反対で実現しなかった。参照、「座談会　財政十五年をふりかえる」『ファイナンス』一九八〇年十二月、二九頁。

(4) 当時、財政が一応収支均衡を保っているのに対して「民間企業」が大きな債務を抱えていることを捉えて民間貧乏論が唱えられ、大蔵省の古典的財政運営が揶揄された。

(5) 『昭和経済史　下』二九八―二九九頁。

(6) この四十年不況の中の最大の事件であった山一証券の危機については、草野厚『昭和40年5月28日』日本経済新聞、一九八六年、が詳細な分析を加えている。草野氏はその中で危機管理という観点から、山一事件に対する金融当局の対応の過程を分析している。

(7) 『国民所得倍増計画』四三頁。

(8) 『中期経済計画』二二頁。

(9) 当時、『中期経済計画』の策定に携わっていた人々の回想座談会で次のようなエピソードが紹介されている。

「旦弘昌(当時、財政金融担当官)　あの頃国債を出すことについて税収の伸びの見通しは明るくないから、その時は国債を出してもいいではないかという意見もあったのに対して、村上官房長は、その意見に対してはストップをかけておくべきだという意見でした。

小金芳弘(当時、計画課長補佐)　政策小委員会で公債を出すか出さないかという議論は全くしなかったんです。だから、ぼくたちの感じとしては、何もわざわざこんなこと書かなくても、もし必要があれば出す、なければ出さないということでいいではないか、初めから公債を出さないと書くのは、自ら政策の選択を縛ることになりますからね。政策小委員会の席上、中村隆英さんがこの提案が突然であることにえらく怒りました。」「連載　日本の経済計画第四回座談会　中期経済計画」『ESP』一九八一年三月、七二頁。

(10)『国の予算』昭和四十年度版、一三頁。
(11) 岩尾一「高度成長期予算の視点」五十畑隆編『戦後財政金融政策外史』日本列島出版、一九八三年、六七—六八頁。岩尾は三十九年度予算編成当時の主計局総務課長であり、この資料は当時の回想をまとめたものである。
(12)『図説日本の財政』昭和四十年度版、東洋経済新報社、二七頁。
(13) 田中角栄「適度な安定成長への政策を推進」『金融財政事情』一六巻一号、一九六五年一月。
(14)『昭和経済史　下』一〇八—一〇九頁。
(15) 岩尾、前掲、六八頁。
(16) 大蔵省証券とは、国の一般会計での一時的な資金不足を補塡するために発行される政府短期証券の一種であり、その年度内にその年度の歳入によって償還されなければならない。したがって、大蔵省証券によって歳入不足を埋め、その償還を年度越しに行なうことは、制度の趣旨を逸脱することであるが、本格的な公債を避けて歳入不足を補塡するための便法である。
(17)『大蔵省百年史　下』大蔵財務協会、一九六九年、二七九頁。
また、三十九年度末には、主計局内部では税収不足を赤字決算で処理することさえ検討されていた。参照、主計局調査課企画係「赤字決算の前例について」一九六五年三月二十三日『資料集一』一五七—一六三頁。ここでは、新規剰余金を翌々年度の歳入に繰入れるという従来の処理方式を再検討し、これを流用して三十九年度の赤字決算を防ぐことも考えられている。
(18) 主計局調査課「当面の経済と財政」一九六五年五月四日『資料集一』一六四—一六五頁。
(19) 余談になるかもしれないが、こうした主計局官僚の当面の経済状況に対する認識は、次に紹介するマルクス主義経済学者の代表的見解と著しい親近性を持っている。
「大内兵衛：僕はこの不況はほんとうなら放っておいたほうがいいんだと思う。……

美濃部亮吉：放っといても、日本の資本主義は生き延びられますか。
大内：生き延びられるどころか、放っておいた方が早くよくなりますよ。
美濃部：資本主義としてですか。
大内：そう、資本主義として健全になる。」有沢＝大内＝内藤＝美濃部＝脇村「〈座談会〉公債発行論を批判する」『世界』一九六五年十二月、五七頁。
主計局官僚もこの時点では、大内のいう「健全な資本主義」を目指していたのである。

(20) 主計局調査課「当面の経済と財政」前掲、一六五頁。

(21) 『財経詳報』一九六五年五月十七日。

(22) 当時の官房調査課長は、一連の引締め措置について次のように説明している。
「一昨年来の引締め政策は、直接には国際収支の改善が目標であったが、同時に総需要をコントロールして国民経済をモダレートな成長の路線に乗せることによって、企業のマインドやマナーを自由化体制下の原則に順応させようとの狙いもあった。しかし、このような順応を短時間、急速かつ円滑に完成するのは困難であり、この適応が問題の一因である。」前川憲一「当面の経済動向と財政金融政策の考え方」『財政金融統計月報』一六五号、一九六五年七月。

また、この支出一割留保措置は、先の税収不足を見越して、すでに六五年三月ころから検討されていたという。『財経詳報』一九六五年八月九日。

(23) 金森久雄「四十年不況前後」前掲。金森によれば、企画庁エコノミストから見れば、福田がどのような動機、理由から政治的決断を下したのか、極めて不思議に思われていた。

(24) 両者の関係については、後藤基夫＝内田健三＝石川真澄『戦後保守政治の軌跡』岩波書店、一九八二年。「Ⅶ　池田時代」、「Ⅷ　佐藤政権八年」を参照のこと。

(25) 渡辺昭夫「第一次佐藤内閣」林茂＝辻清明編『日本内閣史録6』第一法規、一九八一年、一〇九頁以

下。また、この新政策の立案過程については、当時の首相秘書官、楠田實の回想に詳しく紹介されている。楠田實『首席秘書官――佐藤総理との十年間』文藝春秋、一九七八年、二五―三〇頁。

(26) 金森、前掲、八一頁。

(27) 田中善一郎「第一次田中内閣」『日本内閣史録6』二一八―二二八頁。特に蔵相時代の田中は、官僚に対するコンプレックスから主計局の主張に過剰に同一化(overidentify)したということもできよう。

この点に関連して、草野厚氏は、同じ時期の山一証券に対する日銀特融の決定の過程における田中蔵相の自律的決断、リーダーシップを高く評価している。草野氏によれば、田中は官僚の立案した政策を事後的に承諾するという消極的な役割ではなく、積極的に方針をうち出して、官僚をそれに従わせたというのである。しかし、田中のそのような自律性、積極性が他の政策に関しても発揮されたかどうかについては、別途、検討を必要とする。まず、日銀特融と公債の発行というイシューの性質の相違に留意する必要がある。日銀特融とは、証券界の具体的な問題状況に適応、即応した政策であり、通常の制度においては予定されていない、例外的な政策である。その意味で状況志向的政策である。この種の政策は、まさに政治的決断によって推進されるのである。

他方、公債発行は財政政策の根幹にかかわる政策であり、以後長期にわたって財政政策を拘束する意味をもつ。したがって、公債政策は以後の財政政策の準拠基準として、十分整合的なものでなければならない。また、公債政策は、租税政策、経済政策、社会保障政策など、他の多くの分野の政策と密接に関連する。したがって、公債政策の立案に際しては、長期的・包括的視野からの周到な検討が必要となる。公債政策は、このような点から、計画志向的な政策であり、政治的決断によって一度に推進されるわけではない。田中蔵相としては、主計局の検討を静観するしか対応のしかたがなかったと解釈することができる。

(28) 福田の財政思想については、次の文献を参照のこと。古澤健一『福田赳夫と日本経済』講談社、一九八三年。越智通雄『父　福田赳夫　その人間その財政』サンケイ新聞社、一九七三年。

(29) 福田赳夫「安定めざす新経済政策」『金融財政事情』一六巻二号、一九六五年一月。
(30) 同「安定めざす新経済政策」『金融財政事情』一六巻二五号、一九六五年六月。
(31) 『昭和三〇年代以降の財政金融政策の足どり』前掲、一二五頁。
(32) この時大蔵省内で、公定歩合引下げをめぐって、不況対策を重視する賛成派と、企業の行動を正すためにこれ以上の緩和に反対する派との間で対立があった。六月十八日以前においては、理財局が賛成、銀行局が反対というように、大蔵省としての意思統一は行なわれていなかったのである。このように省内調整が不十分だった点が、経済政策会議において政治家の側のイニシアティヴによって景気対策が次々と打ち出されていったことの一つの原因であったと思われる。参照、佐竹浩(当時銀行局長)「国債発行の思い出　上・下」『ファイナンス』一九七六年一月、二月。
(33) 『日本経済新聞』一九六五年六月二十六日。
(34) 『朝日新聞』一九六五年七月二十日。
(35) 橋口収『新財政事情』サイマル出版会、一九七七年、一〇七―一〇九頁。そこでは、福田が七月二十七日の朝、電話で橋口文書課長(当時)に、経済政策会議に大蔵省が提出する文書に、「公債発行を準備する」という文言を追加するよう指示したというエピソードが紹介されている。
(36) 『日本経済新聞』一九六五年六月二十三日。
(37) 『財政制度審議会第一回総会　議事速記録』一九六五年、二二一―二八頁。
(38) 参照、吉田太郎一「財政新時代」『エコノミスト』一九八三年一月二十五日。
(39) 主計局総務課企画係「財政の当面の問題点」一九六五年七月十四日『資料集一』一九七―一九八頁。
(40) 主計局調査課「幹部会討議メモ」一九六五年八月五日『資料集一』三二一頁。
(41) 同「四十年度財源対策についての打合せ会議メモ」一九六五年七月二十三日『資料集一』二〇九頁。同「公債問題について(メモ)」一九六五年七月二十七日『資料集一』二一一頁。

(42) 同「四十年度財源対策についての打合せ会議メモ」前掲、二〇九頁。
(43) 福田蔵相が日銀引受けをあきらめたのは、ＩＭＦ総会で渡米した際に、国際信用のうえから日銀引受けは避けた方がよいと米国側から説得されたため、という解釈がある。参照、『金融財政事情』一六巻四三号、一九六五年十月。決着に当ってこうした要因への配慮はあったかもしれないが、それが決め手になったとはいえない。実際には八月から徐々に調整が進められたのである。
(44) 一応選択肢に上っていた大蔵省証券の年度越しは、会計年度独立の原則に反するとして否定された。大蔵省証券はあくまで短期的な資金ぐりのために発行されるものであり、その年度内に償還されることが原則であった。
(45) 主計局法規課「四十年度における公債発行又は借入金の借入について立法措置を講ずることの可否」一九六五年八月九日『資料集一』三二四頁以下。
(46) 『財政制度審議会資料集』昭和四十年度、二一六―二一七頁。
(47) 主計局「四十年度補正予算及び四十一年度予算について」一九六五年九月七日『資料集一』三三七頁。
(48) 主計局総務課企画係「四十年度予算補正における公債(又は借入金)発行に伴う総則等の取り扱い」一九六五年九月二十五日『資料集一』三三九頁以下。
(49) 主計局法規課「四十年度補正予算における公債発行を財政法第四条の特例立法により行なう場合の、特例立法を必要とする理由に関する想定問答」一九六五年九月八日『資料集一』三五四頁。
(50) 同上、三五四頁。
(51) 特例公債論には金融界の支持も作用したと思われる。十分な準備もなく、かなり多額の公債を引受けざるをえない金融界としては、特に四十年度の公債を特例債として例外扱いすることで、消化の面でも次年度以降に条件の改善の余地を残すことをねらったのである。参照、小泉経雄「公債で揺れ動く金融界」『エコノミスト』一九六五年十一月二日。

(52)　主計局総務課企画係「補正予算の考え方」一九六五年十月十五日『資料集一』三六〇頁。
(53)　この間の事情については、佐竹「座談会　財政十五年をふりかえる」前掲、松沢卓二「国債発行と銀行」『エコノミスト』一九八三年二月一日、を参照のこと。
(54)　銀行局「国債発行に関する事前協議の場について」『資料集一』三六六頁。
(55)　主計局「国債発行等懇談会について」『資料集一』三六八頁。

《第五章》

(1)　谷村主計局長「当面並びに今後の財政と策とについて」一九六五年七月十八日『資料集一』二〇二頁以下。
(2)　今永伸二「均衡財政主義の国民経済的意義についての省察」『ファイナンス』一九六六年四月、二頁。
(3)　柴田俊彦「均衡財政評価の観点」『ファイナンス』一九六六年四月、九頁。
(4)　前川「当面の経済動向と財政金融政策の考え方」前掲、五頁。
(5)　座談会「昭和四十一年の経済展望」において佐藤事務次官は次のように語っている。
「不況からの脱却といっても、どんなことをやってもいいというのではけっしてない。やはり従来の高度成長、過度成長というものに対して安定成長路線をうちたてて、そうしてこれからの長い意味での経済成長のレールを引き、そのレールにのっかるという両方のことを頭においておかなければならない。」(傍点引用者)『昭和四十一年の経済展望』大蔵財務協会、一〇頁。

主計局官僚がなぜ安定成長に固執したのかは、別の検討を要する問題であるが、国際化、開放体制への移行により、自国だけの独歩高的な経済成長ができなくなるという認識があったことを指摘しておきたい。参照、前川、前掲論文。
(6)　村上「安定成長と財政金融政策の問題」『アナリスト』一九六六年一月、一二頁。なお、いうまでもなく村上は当時官房長の職にあったが、典型的な主計局官僚である。

(7) 「均衡財政と公債発行の将来」『アナリスト』一九六五年七月、九六頁。
(8) 省内にフィスカル・ポリシーを求める例外的な意見がなかったわけではない。参照、今永伸二「公債政策の基本問題」『財経詳報』一九六五年八月二日。この中では、四十年度の減収補塡のための公債を景気刺激のために用いること、そのために日銀引受けによることが主張されている。
(9) 武藤謙二郎(当時主計局次長)「公債発行をめぐって」『財経詳報』一九六五年十月十一日。
(10) 「均衡財政と公債発行の将来」前掲、九六頁。
(11) 『財政制度審議会第一小委員会議事速記録』一九六五年十月二十七日、五六頁。
(12) 同上、三九頁。
(13) 新藤宗幸『行政改革と現代政治』岩波書店、一九八六年。
(14) 財政審総会、部会の議事録を見れば、毎回冒頭に谷村主計局長が議題、検討項目を提示し、会議をリードしている。
(15) 『財政制度審議会第一回総会議事速記録』一九六五年七月二十二日、二八頁。
(16) この点については河野一之委員(大蔵OB)と谷村局長が発言し、このような論調を決定的にした。他の委員からは何も発言がなかった。『財政制度審議会第一小委員会議事速記録』一九六五年九月二十八日、七二頁。
(17) 主計局調査課「公債発行の歯止めについて(メモ)」一九六五年六月五日『資料集二』一頁。同「公債発行の歯止めについて」一九六五年六月九日『資料集二』三頁以下。
(18) 加藤芳太郎「転型期財政の制度的側面」『日本の予算改革』東京大学出版会、一九八二年、七一頁。なお、この論文は財政法第四条を財政理論の観点から検討した貴重なものである。
(19) 主計局総務課企画係「公共事業費、出資金及び貸付金の範囲について」一九六五年八月十二日『資料集一』五四六頁以下。

(20)「公債発行対象経費についての検討経緯」『資料集一』五四四頁。
(21)主計局総務課企画係「公債発行対象経費調」一九六六年一月十日『資料集一』六二八頁。
(22)同「公債発行対象の範囲について」一九六六年一月十八日『資料集一』六三九頁以下。
(23)同上、六四一頁。
(24)ただし、日銀が市中金融機関の引受けた国債をすぐに買オペによって吸い上げれば、実質上、日銀引受けと同じことになってしまうという抜け穴があった。この問題は、日銀の買オペを国債発行後一年以上経過してから行なうということで一応解決された。その後のことは日銀の良識ある中立的判断に委ねられたのである。
(25)赤城宗徳(当時、自民党政調会長)「財政政策の大転換に当って」『エコノミスト』一九六五年十二月二十一日、四八頁。
(26)主計局「四十年度補正予算及び四十一年度予算について」『資料集一』三三七―三三九頁。
(27)同「昭和四十年度及び四十一年度予算について」一九六五年十一月十七日『資料集一』三八四―三八五頁。
(28)一般会計で建設公債の発行額を抑えるために、外為特別会計でインベントリーを取り崩して一般財源に回し、外為特会の資金ぐりのために外為証券が発行された。即ち外為証券が建設公債の肩代わりをしたのである。このように、見かけの上で建設公債の額をなるべく小さくするための便法が工夫された。『財経詳報』一九六六年一月十七日。
(29)「第五〇回国会のさいの想定問答集」『資料集三』八四五頁。
(30)「第五一回国会のさいの想定問答集」『資料集三』八六五頁。
(31)主計局総務課企画係「公債発行対象経費調」前掲、六二八頁。
(32)理財局国債発行準備室「減債基金制度について」一九六五年十月二十八日『資料集二』二〇八頁。

(33) 主計局調査課「減債基金制度について(メモ)」一九六五年十月二十日『資料集二』一九五頁。
(34) 『財政制度審議会第二回法制部会議事速記録』一九六五年十月二十五日、一〇〇―一〇一頁。
(35) 『財政制度審議会資料集』昭和四十一年度、四一〇頁。
(36) 『財政制度審議会第三回法制部会議事速記録』一九六五年十一月十一日、六頁。
(37) 『財政制度審議会資料集』昭和四十一年度、四一〇―四一一頁。
(38) 同上、四一五頁。
(39) 理財局長は、財政審法制部会の審議の席上、減債制度の目的に公債の信用保持を前面にうち出すことに対して難色を示していた。『財政制度審議会第三回法制部会議事速記録』一九六五年十一月十一日、二〇―二一頁。
(40) 「四十年度及び四十一年度公債の償還計画表」『資料集二』二六七頁。
(41) 主計局法規課「公債発行を行なう場合の償還の計画について」一九六五年十月二十三日『資料集二』二三三頁以下。
(42) 『財政制度審議会第六回総会議事速記録』一九六五年十二月二十日、一―七頁。
(43) 主計局総務課「減債制度についての検討項目(メモ)」一九六六年五月二十四日『資料集二』三一五頁。
(44) 「『減債制度について』の項目」についての主計局長説明要旨」一九六六年六月十五日『資料集二』三一六頁。
(45) 谷村主計局長は、この点に関して、財政審第三回総会において次のように述べている。「じゃあお前ら、借りっぱなしかと、こういわれたときに、やはり公債というものは必ずこういう考え方で返しますという何かがなければ、やはり、財政法第四条二項の建前から言うと、われわれ財政学理の責任にあるものとしては無責任ではないかと……」『財政制度審議会昭和四十一年度第三回総会議事速記録』四六頁。
(46) 「財政制度審議会について(一九六六、一〇、一七部内資料)」『財政制度審議会資料集』昭和四十一年度、三八八―三九六頁。
(47)「減債制度について」(財政審報告)一九六六年十二月二十六日『財政制度審議会資料集』昭和四十一年度、二五一―三〇頁。
(48) その際、繰入れ率は建設公債の見合い資産の耐用年数を基準として決定されるべきという意見が強かった。現行の減債制度では、耐用年数を六十年として、繰入れ率は一万分の一六〇とされた。
(49) この点について、財政審報告は次のように述べている。「わが国財政をめぐる政治的、社会的環境を考慮すると、財源繰入れを全く年々の予算編成に委ねるのでは、公債償還の考え方そのものが没却されるおそれなしとしないので、やはりこれを制度として法定しておくことが必要である」『財政制度審議会資料集』昭和四十一年度、三三頁。

《第六章》

(1) 参照、吉田太郎一「財政新時代」『エコノミスト』一九八三年一月二十五日、八八頁。この中では当時、調査課長であった吉田が福田邸に通って原稿を仕上げたと回想されている。
(2) 大臣官房文書課『財政新時代』一九六六年、七四―七六頁。
(3) 吉田、前掲、八八頁。
(4)『財政新時代』八七頁。参照、山田幹人「財政演説にみる福田大蔵大臣の財政思想の展開」『ファイナンス』一九六六年二月。
(5) 西尾勝「行政と計画」前掲、四一頁。
(6) この間の事情は、「座談会　大蔵省広報十年の変遷」『ファイナンス』一九七五年十二月に詳しく紹介されている。
(7) 以下の説明は、次にあげる資料を要約したものである。『図説日本の財政』昭和四十一年度版。『財政新時代』一―六九頁。亀徳正之「公債発行を含む新しい財政の出発」『財政金融統計月報』一七一号、一九六六年一月。吉田太郎一『公債のはなし』金融財政事情研究会、一九六五年。中尾博之(当時理財局長)「国債発行について」『昭和四十一年の経済展望』大蔵財務協会所収。

(8) 前章において、財政法第四条の中で、公債は例外的なものであり、建設公債は例外の恒常化によって公債を位置づけたものであると述べたが、この場合は法規の中に予定されている例外であって、建設公債は組織のルールに適合するものである。これに対して、特例法という例外は、文字通り、法規則そのものに対する例外であって、その意義は異なる。

(9) 村上孝太郎「安定成長と財政金融政策の問題」『アナリスト』一九六六年一月、一一一―一一三頁。

(10) 村上「長期財政金融政策の方向と問題点(メモ)」一九六五年八月『資料集二』六六六頁以下。

(11) 主計局調査課「補正予算に関する試論」一九六五年三月『資料集二』四一九頁以下。主計局総務課企画係「公債発行下における補正予算の取り扱い」一九六五年九月三日『資料集二』四四六頁以下。

(12) 同「一般会計の硬直性について(試算)」一九六五年九月二十五日『資料集二』五四六頁。同「一般会計における非弾力的な経費調」一九六五年十月二日『資料集二』五四九頁。主計局給与課「三五―四〇年度における一般会計人件費の推移」一九六五年九月二十日『資料集二』五五〇頁。総務課企画係「三五―四〇年度における一般会計人件費の増加率の推移」一九六五年九月二十二日『資料集二』五五一頁。

(13) 主計局長「予算の弾力化について」一九六六年七月五日『資料集二』五二八―五三〇頁。

(14) 主計局法規課「予算執行の弾力化等の問題点について」一九六六年七月六日『資料集二』五五八頁以下。

(15) 昭和四十年代における財政制度の検討過程に関しては、加藤芳太郎「財政制度審議会小史」『日本の予算改革』前掲所収、を参照のこと。

(16) 大臣官房「長期財政金融政策の方向と問題点について――特に公債発行について」前掲、六七七頁。

(17) 同上。

(18) 村上官房長「長期財政金融政策の方向と問題点」前掲。

(19)「長期減税構想についての問題点」(税制調査会資料)一九六五年十月十四日『資料集二』。
(20)この時期における税制改正の実態については、佐藤進・宮島洋『戦後税制史』税務経理協会、一九七九年、を参照のこと。
(21)「財政法第三条に関する想定問答」『資料集二』六五五頁以下。
(22)「想定問答」『資料集二』六二七頁。
(23)村上「長期財政金融政策の方向と問題点」前掲。
(24)同上。
(25)安定成長論者とよばれた福田蔵相も、この点については官僚と同意見であった。ただし、一般国民向けの公約として表現する際には、どうしても社会開発をアピールし、従来の高度成長政策との相違点を強調するあまり、資源配分における優先順位を根本的に変更するという印象を与えたものということができる。
(26)村上、前掲。
(27)一九六〇年代後半の西ドイツ財政の状況については、佐藤進『現代西ドイツ財政論』有斐閣、一九八三年、第一章を参照のこと。
(28)『昭和三〇年代以降の財政金融政策の足どり』一三二—一四一頁。
(29)村上、前掲。
(30)『厚生白書』昭和四十一年版、二九〇頁以下。
(31)『建設白書』昭和四十年版、一三〇頁以下、昭和四十一年版、六七頁以下。
(32)『厚生白書』四十一年版、一一三頁以下。
(33)『建設白書』四十一年版、五五頁以下。
(34)長岡実『素顔の日本財政』金融財政事情研究会、一九八一年、一三九頁。

(35) 同上、一四〇―一四一頁。
(36) この計画の策定過程については、当時立案に携わった計画官による座談会「連載　日本の経済計画第五・六回　座談会　経済社会発展計画　上・下」『ESP』一九八一年四月、五月を参照のこと。
(37) 「座談会　中期経済計画」『ESP』一九八一年三月、七一頁。
(38) 「座談会　経済社会発展計画　下」前掲、六三頁。
(39) 以下、計画内容の説明は、『図説日本の財政』四十二年度版、第一章一(3)「経済社会発展計画」一一―一四頁による。
(40) この計画の策定には、木川田一隆をはじめとする財界人も積極的に参与した。その意図においては、企画庁エコノミストと同じく、三十年代までの高度成長の歪みに対する反省の上に立ち、安定成長を目標としていたのであり、社会開発のプログラムも財界人の発想の中にあった。ただし、財界人は企業の経営状況に対する危機感が強く、賃金と物価のスパイラルを恐れ、所得政策の導入を目ざしていた点で異なる。「座談会　経済社会発展計画　下」前掲、六三頁。
(41) 同上、六九頁。
(42) 同上、七〇頁。
(43) 『昭和三〇年代以降の財政金融政策の足どり』一三二―一四一頁。
(44) 『国の予算』四十二年度版、一五―一六頁。
(45) 『図説日本の財政』四十二年度版、一六頁。
(46) 野口「日本でケインズ政策は行なわれたか」前掲、一七三頁。

《第七章》

(1) 次に引用する新聞記事に示されるように、この当時は国際通貨情勢を根拠にして、財政上の緊縮を容易に行なうことができた時代として、懐かしさを持って語られている。

「大蔵省内には、『財政危機は変動相場制が招いた』という説を唱える幹部もいる。固定相場制のもとでは、財政赤字が巨額になれば、その国の通貨は信用を失って、市場で売られる。通貨当局は自国通貨の相場を守るために、外貨を市場で大量に売るか、財政、金融の緊縮政策を強行して、通貨の対外的価値を守ることが至上命題となる。変動相場制では、財政赤字が増えても対外的に自国通貨を防衛する必要がなく、歯止めがかからないというわけだ。」『朝日新聞』一九八五年六月十四日。

この当時恐れられていたのは、財政赤字が膨張することによって円が信用を失うことであった。そうなれば、当時は外貨準備が貧弱であったため、必然的に引締め政策によって円の価値を守ることしか方法がなくなる。当時は、固定相場制が自明の前提であったため、国際通貨情勢が直接国内の財政政策に跳ね返ったのである。また、裏を返せば、平価の維持の必要性という大義名分が均衡財政主義や引締め政策を支えたということもできる。

(2) 村上孝太郎主計局長(当時)は、ポンドの切下げが、イギリスの放漫財政のつけであったとして、これを日本への教訓としようと考えていた。村上「昭和四十三年度予算の特色」『財政金融統計月報』一九八八号、一九六八年四月。

(3) 松村善太郎「ドル不安とわが国の金準備」『エコノミスト』一九六八年二月六日。

(4) 「転機に立つ日本綿業」『エコノミスト』一九六八年二月六日。また、特恵関税については、岩田善雄「UNCTADと特恵問題」『ファイナンス』一九六八年四月、を参照のこと。

(5) 村上孝太郎「長期財政金融政策の方向と問題点」前掲。

(6) 『財政制度審議会資料集』昭和四十二年度、三〇―三四頁。

(7) 「座談会　経済社会発展計画　下」前掲、七四頁。

(8) 村上孝太郎「財政の危機を訴える」『エコノミスト』一九六八年十月二十四日。

(9) 『ファイナンス』一九六七年九月、三九頁。

(10) 岡崎洋「最近の経済情勢と財政金融政策」『ファイナンス』一九六七年九月。
(11) 岩尾一「財政硬直化打開キャンペーン」『金融財政事情』一九八五年六月十七日、二十四日。
(12) 木村元一「財政の『硬直化』と今後の課題」『エコノミスト』一九六七年十一月十四日。
(13) 津島大作「減税ストップ論に反論する」『エコノミスト』一九六七年十二月五日。佐藤進「財政硬直化の本質は何か」『エコノミスト』一九六八年一月二日。
(14) 「財界、硬直化に便乗」『エコノミスト』一九六七年十一月十四日。
(15) 『財政制度審議会資料集』昭和四十二年度、三五―四一頁。
(16) 村上孝太郎「昭和四十二年度予算の特色――今後の財政政策の課題」『財政金融統計月報』一八八号、一九六七年四月。
(17) 佐藤吉男(主計局総務課長)「国家財政の苦悩」『財経詳報』一九六七年九月十八日。
(18) 鈴木幸男「財政硬直化と宮沢構想の波紋」『中央公論』一九六七年十二月。
(19) 鳩山威一郎「総合予算主義と財政体質の改善」『ファイナンス』一九六七年十一月。
(20) 『財経詳報』一九六七年九月二十五日。
(21) 『財政制度審議会資料集』昭和四十二年度、二一―一一頁。
(22) 佐藤吉男「昭和四十三年度予算編成の方向」『財経詳報』一九六八年一月十五日。
(23) 村上「財政の危機を訴える」前掲。
(24) 村上「昭和四十三年度予算の特色――硬直化打開の第一歩」『財政金融統計月報』一九六八年四月。佐藤「昭和四十三年度予算編成の方向」前掲。
(25) 村上「昭和四十三年度予算の特色」前掲。
(26) 森田淳「苦しい新年度政府見通し」『エコノミスト』一九六八年一月十六日。川崎博太郎「四十三年度予算案の問題点」『エコノミスト』一九六八年一月二十三日。「四十三年度予算の評価」『財経詳報』一九六八年一月十五日。
(27)『財政制度審議会資料集(総会編)』昭和四十三年度、一三四―一四〇頁。
(28)社会党が、このような申し入れを大蔵大臣に行なった。参照、同上、一四三頁。
(29)「第六十回国会想定問答」『財政制度審議会資料集』昭和四十三年度、前掲、九九頁。
(30)主計局によるこのような問題設定に関する、財政理論上の批判として、加藤芳太郎「予算制度の改革はどこまで進んだか」『アナリスト』一九六八年三月号所収、を参照のこと。
(31)『財政制度審議会資料集』昭和四十三年度、前掲、七二頁。
(32)PPBSについては、宮川公男編『PPBSの原理と分析』有斐閣、一九六九年、を参照のこと。
(33)岩崎隆(主計局法規課課長補佐)「PPBSについて」『ファイナンス』一九六八年六月。
(34)村上「行政と社会工学」『ファイナンス』一九六九年十月。
(35)その後のPPBS研究の成果として、『日本におけるPPBSの事例研究』(分析編、要約編)経済企画庁経済研究所システム分析調査室、一九七三年、がある。
(36)『エコノミスト』一九六八年三月十九日。
(37)『エコノミスト』一九六八年三月十二日。
(38)的場順三(主計局調査課課長補佐)「労働力及び国際収支からみた今後の経済成長」『ファイナンス』一九六八年一月。窪田弘「昭和四十三年度予算について」『ファイナンス』一九六八年二月。
(39)中村隆英『経済成長の定着』東京大学出版会、一九七〇年、二一二―二五二頁。
(40)村上「財政の危機を訴える」前掲、四七頁。
(41)同上、四七頁。
(42)村上と親しかった岩尾一氏は、省内はもちろん、主計局内にも財政硬直化キャンペーンに対する冷やかな見方があり、村上の主張は省内全体の支持を得ることができなかったと証言している。参照、岩尾

「財政硬直化打開キャンペーン」前掲。

(43) 加藤芳太郎「財政硬直化と主計局バイアス」『日本の予算改革』東京大学出版会、一九八二年。

(44) 中村、前掲、二二五―二三二頁。

(45) たとえば、税制調査会の審議の中で、積極的な経済成長政策を主張する財界人と、村上主計局長との間で、論争が展開されていた。「税制調査会第十八回総会(昭和四十二年十一月十日)の記録」大蔵省主計局調査課編『財政硬直化問題に関する論調集』一五七頁。

(46) 大蔵官僚の意識に関する社会学的分析としては、次の論文が興味深い。梶田孝道「テクノクラートの思考様式――『大蔵官僚』の場合を中心にして」吉田民人編著『社会学』日本評論社、一九七八年所収。

(47) 伊藤大一「大蔵官僚の行動様式」『現代日本官僚制の分析』東京大学出版会、一九八〇年、一五六頁。

(48) C. Hood, M. Wright, "From Decrementalism to Quantum Cut", in C. Hood ed., Big Government in Hard Times, Martin Robertson, 1981.

(49) 合理主義的政策決定手法の政策分析の学説史上の位置づけについては、次の文献を参照のこと。Aaron Wildavsky, Speaking Truth to the Power, Little Brown, 1979.

(50) このとき、大蔵大臣はキャンペーンに対して目立った支援を行なってはいなかった。特に、開始当時は、福田が大蔵大臣であったが、彼は国債発行、社会開発を自らの政策の看板としていたので、社会開発を財政硬直化の一因とみる村上の問題提起には、終始冷淡であったといわれている。したがって、官僚の側は、福田はこのキャンペーンに非協力的であると感じていた。参照、岩尾「財政硬直化打開キャンペーン」前掲。

結語　大蔵官僚支配の終焉

第一節　政策転換の動態

第二部において、昭和四十年に始まる均衡財政主義の終焉、公債政策の導入という財政政策の転換、さらにそれに引き続く財政硬直化キャンペーンという主計局の対応について、検討してきた。この章では、全体の結びとして、第二部で明らかにされた政策立案、決定の過程を、第一部で提示した理論的枠組と照らし合わせることによって、枠組の検証を行なうこととしたい。そして、理論枠組をより精緻化するための条件について考えてみよう。特に、この節では、第一章第三節で示した政策転換の動態モデルに即して、公債発行に伴う財政政策の転換の過程を説明することに重点をおきたい。

一　財政政策システム

まず、転換以前の財政政策システムについて、簡単に説明しておこう。昭和三十年代までの政策システムにおいては、経済的自立の達成、経済発展に第一の優先順位がおかれていた。そして、財政政策は、この目的の達成に向けて政策システムを構築する上で、中枢的な企画の機能をもっていた。

財政政策自体、一つの体系を構成していた。そこにおける究極的な目的は、経済的自立の達成にあったが、それを具体化した媒介的な目標として、経済の対外的な均衡の維持、国際収支の安定という目標が設定された。そして、財政政策の基本設計は、この目標に沿って立案される。昭和三十年代において一応守りとおされた均衡財政主義という基本原則は、対外的均衡を維持するという媒介的な目標を充足するための基本設計の一つの柱であった。そして、均衡財政主義の枠の中で実施プログラムが構築され、その中で毎年の予算、税制、財政投融資計画が決定されるのである。

ここで注意すべきは、均衡財政主義という基本設計の原則は、なんらかの洗練された理論モデルに基づいて打ち立てられたものではなく、実感によって裏打ちされ、伝統によって継承された経験則であったということである。いわば、均衡財政主義は、主計局官僚にとって一種の職業倫理となったのである。したがって予算編成など、実際の政策形成の際には、容易に目標の転移がおこり、均衡財政主義が自己目的化するのであった。

産業政策、税制、公共投資などの経済政策は、国際収支の安定、均衡財政主義という財政政策システムの基本設計によって規定されていた。このことは、大蔵官僚が国際収支の安定、均衡財政主義を優先させて、財政・金融政策による景気刺激政策をしばしば回避したことに、典型的に現われる。

このような財政政策システムの作成の過程は、第二章であげた戦略過程の典型的な例である。財政政策は、資金という一定の資源の配分を通じて、政府のあらゆる活動を規定する。したがって、財政政策システムは、極めて総合志向性が高いものである。また、その中でも財政計画や財政制度のように、基本設計レベルにある政策は、長期的展望をもつという点で、安定志向性も兼ね備えている。

実施設計レベルに分類される予算も、昭和三十年代までは、個別の事業官庁やそれを支援する様々な政治家、利益集団の要求に応えるという状況志向的側面よりも、財政政策の基本設計との関連において、政府の活動を目的合理的に企画するという計画志向的なものであった。即ち、昭和三十年代においては、予算がしばしば引締めのための手段として用いられ、経費内容を見ると、選択的重点的な配分が行なわれたことは、すでに指摘した通りである。状況志向的な側面、即ち利益過程に対しては、政治家や利益集団などの様々なアクターが参入し、そこにおける政治的相互作用は可視的ではあった。しかし、政策過程全体からみれば、利益過程はごく周辺的にしか存在しえなかったのである。

昭和三十年代の高度成長途上期においては、配分すべきパイはまだ小さく、むしろパイの拡大こそが政策体系にとっての究極的な目標であった。財政資金、外貨といった資源に余裕がなかったため、総合機能的政策による政策システム全体に対する企画、方向づけが必要だった。

この時期の財政政策の展開を見ると、そこに一つの実施プログラムの存在を読み取ることができる。最も抽象的なレベルにおいて、経済の自立という目的があり、やや具体的、操作可能なレベルで、国際収支の安定、均衡財政主義という一連の目的の序列があった。このうち、現実の政策立案、決定においては、国際収支の安定という目的が、経済政策の運用を最も強く拘束する規範となった。国際収支の動向をシグナルとして財政、金融政策の引締めや緩和が行なわれ、それが人為的な景気変動をもたらしたのである。特に、慢性的な外貨不足に悩み、国際収支の天井によって成長を制約されるという経済構造のもとで、国際収支の悪化に対処するための引締め政策に重点がおかれた。さらに一段階具体化したレベルでは、毎年度の予算編成に際して均衡財政主義が歴史的経験から確立し、次第に神聖不可侵の原則となった。即ち、予算編成に際しては、目標の転移によって、より操作可能な下位目的への執着がおこったのである。

この均衡財政主義(balanced budget)という目標を達成し続けるために、理論枠組の中の言葉を使えば、財政政策システムの均衡状態(equilibrium)を維持するために、様々な技術が考案、蓄積されて、財政政策に関する実施プログラムが形成された。たとえば、昭和三十年代前半までは、予算編成に際して税収を低めに見積るという技術が予算規模を抑え込む上で有効に作用した。三十年代後半に至って、経済成長の鈍化による税収の伸び悩み、剰余金受入れの減少によって、予算規模の拡大の趨勢に歳入の伸びが追いつかなくなると、政策レパートリーの中に新たな選択肢が付け加えられる。その中の最も顕著な例は、それまで一般会計の歳出によって賄っていた事業を、財政投融資の対象に移して財源を振替えるという技術である。そして、財政投融資の増加を賄うための財源としては、公社や政府系金融機関が発行する政府保証債が多用された。これは一般会計における収支のつじつまを合わせるために工夫された便法であった。昭和三十年代末には、政府保証債が事実上国債と同じ機能を果たしたのである。それ以外にも、国債整理基金や産業投資特別会計に対する一般会計からの繰入れを削減するという術策が用いられた。

このように昭和三十年代後半には、均衡財政主義は着々と形骸化していったのである。そのことは、主計局官僚が均衡財政という操作可能な目標に執着して、あらゆる手段を尽くしてこの目標を達成しようとしたことを意味する。視角を変えれば、昭和三十年代の財政政策においては、基本設計の枠の中で、実施プログラムの通常的循環が一応維持されたということができる。

二　昭和四十年における国債の発行

昭和四十年における国債の発行は、昭和三十年代の財政政策の実施プログラムの破綻を意味し、基本設計の再構築の必要性を告げるものであった。即ち、四十年六月の「財政支出一割留保」を最後に、均衡財政主義を支える政策のレパートリーは枯渇し、目標を維持し続けることは不可能になったのである。均衡財政主義の崩壊に伴う財政政策の転換には、主計局官僚が自律的に推進した内生的転換の側面と、政治的相互作用の中から転換が方向づけられた外生的転換の側面という二つの面がある。

A　内生的転換の側面

昭和三十年代の後半から、財政収支が次第に逼迫するにつれて、不況対策のための景気のテコ入れという意味も合わせて、国債の発行を要求する世論が盛り上がった。しかし、均衡財政主義の放棄が不可避になるということは、世論や政治家に指摘されるまでもなく、主計局官僚自身も当然予測していたのである。主計局にとっては、毎年度の予算編成が、フィードバックの機会となった。その中から、一方で社会保障、長期計画に基づく公共事業など、将来に継続することが確実な支出増加の趨勢があること、他方で経済成長の鈍化によって税収の伸びが期待できず、過去からの剰余金を食いつぶす形になっているという、予算の体質に変化がおとりつつあることは、主計局によっても認識されていた。

しかし、主計局にとって、将来の財政政策の基本設計を検討することと、目前の予算を編成することとは、別の次元の問題であった。将来の財政の中で公債をどのように位置づけるかという問題は、理論的な検討課題として意識されることはあったが、目前の具体的な予算は、均衡財政主義という既存の基本設計の枠組の中で編成されなければならなかった。そして、このような理論と実際との区別は、毎年度の予算編成において継続された。理論的検討課題の先送りは、客観的状況によって均衡財政主義の放棄を余儀なくされるまで続いたのである。

公債発行が、目前の予算編成にとって不可欠の要件となって、財政政策の基本設計の再構築の試みが始まった。これが第五章で説明した、公債政策の枠組作りの過程である。その際に、まず行なわれるのは、従来の均衡財政主義に代わる新しい実施プログラムの目的を設定することであった。均衡財政主義の放棄は、当時世論が期待していたようなケインズ主義的フィスカル・ポリシーへ転換することにはならなかった。あくまで国際収支の安定という上位の目的は不変であり、その目的に適合するように実施プログラムの目標が設定された。

このようにして均衡財政主義に代わる健全財政主義が打ち出されたのである。健全財政主義とは、歳入の形態に関係なく、国民経済とバランスがとれた財政のことを意味していた。その運営に当たっては、財政規模の拡大、公債発行の増加を避け、国際収支の安定を達成するために景気に対する刺激にならないように注意することが強調された。新しい実施プログラムの目標は、国際収支の安定という同じ上位目標から導き出された系であり、それ以前の実施プログラムとの間には強い連続性を見いだすことができる。

新しい実施プログラムの中の公債政策の位置づけは、従来の認識枠組を前提としたものであった。公債に関する法律的な枠組としては、財政法第四条に基づく建設公債原則が立てられ、公債発行の歯止めとして意味づけられた。これは、公債をあくまで危険視する従来の認識の枠組に沿うものである。また、財政理論上はほとんど意味のない減債制度が設けられ、財政の節度を示す証しとして意味づけられた。さらに、長期的な財政構想の中では、安定成長への意向が前提とされ、公債依存度の低下が目標とされ、四十年不況から脱出したのちは、年度の途中においても公債の減額が行なわれた。これらのことは、公債発行後の財政政策のプログラムが、公債発行以前のそれと強い連続性をもっていることの証明である。減債制度や建設公債原則、公債依存度の引下げなどは、従来の原則を新しい経済、財政状況に適用するなかから生み出されたのである。

以上に整理したように、財政政策の転換の内生的側面に注目すれば、財政政策の基本設計、実施プログラムの中には、それ以前の均衡財政からの連続性の方が強く浮かび上がってくる。このことは、財政政策が政策体系全体の中で、統合システムを構成するもっとも重要な要素であり、安定性、総合性が必要とされるという理由に基づいている。

B　外生的転換としての側面

次に、公債発行に伴う財政政策の変化を、政治的相互作用との関連から捉えてみたい。

均衡財政主義の破綻、公債政策の導入は、高度経済成長のひずみの顕在化と、時を同じくしておこった現象であった。高度成長のひずみは、経済政策上の対立を招き、公債発行は政策対立の一大争点となったのである。昭和四十年六月に福田赳夫が、佐藤内閣の大蔵大臣に就任して、「社会開発」、「財政新時代」というスローガン、「ゆとりある家計」、「蓄積ある企業」というキャッチ・フレーズのもとで、減税や公共事業の拡大などの政策を掲げて、財政政策の方向づけに影響を与えた。

池田勇人と佐藤栄作との政権争いが経済政策の対立の形態をとって、高度成長、社会開発などの総合機能的コンセプトの競争がおこったことは、政争過程の発現として捉えることができる。ここから、社会開発、財政新時代という新しい概念提示レベルの政策が形成され、政策システムを枠づけることとなる。高度成長のひずみに対する反省、国民生活の質的向上への期待、生活環境の重視という風潮(political climate)が醸成され、このような価値観の変化が政争過程を通して政策システムに伝達されたのである。この種の価値観は、当時、昭和四十年代を見通した経済、社会政策を立案する際の基本的前提とされ、政策体系における社会保障、生活関連施設に対する政策の比重が、相対的に高まった。国の経済計画として『経済社会発展計画』が策定され、高度成長のひずみの是正、社会開発が昭和四十年代の経済政策を導く基本原理として、前面に掲げられたことは、そのような変化の最も明瞭な表現であった。このようにして、総合機能的政策の枠組において、企業部門中心の高度成長への反省に立って、財政政策の基調を転換して社会資本の充実、国民生活の向上を目指すことが公約されたのである。

他方、社会福祉、住宅、都市政策などの個別機能的政策の立案過程においても、国民の要求、価値観の変化は察知されていた。建設省、厚生省などでは、昭和三十年代の末ごろから、公債発行、社会開発の展開を先取りするかのごとくに、それぞれの分野における政策の拡充を目指した中期計画の策定や、制度の整備が自律的に進められた。このような個別分野の政策の整備、充実のための準備作業が社会開発を求める風潮の醸成の際に力となった。公債発行は、個別機能的政策の展開と同じ時期に重なり合い、両者の共鳴作用の中から、社会開発の推進という政治的ダイナミズムが生み出されたのである。

このような政治的文脈の中において、公債は減税や社会保障、生活基盤の整備を行なうための強力な武器として位置づけられ、高度成長のひずみという積年の弊を一気に払うための特効薬として宣伝された。公債こそ財政新時代の象徴であった。それゆえにこそ、福田蔵相は四十年度の税収欠陥を補塡するための公債と、四十一年度からの本格的な公債との根拠法上の区別に固執し、四十年度の分を特例公債、四十一年度以後の分を建設公債という形式にすることを主張したのである。主計局にとっては、両者の違いは、税収不足が年度の途中で判明するか、年度当初からあらかじめ織り込むかの差にあるだけで、基本的には、税収不足を補塡する同質のものであった。結果的には、福田の主張通り、両者の法律的形式は区別された。社会に対して公債の必要性、正当性を説明するために、福田のいうような政治的配慮が優先されたのである。

以上に説明したように、一方における政治的相互作用による総合機能的政策に対する方向づけ、他方における個別機能的政策の立案過程からの変化の要求という二つのベクトルによって、公債発行を契機に政策体系の重点変化がおこった。その変化の方向性を示す理念は、生活の質に対する要求、福祉に対する関心という新しい価値観であった。そして、公債の発行を契機に、均衡財政主義のもとで抑え込まれていたこれらの新しい方向への政策の拡充を求める勢力が、堰を切ったように噴出したのである。そして、昭和四十年代前半においては、社会保障、社会資本などの整備、充実に関する政策の基本的枠組が形成され、社会に対する利益還流のチャネルが完成される。これによって、利益過程の膨張の基盤が形成されたのである。

このような事態の変化に対して、主計局官僚も手をこまねいて傍観していたわけではない。昭和四十年の不況と税収不足という危機を乗り切り、昭和四十年代の公債政策の基本的な枠組を整備したのちに、主計局官僚はそのような政策の重点変化に対する反撃を開始する。

三　財政硬直化キャンペーンの意味

昭和四十二年から展開された財政硬直化キャンペーンは、公債発行によって動揺し、変容を迫られた財政政策の基本設計の再構築を試みるものであった。換言すれば、それは公債発行に伴う財政政策の変化を不可避なものとして前提としつつも、その変化から外生的転換の部分をできるだけ削ぎおとして、主計局官僚の論理や価値体系に即した内在的な転換に完結させることを目指す運動であった。

その中で、主計局官僚は、利益過程の膨張による社会集団、階層に対する利益配分、再配分の制度化を財政硬直化とよび、制度化の進行、硬直化の高進によって財政危機が生じると考えた。彼らは、社会保障、計画に基づく公共事業など、継続的な政策に要する歳出増をすべて当然増とよんだ。利益の還流の制度化を承認すれば、社会保障をはじめとする様々な分配、再分配政策は、主計局にとって操作の対象から与件へと変化する。多くの政策が与件となることが、主計局にとっての財政硬直化の意味内容であった。そこで、主計局官僚は、制度化の趨勢に異議を唱え、当然増にメスを入れることによって、与件から自由で、自律的な財政政策の立案、運営を目指したのである。

財政硬直化キャンペーンの中で描かれた危機のシナリオは、公債発行をめぐる検討の際にすでに想定されていたものであった。基本的に、公債は財政運営にとって例外的な異常事態であり、均衡財政主義という本来の姿に少しでも戻ることこそが具体的な目標となった。利益配分の制度化によって財政規模の膨張をコントロールすることができなくなり、財政が、対外的不均衡におびえる脆弱な日本経済の安定装置となりえなくなることが、最も憂慮されたのである。言い換えれば、主計局の担ってきた戦略過程の指導性が、利益過程の膨張の中に浸食されることが危機感の中心であった。

しかし、主計局のとった戦術、論理には大きな限界があった。

具体的な歳出抑制の戦術として、主計局は、政策の必要性、合理性に応じた経費の吟味を行なうのではなく、予算編成に政治的アクターをより多く組み込んで、予算獲得をめぐる政治的競争に内在する抑制均衡作用を利用するという方法をとった。その一つの例として、予算を要求する政治的アクター相互間の牽制関係を利用して、一律の経費削減を実施しようとした。一律削減は、形式上極めて公平な措置であるために、各アクターに受け容れさせることも比較的容易であった。しかし、この種の戦術は、政策の根幹にまで切り込むものではなく、当面の便宜を追求するものであった。したがって、昭和四十三、四十四年頃のように(主計局の予測あるいは期待に反して)税収が順調に伸びる場合には、一律削減方式は効果を発揮しなかった。

また、財政硬直化問題を検討する際に主計局が依拠した論理にも限界があった。財政硬直化打開の究極的目的は、自由化の拡大という国際経済上の重圧に耐え、対外的均衡を維持するための健全な財政体質を作るという点にあった。財政硬直化という問題設定の前提には、日本経済の後進性という認識があった。経済の脆弱性のゆえに、経済の危機を回避するために、財政政策の主導性が必要とされるのであった。この時、主計局官僚はドッジ・ライン以来の経験に基づき、戦後の財政政策の延長線上に、近未来の政策のモデルを描いたのである。しかし、現実には昭和四十年代前半を境に、日本経済は、国際収支の赤字におびえる脆弱な体質から、国際収支の黒字が定着する強い体質に変化した。したがって、対外的均衡の維持のための財政硬直化という問題設定自体が意味を失うのである。

このような二つの面の限界によって、主計局の仕掛けた財政硬直化キャンペーンは挫折する。様々な努力にもかかわらず、利益(再)配分政策の制度化を押しとどめることはできなかった。そして、多くの政策が主計局の予算編成にとっての与件となるのである。

このことによって、予算過程は、様々な新規政策を吟味、検討しながら優先順位をつけるという過程から、既存の諸制度への資源配分を追認し、諸制度間の微調整を行なう過程へと意味変化をとげる。そして、財政硬直化打開の一策として、予算編成により深く組み込まれた政治家が、この種の調整の役割を、官僚制とともに担うようになったのである。当初、予算要求をめぐる諸アクターによる政治的競争に内在する抑制均衡原理を利用して、諸分野を相互に牽制させ、予算全体を一定の枠に収めるというのが、主計局の戦術であった。しかし、そのことは、予算編成の中に政治家がくいこむ糸口となったのである。そして、主計局の意図に反して、資源の総枠が漸増していく場合には、結局、政治的要求に押されて、各制度への資源配分を恒常的に漸増させるという結果に終ってしまった。

以上に述べた、公債発行から財政硬直化キャンペーンに至る一連の財政政策の変化は、政策決定における大蔵(主計局)官僚支配の終焉を物語るものであった。

第二節　大蔵官僚の行動様式

前の節では、第二部で明らかにされた政策転換の事例に、第一章、第二章で規定した分析枠組を当てはめて、モデルと照合する側面について、特に注目して考察を進めた。この節では、骨格的な政策転換モデルとは結びつかない主計局における政策形成の独自性、あるいは主計局官僚の意識や行動の特徴について検討してみたい。

一 戦略過程の独自性

本書の事例研究で扱った財政政策は、総合機能的基本設計レベルに分類され、戦略過程において検討される政策の一つの典型である。財政政策の枠組の構築に携わる中心的なアクターは、主計局官僚であった。特に、財政制度、および長期的な財政戦略を検討する上で、主計局官僚は自律的な政策立案を行なった。これらの重要問題は、財政制度審議会においても検討されたのであるが、審議会の議事は、すべて主計局の描いた筋書きに沿って進められたのである。また、減債制度の設計をめぐって主計局と理財局との間で意見の対立があったことも紹介したが、結局は主計局の見解が貫かれた。公債政策の実施設計段階に争点が移行して初めて、公債の発行条件(利率、期間等)の決定をめぐって、主計局と引受け側である金融界との相互交渉が営まれ、相互調節が行なわれたのである。

また、政治家との関係を見ても、政策決定における主計局の自律性は、明瞭に現われている。確かに、昭和四十年度の途中に発行された公債の法形式については、福田蔵相の主張通り、特例法に基づく減収補塡公債(赤字公債)とされた。しかし、主計局官僚の側から見れば、このような処理のしかたは、四十一年度から財政法第四条に基づく建設公債原則を確立し、彼らの意図に沿って公債政策の枠組を作ってゆくための、名を捨てて実を取るための譲歩であった。そして、現実にも、四十一年度も引き続き特例公債を発行して、大規模な減税、公共事業を行なうことを求める自民党の要求に対しても、また、大幅な企業減税を求める財界の要求に対しても、主計局官僚はあくまで否定的な態度を貫き、四十一年度から建設公債原則は堅持された。このように、公債の法形式という象徴的な側面は別として、実質的には主計局官僚は、公債政策の基本設計的な枠組の立案において、政治家をはじめとする他のアクターの容喙を許さなかったのである。逆にいえば、政治家は、財政政策の大枠が決定される戦略過程に直接的にアクセスする経路を持たなかったのである。

このように、戦略過程において主計局官僚が高い自律性を発揮したことのメダルの裏側として、戦略過程に対する外部的フィードバックの経路が著しく狭かった、あるいは閉ざされていたということができる。そしてこのことが、税収の伸びの鈍化、財政収支の逼迫という現象が昭和三十年代後半から顕著になったにもかかわらず、昭和四十年まで公債発行という転換が起こらなかったことの大きな原因となったのである。経済成長の鈍化、社会資本の整備の必要性の高まりなどの経済状況の変化を反映して、均衡財政から公債発行に転換することを求める声は、三十年代後半から財界、学界および政治家から強くおこっていた。このような状況の変化や各界からの要求が戦略過程にフィードバックされていたならば、公債発行への転換はもうすこし早くおこっていたかもしれない。

しかし、現実にはこれらの要求は無力であった。そして、一般会計の収支均衡の維持が物理的に不可能になるまで、公債発行は行なわれなかった。

しかも、公債発行の後も、均衡財政主義と同じ前提にたった財政運営を回復すべく、主計局官僚は財政硬直化キャンペーンを始める。公債発行に際して、財界、学界、政治家など外部から出された様々な提案や意見も、主計局官僚の思考方法や認識枠組を変えることはできなかったのである。しかし、主計局官僚によって自律的に立案された政策が、現実の経済、社会状況に照らして有効であったかどうかは、別の問題である。財政硬直化キャンペーンの際に露呈された主計局官僚の危機意識の硬直性は、まさに、主計局官僚の自律性、外部からのフィードバックに対する閉ざされた姿勢と表裏一体を成すものといえよう。

二　主計局官僚の価値観と行動

次に、主計局官僚の価値観、行動の面の特色をまとめておきたい。財政政策は、安定志向性、総合志向性の二つの特性をもっているが、主計局官僚の価値観においても、安定性と総合性が重視される。

安定性とは、財政政策の体系を導く原理と関連する。主計局官僚が国際収支の安定を経済活動の立脚する大前提と考え、これを最も重視したことはたびたび繰り返した。そして、国際収支の安定を脅かす政策を認めず、この点に関してなるべくリスクの小さい政策を志向した。公債発行は、この点であまりにリスクが大きいと判断されたのである。

このような特色に関して、主計局官僚はC・ジョンソンが描く通産官僚と著しい対照を示す。通産官僚の場合も、もちろん国際収支の天井は意識されていたが、リスクに対する警戒心、消極性は、主計局官僚の場合ほど強くなかった。これに対して、主計局官僚は、経済全体の安定均衡を重視し、国際収支の悪化、通貨価値の下落という最悪の事態を防止することを、自らに課せられた重大な使命と考えていた。このような価値観は、ドッジ・ライン以来の歴史的経験を通して強化され、主計局官僚の意識を呪縛したのである。

後者の総合性の重視は、予算の総合機能的性格に由来する。主計局官僚は、各省庁からの予算要求を公正に査定するという使命をもっている。したがって、全体的な広い視野が要求され、部分的な特殊利益にコミットすることは戒められている。この点で、主計局官僚は受け身の性格をもつとされ、各省庁からの新規の要求に対する反応もタイム・ラグを伴うものである。環境の変化によって、政策的な対応が必要な状況が生じても、あるいは、国民の要求が高まり、政策的対応が切望されても、主計局官僚が真に社会的必要があると認識するまでには、時間がかかるのである。

このような特徴は、公債発行への転換の際にも現われた。公債発行以前においては、企業減税や公共事業の拡大の要求は、主計局官僚にとっては企業のエゴイズムの現われでしかなかった。また、社会保障の拡充や生活基盤の整備も、公債発行に踏み切ってまで取り組むほどの必要性は認められていなかった。建設公債という形で大量の公債を発行することが不可避となった後に、これらの政策の重要性が認識され、社会的必要性に基づくものと認定されたのである。

安定性、総合性を重視する主計局官僚の行動様式は、P・セルフにしたがえば行政スタイルとよぶことができる。逆に、主計局官僚は政治スタイルの行動様式には強く反発するのである。政治家とは、支持の培養のために個別具体的な政策による利益の誘導を追求し、政策の安定性、総合性を脅かすものであった。当然、戦略過程において財政政策の枠組を構築する際には、「政治の体質の悪さ」(村上孝太郎)に対する警戒が明らかにされる。政治の側からの方向づけには、主計局官僚もある程度同調せざるをえない。公債政策の正当化は、社会開発などの政治的論理に従って行なわれた。しかし、財政制度、財政の長期戦略の立案においては、政治的影響をいかに排除するかが主要な課題となるのである。

たとえば、社会開発というスローガンの中にうたわれた減税、生活基盤の整備、社会保障の充実は、確かに公債発行を契機としてある程度実現された。しかし、主計局官僚はこれらの政策を、高度成長から安定成長に移行する過渡期におこる様々な摩擦を緩和するための、緊急避難として位置づけた。そして、こうした課題に一応答えたと認めると、社会開発に代わる新しい方向を打ち出す。それが、財政硬直化キャンペーンにつながるのである。

最後に、主計局官僚の行動の特徴として、法制度の重視という点をあげておきたい。公債発行への転換後の新しい財政政策の枠組のデザインの過程においては、第五章で明らかにしたように、財政法の解釈、減債制度をはじめとして、法律、制度面の検討作業が大きな比重を占めた。本来、財政政策は経済学上の用語あるいは数字によって語りうる対象であり、経済理論的なアプローチによる実態的な政策論が政策立案の中心となるはずである。また、法律、制度面における議論――財政法第四条但書の解釈、減債制度の意義――は、経済理論、財政理論の次元では意味をもたなかった。意味がないだけではなく、減債制度は経済合理性に反することが、審議の過程から多くの学者によって指摘されていた。

それにもかかわらず、主計局官僚は法律、制度面の検討、整備を極めて重視した。法制度面の整備は、新しい財政政策の枠組にとっての必要条件の一つではあるが、決して十分条件ではない。主計局官僚の問題関心においては、「法制度信仰」ともよぶべきものが存在するのである。この点が主計局官僚に特有のものか、日本の官僚制に共通のものか、今後の検討に値する興味深い問題である。

第三節　政策過程の変化と大蔵省主計局

この節では、全体のまとめとして、戦後官僚制の歴史的変化を考察するうえで、本書で扱った事例研究からどのような示唆を引き出すことができるかを、総括的に検討したい。

一　戦略過程の存立基盤の変化

公債発行を契機とする財政政策の基調の変化は、それまで戦略過程に対する補完的位置づけしか与えられていなかった利益過程が、独自の意義を認められ、しだいに膨張を始めたことを示す一つの兆候である。こうした政策内容における変化と平行して、昭和四十年代前半には、経済構造においても大きな変化が生じていた。それは、国際収支の天井がなくなり、国内において好況が続いても国際収支が悪化しない、即ち、日本の経済構造が輸出主導型に変化したことである。

このような政策面と経済構造における変化は、当然、戦略過程に大きな衝撃を与え、戦略過程の存立基盤の変化をもたらした。その変化を端的に要約すれば、財政政策の基本設計および実施プログラムの陳腐化ということができる。

戦後の財政政策の基本設計は、国際収支の安定、対外的均衡の維持を最も優先順位の高い目的として設定し、その目的を達成することを目指して構築されていた。そこでは、国際収支の安定、より具体的には、二十億ドルの外貨準備の保持が、政策システムの通常の運用における航路標(director)となったのである。そして、この目標を達成するために、予算、租税などの各面にわたって財政政策の枠組が構築されていた。均衡財政主義も、その枠組を構成する重要な要素であった。そして、財政支出の抑制、引締めが実施プログラムの中の有効な手段であった。即ち、引締め的な財政政策は、目標達成のための有効な梃子(effector)となったのである。

しかし、経済構造の転換と、公債発行を契機とする財政政策の変化は、従来の財政政策の体系の中では予定されざることであり、既存の政策目標・政策手段は、このような変化の前に意味や有効性を失って、通常の財政政策の運用のためのプログラムが陳腐化していったのである。

国際収支の天井がなくなり、輸出主導型の経済構造に変化することによって、旧来の国際収支の安定という政策目標が意義を失うのは、当然の帰結である。

政策手段の面における変化は、次のように分析することができる。公債発行を契機に、各省庁の予算要求が活発になることはいうまでもない。そして、実際に従来優先順位の低かった社会保障、社会福祉、生活基盤などの分野に対する予算配分が著しく増加したのである。そこで注意すべきことは、そうした支出増が、アドホックなものにとどまらなかったということである。これらの政策は、法律に根拠づけられた制度(年金、生活保護などの場合)、中・長期的計画(住宅、下水道などの場合)という形で、以後の財政政策の中に構造的に組み込まれ、それぞれの分野への支出増に対する主計局官僚のコントロールの余地は、著しく小さくなったのである。換言すれば、政策空間に対する制度の充塡が、公債発行と平行して、昭和四十年代前半から急速に進んだのである。したがって、財政政策はもはや主計局官僚の裁量によって自由に使える道具ではなくなった。

このように、昭和四十年代前半において、経済構造の変化と政策空間の密度の上昇により、財政政策の目標・手段は、ともに現実への適応性(relevance)を失った。これにより、戦略過程の存立の前提条件も変化するのである。

二　主計局官僚の危機意識

このような状況の変化が、すべて主計局官僚によって的確に認識されたわけではない。政策目標の面に関して、経済構造の変化はあとから振り返ってみたときの評価であり、その当時、直ちにこれを認識することは困難であった。特に、リスクを回避することを志向する主計局官僚の場合、国際収支の天井がなくなったなどという楽観的な判断を下すまでには、かなり長いタイム・ラグが伴う。この面における認識の遅れは、後に、いわゆるニクソン・ショックをめぐる財政政策の対応の中で再び露呈されるのである。

他方、国際収支の安定という目標を達成するための、手段としての財政政策の有効性の低下は、主計局官僚によって敏感に察知された。そして、公債発行の準備と平行してそのような手段としての有効性の低下をくいとめるために、財政政策の制度的枠組、政策内容の面で検討が試みられた。

このような関心が、昭和四十二年からの財政硬直化キャンペーンとなって展開されるのである。彼らがその中で取り組んだのは、利益過程の自己増殖をいかにして防ぎ、戦略過程の自律性、指導性をいかにして確保するかという課題であった。しかし、目標や経済的前提条件を一定所与のものとして、手段の面だけで工夫を凝らしても、財政政策の体系、実施プログラムが変化に適応できるわけではない。確かに、官僚の意識、価値観、行動様式は継続したが、主計局官僚の内面的継続性は、政策の有効性や政策決定における彼らの自律性の継続を確保するものではない。むしろ、価値観・意識の継続性のゆえに、主計局官僚の問題設定には、内在的な限界が存在し、財政硬直化キャンペーンは挫折を運命づけられていたということができる。

より広い歴史的文脈からみれば、日本経済の対外的自立の達成という大きな転換により、主計局官僚もその歴史的な使命の一部を終えたという評価も可能である。主計局官僚の自律性とは、戦後の経済的自立の達成という明確な国家目標が存在し、その際に対外的均衡の維持という制約条件が存在したという特殊な状況の上に成立し、そのような状況の中で目標達成に貢献したのである。このような観点に立ち、官僚が無条件的にオールマイティなのではなく、その自律性が特殊な限定された状況で、なんらかの目標を達成するために成立するということを強調すれば、政策決定における官僚の自律性そのものが国家目標の達成にとっての手段であったということができる。

本書の事例研究で直接的に明らかにされたのは、昭和四十年代初頭の転換期にあって、主計局官僚がどのような価値観に基づき、どのような政策を守ろうとしたかという点である。その後の歴史の中で、財政政策に関しては、昭和四十六年のニクソン・ショックに対する不適応、昭和四十八年のオイル・ショック以後の低成長の中での公債残高の累増などの問題点が現われた。また、政策決定における主計局官僚の自律性も、特に田中内閣の成立を契機に著しく低下したと伝えられている。しかし、国際経済関係に起因する経済問題への対応にせよ、国内における政策空間の充塡に伴う財政政策の硬直化にせよ、問題の原型は昭和四十年代の前半に早くも現われていたのである。前者については、主計局官僚は政策パラダイムの呪縛ゆえに、問題を的確に把握できないまま、不適応を引き起こす。後者については、問題の発生を察知はしたが、制度化の趨勢の前に適切な対策を立てられないまま、財政の硬直化をうけいれる。

こうして戦後一貫して継続してきた大蔵官僚主導の政策形成は、大きく変容しはじめる。財政政策の形成過程に対する政治的夾雑物の介入を所与の前提とせざるをえないという点で、この変化は大蔵官僚支配のよき時代が終焉したことを意味する。昭和四十年代後半から、大蔵官僚は政策形成の新しい秩序の模索を迫られるのである。

人名索引

あ 行

か 行

さ 行

た 行

事項索引

あ 行

か 行

さ行

ら 行

■岩波オンデマンドブックス■

大蔵官僚支配の終焉

1987年 6月19日 第1刷発行
1989年 7月15日 第4刷発行
2016年10月12日 オンデマンド版発行

著 者 山口二郎《やまぐちじろう》

発行者 岡本 厚

発行所 株式会社 岩波書店
〒101-8002 東京都千代田区一ツ橋 2-5-5
電話案内 03-5210-4000
http://www.iwanami.co.jp/

印刷／製本・法令印刷

ISBN 978-4-00-730499-6 Printed in Japan